松山壽一

造形芸術と自然

ヴィンケルマンの世紀と
シェリングのミュンヘン講演

法政大学出版局

まえがき

　1807年10月,ミュンヘンの王立アカデミーにおいてシェリングは時のバイエルン王の聖命祝日を寿ぎ,王室の所蔵する至宝の公開を称える記念講演を行っている。時に彼32歳。ミュンヘン王立アカデミーに招聘されて間もない,意気盛んな頃のことである。この頃すでに,彼は「自我哲学」や「自然哲学」に関する数々の著書,論文を公刊し続け,かつイェーナ大学およびヴュルツブルク大学では「芸術哲学」について繰り返し講義を行ってもいた。このような次第で,講演題目には,これらの成果を盛り込むことのできる「造形芸術の自然との関係」が選ばれた。講演の眼目はおおよそ二点。一つは,「造形芸術」の核心を「自然の根源」から解き明かし,「美の基礎が自然の活性にあることを証示する」点であり,今一つは,「優美」を目指す造形芸術作品制作における「特性」の独特な役割を強調する点である。前者にあっては,シェリング固有の自然哲学の立場から「自然模倣」説（ルネサンス以降のそれ）と「古代模倣」説（ヴィンケルマン以降のそれ）の双方が批判され,後者にあっては,普遍的な「優美」を目指す点では古典主義的なゲーテ説に同調しながら,個別的な「特性」の役割を重んじる点ではそれに反するロマン主義的なヒルト説に接近するという微妙な立場表明が,講演に先立ち講義で披露されていた自前の悲劇論によって補強される。

　本書はおおよそ以上のような内容を根本特徴とするシェリングのミュンヘン講演の意義を,18世紀半ばから19世紀初頭にかけての一時代（「ヴィンケルマンの世紀」）という歴史的コンテクストから解明しようとするものである。ために,本書の前半部（第一部）では,古典主義に道を開いたヴィンケルマン説およびその登場によって巻き起こったラオコーオン論争の変遷を辿るとともに,初期ロマン派の動向にも眼を向ける。いずれもこれらがミュンヘン講演の意義を解明するための歴史的前提をなすものだからである。こうした歴史的考察を

踏まえつつ，本書の後半部（第二部）では，講演内容に関する著者なりの解釈を提示する。当講演に関しては，わが国ではすでに神林恒道のロマン主義美学研究『シェリングとその時代』（行路社，1996年）第II部第二章で基本問題が論じられており，また山本惇二の美意識論『カール・フィリップ・モーリッツ』（鳥影社，2009年）第三部第二章ではモーリッツの造形的模倣論との関連が問われており，あるいはかの地でも近年，ツェルプスト（Arne Zerbst）の美術史的知見を活かしたシェリング造形芸術論考 Schelling und die bildende Kunst（Wilhelm Fink Verlag München 2011）が刊行されている。拙著はこれら先行諸研究の成果に目配りしつつ，ミュンヘン講演を独立の主題として扱う点，およびそこでのシェリングの発言を，著者年来の概念史的研究法に従い，18世紀半ば以降の多声（「ポリフォニー」）の中での一声（「モノフォニー」）として聴き分けることに徹した点で，独自の意義を有するものとなっていよう。

「所変われば品変わる」とよく言われるが，これをもじって言えば，「時変われば品変わる」とでも言うべきか，今日われわれが抱いている古代ギリシア彫刻および近代イタリア絵画に対するイメージと，ヴィンケルマンやゲーテ，それにシュレーゲル兄弟やシェリングたちが抱いていたイメージとでは見過ごすことのできない相違があるのだが，それは作品の展示法の相違に由来していた。本書では，今日的な観点から一方的に過去を裁断するのではなく，できるかぎり当時の時代状況に寄り添い，同時代の眼に映じた作品の相貌を描き出すことを心がけた。こうした本書の根本姿勢は，特に序章「作品を観る場――ザクセンの王都ドレースデンとその王室画廊」が加えられることによっても示されている。ここには，たとえ同一作品であれ，それを観る場と時に応じて印象が異なるという，著者なりのささやかな作品鑑賞体験が反映されている。

著者はこれまで主としてシェリングのそれを含むドイツ自然哲学の研究に携わってきたが，最近ようやく自身の愛好する音楽を含め芸術に関する書を上梓するに至っている。『音楽と政治』（北樹出版）に続き，先ごろ『悲劇の哲学――シェリング芸術哲学の光芒』（萌書房）を世に問うたばかりである。そこでは，『哲学書簡』（1795-96年）に始まり，『超越論的観念論の体系』（1800年）を経て，『芸術哲学』講義（1802-05年）に至るシェリング芸術哲学および悲劇論の展開を跡づけた。本書は，その続篇として，初期シェリング最後の「芸術

哲学」を扱ったものである。

　幸いにも物心ついてよりこのかた，著者は音楽や美術にそれなりに馴染んではきたものの，今回テーマとして立てた問題に研究として取り組み始めたのはごく最近のことである。研究に費やした歳月もたかだか二年少々にすぎないばかりか，この時期には前記『悲劇の哲学』のほか，『ヴァーグナーとニーチェ』（未完）などが同時に並行して執筆されている。このように本書は限られた短時日かつ多事のなかで一書と成ったものである。ここでお断りしておきたいことは，このような事情にて，本書中に思わぬ勘違いや理解不足からくる誤解，不適切，不十分な記述が紛れ込んでいないとも限らない。識者の御叱正，御批判を乞う次第である。

　なお，本書の骨格をなす主張のいくばくかを，著者は昨年7月，日本シェリング協会の年次大会にて公開講演として公表する機会に恵まれ（『シェリング年報』第23号掲載），かつ同年9月，法政大学大学院にて集中講義として講ずる機会も得た。双方の招請に御尽力下さった諸先生方，また御意見賜った協会員の方々や院生諸君に厚く御礼申し上げる。その折賜った御意見のうち，「特性」概念をめぐる議論中に初期ロマン派の「特性」概念に関する議論が含まれていないとの指摘，および，レーニ絵画《聖母被昇天》に対するシェリングの異例に見える高い評価もさほど特異なものでなかったのではないかとの指摘に関してのみここにコメントする。昨年3月時点で脱稿済みであった本書に「初期ロマン派の芸術論」（第一部第6章）を追加したのは，最初の指摘に対する応答のためであり，また後者の指摘に対する応答としては，本書第二部第5章「彫刻と絵画」に，レーニ昇天画の当時の評価に関する記述を加えただけでなく，聖母画や昇天画の歴史的系譜に関連させつつ，グイード・レーニの画風と彼の師アンニーバレ・カラッチの画風との相違に関する私見をも盛り込んだ。筆者としては，これによって講演で披露したレーニ絵画に関する自説を補強できたのではないかと考えている。

2015年3月

松山　壽一

目 次

まえがき　iii
凡　例　x
引用全集一覧　xi
挿図一覧　xiii

序　章　作品を観る場　ザクセンの王都ドレースデンとその王室画廊　3
 1　ザクセンの王都ドレースデン　3
 2　ドレースデンの王室画廊とその展示法　11
 3　ドレースデン王室画廊訪問記　15
 4　作品鑑賞手段としての版画集　31

第一部　ヴィンケルマンとその世紀

第1章　ヴィンケルマンの古典主義　37
 1　古代美術模倣論　37
 2　「ギリシア的自然」（ヘルダリン）　48
 3　「高貴なる単純と静謐なる偉大」　51
 4　ギリシア美術の四様式　57

第2章　レッシングのラオコーオン論　77
 1　絵画（造形芸術）と文学（言語芸術）　77
 2　古代文献とラオコーオン像の制作年代　82

第3章　ヘルダーのラオコーオン論と彫塑論　87
1　レッシング批判（「不滅のヴィンケルマン」）　87
2　ヴィンケルマン批判　92
3　触覚または彫塑論　95

第4章　ヒルトのラオコーオン論と特性論　103

第5章　ゲーテの古典主義　109
1　自然と芸術（『プロピュレーエン』「序説」）　109
2　ラオコーオン論　120
3　ヴィンケルマン小伝（「われらがヴィンケルマン」）　126

第6章　初期ロマン派の芸術論　133
1　フリードリヒ・シュレーゲルの文学論　133
2　ヴァッケンローダー（『心情吐露』）とティーク（『シュテルンバルト』）　144
3　フリードリヒ・シュレーゲルの絵画論　153

第二部　シェリングのミュンヘン講演

第1章　時代の中のミュンヘン講演　167
1　バイエルンの王都ミュンヘン　167
2　ミュンヘン講演の歴史的問題点　170
3　『芸術哲学』講義とミュンヘン講演　173

第2章　芸術哲学と自然哲学　177
1　ドイツ美学と自然哲学　177

2　自然模倣と古代模倣　　182
　　3　自然哲学と天才美学　　187
　　4　「自然精神」をめぐって　　194

第3章　象徴と寓意　　ヴィンケルマン，モーリッツ，シェリング　　201

　　1　絵画と彫刻　　201
　　2　他律と自律または寓意と象徴　　208
　　3　神話と象徴　　213
　　4　象徴と寓意または古代と近代　　218

第4章　特性と悲劇
　　　　　　　　モーリッツ，ゲーテ，シュレーゲル，シェリング　　223

　　1　造形的模倣　　223
　　2　自然模倣，手法，様式　　229
　　3　特性と非特性　　233
　　4　特性と悲劇　　238

第5章　彫刻と絵画　　ラファエロ，カラッチ，レーニ　　245

　　1　彫刻と絵画　　245
　　2　カラッチ絵画とレーニ絵画　　251
　　3　ラファエロ絵画とレーニ絵画　　257

第6章　ドイツ芸術の再生に向けて　　261

　　1　バイエルン王室の芸術振興　　261
　　2　古代模倣と自然観察　　266
　　3　ドイツ芸術の「花」デューラー　　270

終章　ディオニューソス的なるもの
　　　シェリング, ショーペンハウアー, ニーチェ　　275

あとがき　289
ギリシア美術年表　295
画家年表　296
人名索引　297

凡　例

1. 一次文献の原題は必要に応じ初出の際に本文や脚注に記し，引用全集の書誌は巻頭の引用全集一覧に一括して記す。
2. 各全集からの引用は巻数と頁数のみを表示し，一巻本の場合は頁数のみを表示する。ただし，必要に応じ一部略記を用いるが，それについては前記一覧の角括弧内に指示。なお，古代文献からの引用の指示は慣例に従う。
3. 引用はすべて拙訳による。引用文中の角括弧は引用者による補足，「……」は中略であり，傍点は断りのない限り原著者による強調である。
4. 人名，地名表記は原音に近いカタカナ表記を原則とする。
5. 人名の原綴および生没年は巻末の人名索引中に一括して記す。
6. 挿図の詳細については巻頭の挿図一覧に記し，挿図キャプションには簡略に作者名と作品名等のみを記す。

引用全集一覧

Aristoteles: *Aristotelis Opera*. 5 Bde. Hrsg. von Academia Regia Borussica. Berlin 1831–1870.

Baumgarten, Alexander Gottlieb: *Aesthetica*. 2 Bde. Frankfurt a. d. Oder 1750/58.

Benjamin, Walter: *Gesammelte Schriften*. Hrsg. von R. Tiedemann u. H. Schweppenhäuser. Frankfurt a. M. 1991.

Fichte, Johann Gottlieb: *Werke*. 11 Bde. Hrsg. von I. H. Fichte. Berlin 1845–46.

Goethe, Johann Wolfgang von: *Werke*, 12 Bde. Hamburger Ausgabe. Hrsg. von Er. Trunz. München 1982.

――, [Br.]: *Briefe*, 4 Bde. Hamburger Ausgabe. Hrsg. von K. L. Mandelkow. München 1988.

Hamann, Johann Georg: *Werke*, Historisch-kritische Ausgabe. 6 Bde. Hrsg. von Joseph Nadler. Wien 1949–1957.

Hegel, Georg Wilhelm Friedrich: *Werke* in 20 Bde. Hrsg. von E. Moldenhauer u. K. L. Michel, Franfurt a. M. 1971–1979.

――, [GW]: *Gesammelte Werke*. Hrsg. von der Reinisch-Westfalischen Akdemie der Wissenschaften. Hamburg 1983 ff.

Herder, Johann Gottfried: *Werke* in 10 Bde. Hrsg. von G. Arnold, M. Bollacher u.a. Frankfurt a. M. 1985 ff.

Hesiodos: *Hesiodi Theogonia Opera et Dies Scutum*. Oxford 1970 (OCT.).

Hölderlin, Friedrich: *Sämtliche Werke*, Großser Stuttgarter Ausgabe. Hrsg. von F. Weißner, Stuttgart 1943 ff.

Homeros: *Homeri Opera Iliadis*. Editio tertia, Oxford 1920 (OCT.).

Kant, Immanuel: *Gesammelte Schriften*. Hrsg. von der Königlich Preußischen

Akademie der Wissenschaften. Berlin/Leipzig 1902 ff.

Lessing, Gotthold Ephraim: *Werke und Briefe* in 12 Bde. Hrsg. von W. Berner u. a. Frankfurt a. M. 1985–2000.

Moritz, Karl Philipp: *Werke*, 3 Bde. Hrsg. von H. Günther. Frankfurt a. M. 1981.

——, [Schr.]: *Schriftten zur Ästhetik und Poetik*. Hrsg. von H. J. Schrimpf, Tübingen 1962.

Nietzsche, Friedrich: *Sämmtliche Werke*. Kritische Studienausgabe. Berlin/New York 1980.

Platon: *Platonis Opera*. 5 vols. Ed. by J. Burnett. Oxford 1899–1906.

Plinius (Gaius Plinius Secundus): *Pliny Natural History* in 10 Vols. Revised and reprinted. London 1949 ff. (LCL).

Schelling, Friedrich Wilhelm Joseph: *Sämmtliche Werke*. 14 Bde. Hrsg. von K. F. A. Schelling. Stuttgart/Augsburg 1956–1861.

Schlegel, Friedrich: *Kritische Schriften und Fragmenten*. Hrsg. von E. Behler u. H. Eichner. Paderborn 1979 ff.

Schiller, Friedrich: *Werke*. Nationalausgabe. Weimar 1948 ff.

Schopenhauer, Arthur: *Sämtliche Werke*. Hrsg. von A. Hübscher, 4. Aufl. Mannheim 1988.

——, *Der handschriftliche Nachlaß*. Hrsg. von A. Hübscher, 5 Bde. Stuttgart 1966–75.

Tieck, Ludwig: *Schriften*. Berlin 1828–1854.

Vergilius: *Virgil* in 2 vols. New and revised ed. London 1935 (LCL).

Wackenroder, Wilhelm Heinrich: *Werke und Briefe*. Hrsg. von J. Fr. Unger, Heidelberg 1967.

Winckelmann, Johann Joachim: *Werke* in einem Band. Hrsg. von H. Holtzhauer. 3. Aufl. 1982.

——, [KS]: *Kleine Schriften und Briefe*. Hrsg. von W. Senff. Weimar 1960.

挿図一覧

1 カナレット　ドレースデン（エルベ河右岸からの眺望）1748年　油彩・カンヴァス　133×237cm　ドレースデン画廊アルテ・マイスター ………… 2
2 カナレット　ツヴィンガー宮　1752年頃　油彩・カンヴァス　134×237cm　ドレースデン画廊アルテ・マイスター ………… 2
3 カナレット　アルトマルクト　1751年頃　油彩・カンヴァス　137×239cm　ドレースデン画廊アルテ・マイスター ………… 2
4 コレッジョ　聖フランチェスコの聖母　1514/15年頃　板絵　299×245cm　ドレースデン画廊アルテ・マイスター ………… 8
5 コレッジョ　聖ジョルジュの聖母　1550–1552年　板絵　285×190cm　ドレースデン画廊 ………… 8
6 コレッジョ　羊飼いの礼拝（聖夜）1522–1530年　板絵　256.5×188cm　ドレースデン画廊アルテ・マイスター ………… 8
7 ティツィアーノ　貢の銭　1516年頃　油彩・ポプラ材　75×56cm　ドレースデン画廊アルテ・マイスター ………… 8
8 ヴェロネーゼ　諸王の礼拝　1571年頃　油彩・カンヴァス　206×455cm　ドレースデン画廊アルテ・マイスター ………… 9
9 ヴェロネーゼ　クッチーナ家の聖母　1571年　油彩・カンヴァス　167×416cm　ドレースデン画廊アルテ・マイスター ………… 9
10 ラファエロ　サンシストの聖母　1512/13年　油彩・カンヴァス　269.5×201cm　ドレースデン画廊アルテ・マイスター ………… 9
11 カイル　シュタルゲボイデ正面図と側面図　1746年　銅版画　出典：*Recueil d'Estempes d'après les célèbres Tableaux de la Galerie Royale de Dresde*, Vol. 2, Dresden 1757 ………… 18
12 カイル　シュタルゲボイデ平面図　1746年　銅版画　出典：*Recueil d'Estampes d'après les célèbres Tableaux de la Galerie Royale de Dresde*, Vol. 1, Dresden 1753 ………… 18
13 ムサック　シュタルゲボイデ木製モデル　出典：*Dresdener Kunstblätter*, Vierteljahrschrift der Staatlichen Kunstsammlungen Dresden, Heft 1（2009）………… 18
14 カナレット　ノイマルクト　1749年　油彩・カンヴァス　136×237cm　ドレー

スデン画廊 ········· 19
15 ドレースデン画廊内廊壁面 B2　1747 年　出典：*Dresdener Kunstblätter*, Viertel-jahrschrift der Staatlichen Kunstsammlungen Dresden, Heft 1（2009）　ヴェッディゲンによるデジタル画像 ········· 19
16 ドレースデン画廊内廊壁面 B2　1750 年　出典：*Dresdener Kunstblätter*, Viertel-jahrschrift der Staatlichen Kunstsammlungen Dresden, Heft 1（2009）　ヴェッディゲンによるデジタル画像 ········· 19
17 ドレースデン画廊内廊壁面 B4　1765 年　出典：*Dresdener Kunstblätter*, Viertel-jahrschrift der Staatlichen Kunstsammlungen Dresden, Heft 1（2009）　ヴェッディゲンによるデジタル画像 ········· 20
18 ドレースデン画廊内廊壁面 B3　1825 年　出典：*Dresdener Kunstblätter*, Viertel-jahrschrift der Staatlichen Kunstsammlungen Dresden, Heft 1（2009）　ヴェッディゲンによるデジタル画像 ········· 20
19 シュタルゲボイデ地上階彫像の間　出典：J. G. Matthäi, *Catalogue des jets de stuc des plus excellentes Antiques* […], Dresden 1794 ········· 20
20 コレッジョ　マグダラのマリア　原画からの模写に基づく木版画　出典：*Recueil d'Estampes d'après les célèbres Tableaux de la Galerie Royale de Dresde*, Vol. 1, Dresden 1753 ········· 28
21 コレッジョ　聖セバスティアーノの聖母　1524 年頃　板絵　265×161cm　ドレースデン画廊アルテ・マイスター ········· 28
22 ラオコーン　大理石　前 1 世紀　242cm　ローマ　ヴァティカン美術館 ········· 28
22a ミュラー　銅版画　出典：*Propyläen*. Hrsg. von Goethe, Bd. 1, Stück 1, 1798 ········· 28
22b ベストラント　ロイヤルアカデミー総会　1802 年　ヘンリー・シングルトンの絵画にもとづく銅版画 ········· 29
23 キューゲルゲン　キリスト胸像　油彩・カンヴァス　52×38.4cm　ミュンスターヴェストファーレン州立芸術文化史博物館 ········· 29
24 デューラー　ベルトラント・フォン・レーゼン（肖像画）　1521 年　板絵・オーク材　45.5×51.5cm　ドレースデン画廊アルテ・マイスター ········· 29
25 ホルバイン（息子ハンス）　トーマス・ゴッドサーヴとその息子（肖像画）　1528 年　板絵・オーク材　35×36cm　ドレースデン画廊アルテ・マイスター ········· 29
26 ベルヴェデーレのアポローン　大理石　ローマ時代の模刻　原作ブロンズ像前 4 世紀　高さ 224cm　ローマ　ヴァティカン美術館 ········· 42
27 ベルニーニ　アポローンとダフネー　1622-1625 年　高さ 243cm　ローマ　ボルゲーゼ美術館 ········· 42
28 ベルニーニ　プロセルピーナの略奪　1621-22 年　ローマ　ボルゲーゼ美術館 ········· 42

29 メングス　パルナッソス　1760/61年　フレスコ天井画　c. 300×680cm　ローマ　ヴィッラ・アルバーニ ………… 42
30 メングス　自画像　1744年　パステル画　55×42cm　ドレースデン画廊アルテ・マイスター ………… 43
31 ラファエロ　パルナッソス　1508-17年　フレスコ壁画　ローマ　ヴァティカン宮殿　署名の間 ………… 43
32 ラファエロ　ガラテーアの勝利　1511年　フレスコ壁画　295×225cm　ローマ　ヴィッラ・ファルネジーナ ………… 43
33 クーロス（少年・青年裸像彫刻）
33a アナーヴュソスのクーロス　前530年頃　高さ194cm　アテネ　国立考古博物館 ………… 66
33b クリーティオスのクーロス　大理石　前480-475年頃　高さ86cm　アテネ　アクロポリス博物館 ………… 66
34 ポリュクレイトス　槍をもつ男　ローマ時代の模刻　原作　前450-440年頃（ブロンズ）　高さ199cm　ナポリ　国立考古博物館 ………… 66
35 コレー（少女・婦人着衣像彫刻）
35a オーセールの婦人像　前650年頃　パリ　ルーヴル美術館 ………… 66
35b サモス島のヘーラー　大理石　前560年頃　パリ　ルーヴル美術館 ………… 66
35c ウェーヌス・ゲネトリークス　ローマ時代の模刻　原作　前430-400年頃　パリ　ルーヴル美術館 ………… 66
36 パルテノーン神殿フリーズ　前442〜438年　ロンドン　大英博物館 ………… 67
36a 西面（部分）　指揮官と騎士たち ………… 67
36b 北面（部分）　水瓶をかつぐ青年たち ………… 67
36c 南面（部分）　騎馬行列 ………… 67
37 フェイディアース　アテーナ・パルテノス　大理石　高さ c. 120cm　ローマ時代の模刻　アテネ　国立博物館 ………… 67
38 ミューロン　円盤投げ　大理石　ローマ時代の模刻　原作　前450年頃　高さ125cm　ローマ　国立博物館 ………… 75
39 ニオベー　大理石　ローマ時代の模刻　原作　前310-300年（スコパース作？プラクシテレース作？）　高さ228cm　フィレンツェ　ウフィッツィ美術館 ………… 75
40 プラクシテレース　クニードスのアフロディーテー　大理石　ローマ時代の模刻　原作　前340年頃（ブロンズ）　高さ（台座を含め）204cm　ローマ　ヴァティカン美術館 ………… 75
41 ヘラクラーネウムの女人像　大理石　前4世紀　高さ195cm　ドレースデン　アルベルティウム ………… 75
42 ペロプスのコレー　675番　大理石　前530-515年頃　高さ56cm　アテネ　アク

	ロポリス美術館 ………… 102	
43	サモトラケーのニーケー　前190年頃　大理石　パリ　ルーヴル美術館 ………… 102	
44	ルンゲ　朝　1807年　銅板画　72×48cm　ミュンヘン　州立グラフィック・コレクション ………… 132	
45	ルンゲ　昼　1807年　銅板画　72×48cm　ミュンヘン　州立グラフィック・コレクション ………… 132	
46	ルンゲ　夕　1807年　銅板画　72×48cm　ミュンヘン　州立グラフィック・コレクション ………… 132	
47	ルンゲ　夜　1807年　銅板画　72×48cm　ミュンヘン　州立グラフィック・コレクション ………… 132	
48	レオナルド・ダ・ヴィンチ　モナリザ　1503-05年頃　油彩・板絵　77×53cm　パリ　ルーヴル美術館 ………… 160	
49	ラファエロ　聖チェチーリアの法悦　1513-15年　油彩・カンヴァス　300×680cm　ボローニャ　国立博物館 ………… 160	
50	エイク兄弟　ヘント祭壇画（部分）　1432年完成　聖バーフス聖堂 ………… 160	
51	ペートルス・クリーストス　書斎の聖ヒエロニムス（ヤン・ファン・エイクによる）　1442年　デトロイト美術館 ………… 161	
52	デューラー　書斎の聖ヒエロニムス　1514年　銅版画 ………… 161	
53	ロホナー　三連祭壇画　1440年頃　ケルン大聖堂 ………… 163	
54	ヘーラクレースのトルソー　前2-1世紀　大理石　高さ159cm　ローマ　ヴァティカン美術館 ………… 200	
55	レーニ　聖母被昇天　1642年完成　油彩・絹布　295×208cm　ミュンヘン　アルテ・ピナコテーク ………… 248	
56	カラッチ　玉座の聖母と聖マタイ　1588年　油彩・カンヴァス　384×255cm　ドレースデン画廊アルテ・マイスター ………… 248	
57	レーニ　玉座の聖母と三聖人　1620/21年　油彩・カンヴァス　319×216cm　ドレースデン画廊アルテ・マイスター ………… 248	
58	カラッチ　バッカス　1590/91年頃　油彩・カンヴァス　160×100cm　ドレースデン画廊アルテ・マイスター ………… 248	
59	レーニ　幼きバッカス　1623年頃　油彩・カンヴァス　72×56cm　ドレースデン画廊アルテ・マイスター ………… 249	
60	ティツィアーノ　聖母被昇天　1516-18年　祭壇画　690×360cm　ヴェネツィア　サンタ・マリア・グロリオーサ・デイ・フラーリ聖堂 ………… 249	
61	カラッチ　聖母被昇天　1587年　油彩・カンヴァス　381×245cm　ドレースデン画廊アルテ・マイスター ………… 249	
62	ラファエロ　キリストの変容　1518-20年　油彩・板絵　405×278cm　ヴァティ	

カン宮殿絵画館 ………… 249
63 シエナ派の画家　聖母被昇天　1340年頃　金地・ポプラ材　72.5×32.5cm　ミュンヘン　アルテ・ピナコテーク ………… 254
64 ルスティチ一族周辺　聖母被昇天　1590年頃　油彩・カンヴァス　94×82cm　システィナ銀行コレクション ………… 254
65 マルティーニ　受胎告知　シエナ大聖堂祭壇画　265×305cm　フィレンツェ　ウフィッツィ美術館 ………… 254
66 デューラー　聖母の死　木版画集聖母伝（1502-05年製作）　1511年　約29×20.5cm ………… 255
67 デューラー　聖母被昇天　木版画集聖母伝（1502-05年製作）　1511年　約29×20.5cm ………… 255
68 レンブラント　バテシバ　1654年　油彩・カンヴァス　142×142cm　パリ　ルーヴル美術館 ………… 255
69 デューラー　ヘラー祭壇画中央画（ハリッヒによる模写）1614年頃　フランクフルト・アム・マイン　歴史博物館 ………… 255
70 ジョルジョーネ　眠れるヴィーナス　1508/10年頃　油彩・カンヴァス　108×175cm　ドレースデン画廊アルテ・マイスター ………… 259
71 アファイアー神殿破風彫刻　前500-490年　ミュンヘン　グリュプトテーク ………… 264
71a アファイアー神殿破風彫刻復元図 ………… 264
71b 兵士，射手（西破風南側）………… 264
71c 死せる王（東破風北隅）………… 264
72 トルヴァルセン　ルートヴィヒ王子　1821年　大理石　ミュンヘン　グリュプトテーク ………… 265
73 デューラー　1500年の自画像　1500年　油彩・リンデン材　ミュンヘン　アルテ・ピナコテーク ………… 265
74 デューラー　四人の使徒　1526年　油彩・リンデン材　左：215.5×76cm／右：214.5×76cm　ミュンヘン　アルテ・ピナコテーク ………… 265
75 デューラー　騎士と死と悪魔　1513年　銅版画 ………… 272
76 ドナッテッロ　ガッタメラータ騎馬像　1447-53年　パドヴァ　ピアッツァ・デル・サント ………… 272

挿図主要出典

Raimund Wünsche, *Glyptothek, Munic. Masterpieces of Greek and Roman Sculpture*. Verlag C. H. Beck, München 2007.

Bernhard Maaz, *Gemäldegalerie Alte Meister Dresden. Eine Geschichte der Malerei*.

Staatliche Kunstsammlungen Dresden. Walther König, Köln 2014.

Felicitas Tobien, *Dürer und seine Zeitgenossen*. Mit 152 Abbildungen davon 48 Farbreproduktionen, Art Book International. Berghaus Verlag, Ramerding 1985.

Alte Pinakothek. Ausgewählte Werke. DuMont Buchverlag, Köln und Bayerische Staatsgemäldesammlungen, München, 2. Aufl. 2012

L'arte e la cultura di Siena della collezione della Banca Monte dei Paschi di Siena e Fondazione Accademia Musicale Chigiata, The Asahi Shimbun 2001.

Kristina Herrmann Fiore, *Museo Borghese*. Alba Costamagna Directore della Galleria Borghese. Gebart S.R.L., Roma 1998.

造形芸術と自然
ヴィンケルマンの世紀とシェリングのミュンヘン講演

1 カナレット　ドレースデン（エルベ河右岸からの眺望，1748年）

2 カナレット　ツヴィンガー宮（1752年頃）

3 カナレット　アルトマルクト（1751年頃）

序　章

作品を観る場

ザクセンの王都ドレースデンとその王室画廊

1　ザクセンの王都ドレースデン

　温和なエルベの谷の一角，マイセンとピルマとの間に位置する「ザクセン」[1] の王都ドレースデンが芸術の都となるのは，選帝侯アウグスト，通称「尊父アウグスト」がレジデンツ（宮殿）に芸術博物室を新設したことに始まる（1560年）。シュタルホーフ（厩舎中庭）に長廊を付設したのも彼だった（「尊父」没年の1586年）[2]。だが，ザクセンの王都が「バロック都市」に大改造され芸術の都へと発展するに至るのは，次の選帝侯アウグスト2世（フリードリヒ・アウグスト1世），いわゆる「強王」治下（在位1694–1733年）でのことである。「アウグストは皇太子時代にいわゆる騎士グランドツアー欧州周遊を行ったザクセン最初の選帝侯だった」[3]。周遊時，フランスのルイ14世の威勢に強い印象を受

---

1) 「ザクセン」の名は古高ドイツ語で「刀剣」を意味する sahs に由来するが，この語は北海とボヘミアとの間のエルベ河流域一帯の形状を指すために用いられた語である。ドレースデンの住民は，中世に移住してきたテューリンゲン，東フランケン，フラマン人たちとのいわば「ゲルマン化したスラブ人たち」であった。なお，人口が急増するのは1500年から1600年にかけてであり，1489年には4千人だった人口が1603年には1万5千人になっている。興味深いことに，かの靴匠神秘家ヤーコプ・ベーメは没年（1624年），「ドレースデンは今やプラハがかつてそうであったような歓楽街である」と慨嘆している。Vgl. O. B. Rader, *Kleine Geschichte Dresdens,* München 2005, S. 23–24, 32, 35. 37.
2) 今日の長壁 Fürstenzug は，厩舎 Stallgebäude の中庭の長廊 Langen Gang に W. ヴァルターの描いた壁画（1873–76年）をモデルとして，1906年，元の中庭ではなく，建物の外壁にタイル画化したものである（O. B. Rader, a.a.O., S. 36）。
3) C. Justi, *Winckelmann und seine Zeitgenossen*, 2. Aufl. Bd. 1, Leipzig 1898, S. 233.

けていた彼は，即位後，ヴェルサイユ宮殿に想いを馳せつつ城壕宮ツヴィンガーを建設させる（1711-32年）。かつての古代ギリシアの神殿建築同様，モニュメンタルな建築に彫刻は欠かせない。「彫刻家の制作によって建築家の制作は完成する」[4]。ツヴィンガー宮の場合，建築を担当したのはペペルマン，彫刻を担当したのはペルモーザーで，両者ともにローマ・バロックの両巨匠仕込み[5]。また，二つの代表的な教会，プロテスタントの聖母教会フラウエンキルヘ（1726-43年）とカトリックの宮廷教会ホーフキルヘ（1739-55年）もともにイタリアの教会建築を範として建造された。たとえば前者のモデルとなったのはヴェネツィアのサンタ・マリア・デッラ・サルーテだった。あるいはエルベ河に架かる中央石橋（アウグストゥス橋）もヴェネツィアのリアルト橋を模して「ザクセンのリアルト」として改修されたが（1723-31年），これを担当したのもツヴィンガー宮の建築家ペペルマン[6]。

このように強王治下でもすでに認められたイタリア色は強王没後王位を引き継いだアウグスト3世（フリードリヒ・アウグスト2世）治下（在位1733-63）さ

---

4) M. コリニョン『パルテノン』富永惣一訳，岩波書店，1929年，改訂版1978年，p. 145.

5) B. H. Droste/I. Lauffer, *Kleine Kunstgeschichte Deutschlands*, Darmstadt 2014, S. 120 の指摘するように，ペペルマンはボッロミーニ，ペルモーザーはベルニーニの下で修行していた。ちなみに，ボッロミーニとベルニーニは17世紀ローマ・バロックを代表する建築家であり，ライヴァルであった。とりわけ後者は建築のみならず，彫刻および絵画作品，祝祭演出等を含め，多くのジャンルでその天才を発揮した「巨星」だった。詳しくは石鍋真澄『ベルニーニ——バロック美術の巨星』吉川弘文館，2010年参照。同書でのボッロミーニ言及箇所は pp. 2, 46, 103-106, 115-119, 189, 218. ちなみに，2014年末，筆者はライプツィヒの造形芸術美術館にて開催中のベルニーニ展（「ローマ・バロックの創始者」Erifinder des Barocken Rom, 会期は同年11月9日より翌2015年2月1日）に足を運び，展示された大量のデッサンによって，彼の初期から晩年に至る作品制作過程をつぶさに辿ることができた。

6) Vgl. A. Walter, *Bernardo Bellotto genannt Canaletto. Ein Venetianer malte Dresden, Pirma und den Königsten*. Dresden 1995, S. 6. なお，ミュンヘンのアルテ・ピナコテークにてカナレット展（「ベルナルドー・ベロット，ヨーロッパを描く」Bernardo Bellotto malt Europa）が開催されており（会期は2014年10月17日より2015年1月8日），展示は初期のヴェネツィア期の作品に始まり，晩年のワルシャワ期の作品にまで及んでいる。昨年12月，著者は幸い前記のベルニーニ展のみならず，カナレット展にも足を運ぶことができた。

らに強まり，フラウエンキルヘを完成させ，ホーフキルヘをローマ出身の建築家キャーヴェリに建設させたのも3世だった[7]。今日なおエルベ河岸の展望テラス「ブリュールシェテラッセ」に名を残す，当王の信任厚かった宰相ブリュール伯が芸術面でも総裁の位置にあったが，実際にこの方面で腕を振るったのはその秘書ハイネケンや彼のプランに従って美術アカデミーを統括したハーゲドルンたちで，当時彼らが重用した宮廷画家たちはイタリア人ばかりだった[8]。1747–58年のドレースデン在住時，当時の街並み，風景の数々（たとえば挿図1, 2, 3）を描いたのも，ヴェネツィア出身の風景画家ベルナルドー・ベロットにほかならなかった。彼はヴェネツィアのカナール風景を多く描いた伯父のジョヴァンニ・アントニオ・カナールと同じく「カナレット」と愛称されていた[9]。宮廷お抱えイタリア人としてはほかにたとえば，ラフェエロ聖母購入を仲介したビアンコーニや，その購入の労をとったアルガロッティなどの名を挙げることができる[10]。興味深いことに，この頃お目見えしたヴィンケルマンの処女作（1755年刊のかの『模倣論』）冒頭に掲げられた両王への賛辞には，「異郷の植民地」という苦言が混入されることになる。

　　アウグスト大公［「強王」ことアウグスト2世］の治世は誠に幸運な時代だったと告白せざるをえない。［コレッジョの作品等］諸名品が異郷の植民地たるザクセンのものとなり始めたのはこの時代のことであった。そうして諸名品がわが国のものとなり，良き趣味が公衆のものとなったのは，世継ぎたるドイツのティートゥス［アウグスト3世］治下においてだった。イタリアの至宝はじめ他国の非の打ちどころなき絵画の数々が良き趣味の涵

---

7) A. Walter, a.a.O., S. 7.
8) Vgl. C. Justi, a.a.O., S. 232.
9) ザクセン王室における風景画好みはカナレット招聘（1747年）以前より始まっており，ザクセン宮廷ではすでに「ドイツ風景画の先駆者」にして「フリードリヒの先駆け」と目されるティーレが重用されていた（1738年以降）。カナレットは着任時26歳，ティーレは62歳の高齢だった。Vgl. A. Walter, a.a.O., S. 9 f.
　なお，伯父カナールの画業については B. Maaz, *Gemäldegalerie Alte Meister Dresden. Eine Geschichte der Malerei*, Köln 2014, S. 482–486 参照。
10) Vgl. A.a.O., S. 263 ff.; S. 310 ff.

養に資したということは，両君主の偉大さの永遠の記念碑である。

(S. 1 f. 強調引用者)

　ザクセンが「異郷の植民地」の様相を呈していたのは，宮廷都市ドレースデンそのもののみならず，王室所蔵名品もまた同様であった。ヴィンケルマンも言及するとおり，それらの中核をなすものこそ，イタリア名画の数々だったからである。ゲーテはじめ当時の文人，思想家たちが訪れ，観ることのできた諸名品は以下のとおりである（制作年と購入年［角括弧］を並記，なお inv. は発見年の略記）。

　さしあたり後（次節）に注目する当時の展示状態に即して紹介してみると，ドレースデン画廊では，「コレッジョ」ことアントーニオ・アレッグリの諸聖母画《聖フランチェスコの聖母》（1514-15［1746］，挿図4），《聖ジョルジュの聖母》（1550-52［1746］，挿図5），《羊飼いの礼拝（聖夜）》（1522/30［1746］，挿図6）を中心に，ティツィアーノの《貢の銭》（c.1516［1746］，挿図7），「ヴェロネーゼ」ことパオロ・カリアーリの諸聖母画《諸王の礼拝》（c.1571［1746］，挿図8），《クッチーナ家の聖母》（1571［1746］，挿図9）やアンニーバレ・カラッチの大作《聖ロココの喜捨》（1594-95［1746］）および諸聖母画《玉座の聖母と聖マタイ》（1588［1746］），《聖母被昇天》（1587［1746］）ほかが展示されていた。カラッチの諸名画は後出の議論（第二部第6章）に密接に関連するため，その際に挿図を掲げることにする。なお，今日ドレースデン画廊所蔵名画中の主要作品と見なされているラファエロの《サンシストの聖母》（c.1513［1754］，挿図10）は，前記の諸名画（1746年にモデーナから大量に一括購入された）展示より十年近く後に購入され，新たに加えられたものであることをここに付言しておこう。

　次いで今日式に流派・年代に即しつつ，所蔵イタリア名画を紹介するならば，まずは「1500年以後の色彩重視ヴェネツィア派絵画」[11]としては，前記ヴェロネーゼの諸聖母画以外では，「ジョルジョーネ」ことジョルジョ・ダ・カステルフランコ晩年の作《眠れるヴィーナス》（c.1508-10［1699］．挿図70として第二部第5章に後掲）が出色である。今日明らかになっているところでは，この

---

11) 　Vgl. B. Maaz, a.a.O., S. 91 ff.

絵画はペストによる師匠の急逝により未完となったものを弟子ティツィアーノが完成したという点においても、また「自己目的」化された裸像としてルネサンス初の作例をなすという点においても、問題作である。あるいはティツィアーノの初期（前記《貢の銭》）および後期の肖像画《ヤシをもつ画家の肖像》（1561［1746］）もこの時期のヴェネツィア派の注目作である。

ついで「ルネサンス後期およびマニエリスム」[12]では、アントーニオ・アレッグリ、通称「コレッジョ」の前記二大祭壇画《聖フランチェスコの聖母》や《聖ジョルジュの聖母》等、それにジュリオ・ロマーノの《洗礼盤の聖母》（c.1525［1746］）やアドレア・ダンニョーロ、通称「アンドレア・デル・サルト」の《アブラハムの犠牲》（1527/29［1746］）。そしてマニエリスム絵画を代表するフランチェスコ・マッヅラ、通称「パルミジャニーノ」の《薔薇の聖母》（1527-51［1752］）またはヤコポ・ロベスティ、通称「ティントレット」の《大天使ミカエルとサタンとの闘い》（c.1590［inv.1754］）。ちなみに、ティントレットはパルミジャニーノの影響下に制作を始めている。

さらには「1600年頃勃興期のバロック絵画」[13]——アンニーバレ・カラッチの前記諸聖母画あるいは《栄光の守護神》（c.1588/89［1746］）に加え、彼の弟子たち、グイード・レーニの《玉座の聖母と三聖人》（1620/21［1746］）やフランチェスコ・アルバーニの《貝車のガラテーア》（c.1635, inv.1722-28）、《アモール（エロース）たちの勝利》（c.1640［1746］）など（本書巻末の画家年表を参照されたい）。

なお、芸術の都としてのドレースデン、しかも「バロック都市」としてのドレースデンを話題にする場合、美術以外で欠かせない話題は音楽である。「ドイツ・バロック音楽」と言えば、往々にしてわれわれはバッハの名を思い浮かべがちだが、バロック期の音楽の主流はむしろ、カトリック圏のイタリアやフランスなどにおけるオペラ上演にあった[14]。そしてこの時期、ドイツを代表す

---

12) Vgl. a.a.O., S. 117 ff.
13) Vgl. a.a.O., S. 197 ff.; A. Henning, Werke italienischer Künstler, in: *Gemälde Galerie Alte Meister. Führer durch die ständige Ausstellung im Semperbau*, Dresden 2006, S. 46-49.
14) 岡田暁生『オペラの運命』中公新書、2001年、pp. 3-39および同『西洋音楽史』中公

4 コレッジョ 聖フランチェスコの聖母

5 コレッジョ 聖ジョルジュの聖母

6 コレッジョ 羊飼いの礼拝（聖夜）

7 ティツィアーノ 貢の銭

8 ヴェロネーゼ 諸王の礼拝
9 ヴェロネーゼ クッチーナ家の聖母

10 ラファエロ サンシストの聖母

る「音楽の都」こそ，ドレースデンにほかならなかった。ドレースデンが「音楽の都」として名声を博したのは，1617年から1672年まで宮廷楽長を務めたハインリッヒ・シュッツの活躍に負っているが，彼は1609年から1612年までヴェネツィア，サンマルコのオルガニスト，ガブリエーリのもとで修行したばかりでなく，1628-29年には，オペラの礎を築いたかのモンテヴェルディ（当時ヴェネツィア，サンマルコ聖堂楽長）のもとでも学んでいる[15]。シュッツがドイツ人でありながらイタリア音楽通であったことを如実に示すいま一つのエピソードに触れておくならば，ドイツの愛国的な音楽家プレトーリウスが最新のイタリア音楽に触れることになるのも，ドレースデンのシュッツのもとでのことだった（1614年からの数年間）。プレトーリウスが「イタリアの規範」をドイツに紹介する著書『音楽大全』Syntagma musicum, 1615-20 を執筆，刊行することになるのも，まさしくシュッツの薫陶あってのことである[16]。

　すでに注目したドレースデン宮廷によるイタリア人重用は音楽の領域にも見られ，シュッツの晩年には，当時「最新のヴェネツィア音楽文化の代表者」だったパッラヴィチーノを，ベルガモ近郊のサロから宮廷楽長として招聘している（1667-88年）[17]。さらにもう一点，ドレースデン宮廷によるイタリア人寵愛・優遇のほどは，俸給面でも顕著であったことにも触れておこう。たとえば，ヴェネツィアからのカナレット招聘（1747年）以前，ティーレがドイツ人風景画家として重用されていたことについてはすでに触れたが（註9），彼の俸給が1

新書，2005年，pp. 59-93 参照。
15) Vgl. A. Walter, a.a.O., S. 6. この時期のドレースデンの音楽事情として特筆すべきは，1627年，当地にてドイツ初のドイツ語オペラ《ダフネー》が初演されたことである。これを作曲し指揮したのが，師モンテヴェルディに倣って古いポリフォニー音楽に背を向け，新しいホモフォニー音楽（モノディ様式）を取り入れた，かのドイツ人宮廷楽長ハインリヒ・シュッツだった。なお，シュッツが曲を付けたドイツ語台本《ダフネー》はイタリア人の台本作家リヌッチーニのイタリア語台本からの翻案ではあったが，この翻案を手がけたのはドイツ語韻律法の最初の規範となる『ドイツ詩論書』Buch von der Deutschen Poeterey, 1624 を著したオーピッツにほかならなかった。吉田寛『〈音楽の国ドイツ〉の神話とその起源——ルネサンスから十八世紀』青弓社，2013年，pp. 135-136 参照。
16) 吉田前掲書 p. 132 参照。
17) Vgl. A. Walter, a.a.O., S. 6.

千ターラーだった頃，イタリア人カストラート歌手モンティチェッリには何と4千ターラー（1756年時点）という高給が支払われていた[18]。18世紀半ばにドレースデンからローマに移住したヴィンケルマンは，移住後当地での劇場通いの体験談として，「まるでドレースデンに居るかのようだ。かのピラヤが歌い，レンツィとその妻が踊っているからだ」[19]という言葉を遺しているほどである。こうした状況に変化が見られるに至るのはようやく次の世紀，19世紀に入ってからのことである。すなわち，同世紀初頭（1817年），ザクセンの宮廷楽長（＝宮廷歌劇場指揮者）に就任したヴェーバーが自前のオペラ創造を志して《魔弾の射手》を作曲指揮し（1821年，ベルリーン初演），同世紀半ば（1843年），これをドイツ・オペラの手本と仰ぐ若きリヒャルト・ヴァーグナーが同職に就いて以降のことである[20]。

2　ドレースデンの王室画廊とその展示法

周知のとおり，ザクセンの古都ドレースデンは，第二次大戦末期，二日間に及ぶイギリス空軍の大空襲によって灰塵に帰した（1945年2月13–14日）。それゆえ，今日なお古の「バロック都市」の面影を色濃く残す当地の街並みは戦後に再建されたものであり，たとえば戦争警告のための碑として瓦礫のままに遺されたフラウエンキルヘすら，東西ドイツ統一後の1993年ともなると再建が決定され，結果，旧市街アルトシュタットは今日ほぼ旧に復している[21]。

フラウエンキルヘを右手に見ながらノイマルクトを横切り，長壁およびホー

---

18)　Vgl. ebd.
19)　C. Justi, a.a.O., S. 230.
20)　ヴァーグナーとドイツ問題に関しては吉田寛『ヴァーグナーの「ドイツ」——超政治とナショナル・アイデンティティのゆくえ』青弓社，2009年が興味深く，教示に富んでいる。なお拙著『音楽と政治——プラハ東独紀行とオペラ談義』北樹出版，2010年，pp. 142–164に筆者なりのヴァーグナー論を盛り込んだ。
21)　川口マーン惠美『ドレースデン逍遙——華麗な文化都市の破壊と再生の物語』草思社，2005年参照。筆者もささやかながら新旧ドレースデンの変遷の一端や，ゼンパーオーパーでの空襲記念日演奏（ブラームスの《ドイツレクイエム》）に触れる機会を得ている。前掲拙著『音楽と政治』pp. 79–82にその体験談を少々綴った。

フキルヘに沿ってエルベ河方面に抜けると，劇場広場に出る。そこに居を構えているのが宮廷歌劇場（いわゆる「ゼンパーオーパー」）であり，ツヴィンガー宮の側翼館（いわゆる「ゼンパーバウ」）に位置する画廊のアルテ・マイスターである。画廊館地上階右手の展示室を奥まで進むと，奥の壁面正面に架けられたラファエロの《サンシストの聖母》（挿図10）の前にわれわれは立つことになる。2013年以降のこの展示法では，われわれは当画が当館所蔵名品の最たるものであることを印象づけられる。しかしながら，かつてはドレースデン画廊の中心作品と見なされていたのはコレッジョ絵画の数々で[22]，当時評判をとっていた彼の聖母画の一つは《羊飼いの礼拝（聖夜）》（挿図6）だった。幸い今日でもなおわれわれはその名残を確認できる。一つ階を上がると，主要階の同方向の最奥壁面正面（すなわちラファエロ聖母画と同位置）に当画が架けられているからである。「まえがき」でも強調したとおり「所変われば品変わる」ならぬ「時変われば品変わる」とでも言おうか。かつてはイタリア名画はじめ，ザクセン王室所蔵の名画が展示されていたのはこれとは別の場所の別の建物であり，かつ展示法も今日のそれとはまるで別のものだった。

　今日ノイマルクトに建つ交通博物館ヨハンネーウムは，もと王侯貴族用のうまやだったため，かつては「シュタルゲボイデ（厩舎）」と呼ばれた建物だった。当建物は16世紀後半（1586年から90年にかけて），時の選帝侯クリスチャン1世によって当初は厩舎として建設されたのだったが，一世紀半ばかり経た後（1729年から31年にかけて）選帝侯宮廷に改築された上，間もなく（1745年から翌年にかけて）宮廷建築家クネッフェルの手で改築される[23]。結果，地上階は彫像展示ホールとして，上階，主要階が画廊として用いられることになる。たとえば，改築時におけるカイルによる銅版画（挿図11），および改築三年後の

---

22) Vgl. z. B. C. Justi, a.a.O., S. 261. ユスティがコレッジョとともに当時好まれたものとして挙げているのはヴェロネーゼやティツィアーノであり，前節に画廊所蔵イタリア絵画のおおよそを列記した際，購入年（1746年）を付記したとおり，すべてイタリアのモデーナよりアウグスト三世治下に購入されたものばかりである。

23) Vgl. G. Klatte, Vom Stallgebäude zum Museum Johanneum. Baugeschichte und Nutzung seit dem frühen 18. Jahrhundert. In: *Dresdener Kunstblätter* (Vierteljahrschrift der Staatlichen Kunstsammlungen Dresden), Heft 1 (2009), S. 15–25.

1749 年に描かれたイタリア人の宮廷画家ベルナルドー・ベロット，前記の通称カナレットの油彩（挿図 14）を参照されたい[24]。後に触れるように，約一世紀後の 1855 年，いわゆる「ゼンパーバウ」（ツヴィンガー宮の一角を占めるそ側翼館画廊）に作品が移されたため，作品を見る状況・場は，今日のわれわれのそれとかつてのそれとは大きく異なることになった。コレッジョやラファエロ，ジョルジョーネやティツィアーノ，カラッチやレーニ等のイタリア絵画ほか，各地の名画の数々を，ヴィンケルマンが，さらに後にはゲーテやシュレーゲル兄弟，シェリングやヘーゲルが目のあたりにしたのは，当シュタルゲボイデの画廊においてである。

　作品を観る場と作品を観る者の時とが交差するということ——筆者のささやかな経験から言える作品鑑賞の重要事はこれである。「同一」の作品に対する印象も，観る場と観る時に応じて大いに異なるのである。筆者が「同じ」作品の前に機会あるごとに立ち続けるのもこのためである[25]。こうした観点からすると，本書で取り上げる論客たちが，どのような場でどのような時に作品の前に立ったかということは，彼らの発言や作品批評を解釈する上でゆるがせにできない問題であろう。幸いにも近年，当時の画廊の状況をわれわれがある程度まで追体験できるようになってきた。

　シュタルゲボイデの画廊は，その設立時の銅版平面図（挿図 12）や近年の木製モデル（挿図 13）を参照しつつ言えば[26]，一つの長方形で囲まれた隔壁によって外廊（挿図 12 の A）と内廊（挿図 12 の B）とに分かれ，前者の窓側お

---

24)　Vgl. M. Rohmüller, Vom Stallgebäude zum Museum Johanneum. In: *Dresdener Kunstblätter*, a.a.O., S. 31–39.
25)　30 年近く前に綴ったものながら，たとえば筆者のエセー「パリそしてアヴィニョンのピエタ」を参照されたい。これは拙著『科学・芸術・神話』（晃洋書房，1994 年，増補改訂版 1997 年）に付論として収められている。
26)　E. Rohmüller, a.a.O., S. 44 f.　挿図 12, 13 に見られる階段がいわゆる Englische Treppe である。なお，挿図 13 は旧シュタルゲボイデを 8 ミリ合板によって 50 分の 1 の木製モデルとして制作した女流建築家ギルト・ムサックの手になるものである。女史の論考 Das Modell der Bildergemälde im ehemaligen Stallgebäude も前掲誌 *Dresdener Kunstblätter*, a.a.O., S. 40–43 に収められている。なお，季刊誌である当誌 2009 年の第一冊はドレースデンの王室画廊の歴史的変遷に関する諸論考が，註 23, 24 および本註に掲げた論考を含め計 8 篇収められた特集号となっている。

よび隔壁外面は建物そのものの窓，後者の内壁は内庭の窓から採光できるよう設計されていた。なお，さらに興味深いことは，当初の絵画展示法が各区画ごとの「対照原理・対副原理」Pendantprinzip に基づいた「対照・並置展覧」Paragone だったことである[27]。展示の変遷を追跡し，2009 年，それをデジタル画像化したヴェッディゲンの見解によれば，この原理に基づいた「絵画選択と分類は一つの美術史的・趣味史的サブテクスト」をわれわれに教示してくれる[28]。こうした選択と分類によって，たとえば1747 年および1750 年時点での内廊壁面 B2 の展示では（挿図15, 16），コレッジョの《聖フランチェスコの聖母》や《聖ジョルジュの聖母》あるいは《羊飼いの礼拝（聖夜）》の周りに若きボローニャ派の作品が配置され，「ボローニャの人アンニーバレ・カラッチがコレッジョに鼓舞され，イタリアのポスト・マニエリスム絵画の刷新と救出を成就した」[29]次第が理解できるよう配慮されていた。ちなみに，ここに言及

---

27) Tr. Weddigen, Ein Modell für die Geschichte der Kunst. Die Hängungen der Dresdener Gemäldegalerie zwischen 1747 und 1856. In: *Dresdener Kunstblätter*, a.a.O., S. 47.
　　ドレースデン画廊に典型的に認められる「対照・並置展覧」のルーツを探れば，それはイタリア・ルネサンスの伝統に行き着く。ルネサンス期の実例としてたとえばローマ聖堂におけるラファエロの《ロレートの聖母》と《教皇ユリウス2世の肖像》のそれを挙げることができるからだが，これは古代ローマの像儀礼に倣ったものであった。水野千依「「ラファエロの聖母子」が生まれるまで——キリスト教美術における図版像形成」『美術手帖』ラファエロ特集号（2013 年，5 月）p. 47 参照。「対照・並置展覧」（Paragone）は「軸対称的構成」achsensymmetrische Komposition とも称されるが，これがヨーロッパで慣例となるのは 18 世紀半ば以降のことである。Vgl. A. Walther, Zur Hängung der Dresdener Gemäldegalerie zwischen 1765 und 1832. In: *Dresdener Kunstblätter*, Heft 3（1981），S. 86–114, hier S. 78; V. Spenlé, "Eine chronologische Historie der Malerey in Gemälden". Vorschläge aus dem Jahre 1771 zu einer Neuordnung der Dresdener Gemäldegalerie. In: *Zeitschrift für Kunstgeschichte*, Bd. 67（2004），S. 461–478, hier S. 469; A. Zerbst, a.a.O., S. 65.
28) Tr. Weddigen, Ein Modell für die Geschichte der Kunst, a.a.O., S. 47. 以下に掲載する図版（挿図15, 16, 17, 18）はテューリヒの美術史家ヴェッディゲン氏の手になるデジタル画像（Rekonstruktion der Hängungen/Digitalisierung: Tristan Wediggen/Zürich 2009）の一部だが，筆者はこれをドレースデンの美術史家シュスター氏（註 58 掲載論考の著者）の助力によって利用できている。また挿図 12 の壁面番号はカイルの銅版画（1746 年）に同氏によって記入されたものであり（Modellbau/Projektleitung: Martin Schuster/Dresden 2009），この利用も氏の協力による。記して感謝申し上げる。
29) Ebd., S. 48.

されているアンニーバレ作品は《聖ロココの喜捨》や《玉座の聖母と聖マタイ》などである（挿図 15, 16, 17 を参照されたい）。ただし，1754 年以降（すなわちラフェエロの聖母画購入以降）は，内廊ではイタリア絵画のみが鑑賞でき，北ヨーロッパ作品はすべて外廊に移される[30]。このような展示の仕方によって，動物画や風景画も内廊から遠ざけられたばかりか，北ヨーロッパ絵画と南ヨーロッパ絵画（すなわちアルプスの北と南という地理的差異）も明確となる[31]。

3　ドレースデン王室画廊訪問記

　上に確認したような仕方で所狭しと展示されたドレースデン画廊の所蔵名画は，本書で取り上げる論客たちに強烈な印象を与えることになる。1748 年から 1755 年にかけてネートニッツとドレースデンに住み，処女作（『模倣論』）を書いたヴィンケルマン然り。1768 年と 1813 年に画廊を訪れ，後年（『詩と真実』第 2 部第 8 章)[32]，その訪問記を遺すことになるゲーテ然り。後に初期ロマン派の先駆けとなるフリードリヒ・シュレーゲルが 17 歳の折（1789 年），自身

---

[30]　Ebd., S. 52.
[31]　Ebd., S. 49.
[32]　レッシングの『ラオコーオン』に蒙を啓かれた若きゲーテ（ライプツィヒでの修学期——第一部第 2 章註 4 参照）が「一度すぐれた美術品をまとめて見てみたい」(IX, 307) という欲求に駆られ，ドレースデン詣でを決意した次第と，当地の画廊訪問時に彼の抱いた印象を「神殿に入った折の［荘厳な］感覚と似ている」(IX, 320) と『詩と真実』（第 2 部第 8 章）に記している。ただわれわれにとって残念なのは，そこにドレースデン画廊所蔵名品のうち彼を魅了した諸作品に対する具体的な言及や鑑賞の弁がほとんどなく，言及された画家名が唯一オランダの画家オスターデのみだということである。これは，イタリア滞在以前に彼を魅了していたのがオランダの風景画だったことによるであろうと推測するほかない証言内容だが，画廊を出たのち眼にした光景について，ゲーテは次のように彼の心情を吐露している。「諸対象の配置，光，陰，全体の茶褐色の色調，魔術的風情，オスターデの絵に感嘆したすべてがここ眼前に現に見えた。これが，あれこれの芸術家の眼で自然を見るという天賦の才が高度に具わっていたことに私が気づいた最初だった」(IX, 321)。
　ちなみに，オスターデはフランス・ハルスに弟子入りした農民画家で，ヤン・ファン・ゴーエン，ヘンドリック・アヴァーカンプなどと並ぶ 17 世紀オランダ風景画家の一人である。Vgl. Wilckens/Nardi-Rainer, *Grundriß*, a.a.O., S. 388 f.; H. Marz, *Führer zum Alte Meister*, a.a.O., S. 146.

の進むべき道を見出すことになるのもドレースデン体験ゆえのことであった。あるいは後年，すでにドレースデンに滞在していたカロリーネのもとに，シュレーゲル兄弟のみならず（当時は兄が彼女の夫），ノヴァーリスやフィヒテやシュテフェンス，あるいは若きグリース（後年，彼はカルデロンおよびアリオストの翻訳者となる），それにシェリングも（1798年夏）当地に参集し，画廊を訪れることになる[33]。以下のわれわれの考察にとって重要なことは，彼らが皆，今日とは異なった展示状態で諸名画を鑑賞したことである。原理原則は変わらぬものの，厳密に言えば，ヴィンケルマンが眼にした展示状況とゲーテ，それにシュレーゲルたちが眼にしたそれとは少々異なっており，1765年以降，内廊壁面B4には，コレッジョの《羊飼いの礼拝（聖夜）》が中央に据えられ，ラファエロの《サンシストの聖母》が右端下方に配置されていたが（挿図17），1825年以降になると，ラファエロの聖母画は，カラッチの《聖母被昇天》と《聖ロココの喜捨》やレーニの《玉座の聖母と聖マタイ》に囲まれた内廊壁面B3右下に移されている（挿図18）[34]。当時の画廊訪問者の印象がどのようなものであったかを如実に物語るある証言をここに引いておこう。フリードリヒ・シュレーゲルの「パリ絵画報告」（1803年）[35]中のそれである。「パリの美術館に居ながら私がドレースデン画廊を思い出したのは稀ではない。思い出，然り。私には特に重要だったコレッジョに対する思い出である。……私の眼前にあるかのような諸作品。もっともラファエロも，ドレースデン画廊で得た知見は私には重要だった」（IV, 12）。

　ここでしばし，シュレーゲル（兄アウグスト・ヴィルヘルム）と彼の妻カロリーネによって綴られたドレースデン画廊所蔵作品をめぐる談義に眼を向けることにしよう。彼らは画廊訪問の翌年1799年，会話体の「絵画談義」[36]を公に

---

33) Vgl. E. Sulger-Gebing, *A. W. und F. Schlegel in ihrem Verhältnisse zur bildenden Kunst*, München 1897, S. 44; A. Gulyga, *Schelling. Sein Leben und Werke*, Stuttgart 1989, S. 108; A. Zerbst, a.a.O., S. 59. シェリングはこの折，「一か月以上」も（1798年8月18日から10月1日まで）ドレースデンに滞在している。

34) Vgl. Tr. Weddigen, a.a.O., S. 49 f.

35) Nachricht von den Gemälden in Paris, in: *Europa*, hg. v. Fr. Schlegel, I, 1, Frankfurt a. M 1803, S. 108–157.

36) Die Gemählde. Gespräch, in: *Athenaeum*, hg. v. A. W. Schlegel u. Fr. Schlegel, Bd. II,

しているからである。そこでは，シュレーゲルは「ヴァラー」の名，カロリーネは「ルイーゼ」の名で登場し，彼らに加え，「友人たちの集合名」として「ラインホールト」なる画家も登場し，詩人とその妻の談義に「画家」としての意見を差し挟む[37]。彼らの談義は，まずシュタルゲボイデ地上階の彫像の間（挿図 19）の古代コレクションをめぐる彫刻談義に始まり，その上で，ディドロによる「絵画展」Salon de peinture 批評[38]に倣いつつ，ドレスデン画廊の所蔵する風景画，肖像画，宗教画，歴史画などさまざまなジャンルにわたる絵画談義がなされる。そのなかで，作品享受の問題や彫刻と絵画との相違の問題のみならず，詩（文学）と造形芸術との関係の問題も採り上げられる。後のわれわれの議論との関連から，ここでは特にコレッジョ作品とラファエロ作品に関する談義に眼を向けた後，最後の詩と造形芸術の問題に関する議論にも触れるとしよう。

　「絵画談義」に関連してしばしば強調されるのは，そこでのラファエロ絵画讃美である。確かにそれは，他の数々の讃美に比して，質量ともに際立っており，それへの注目は当然ではあるものの，看過されてならないのは，コレッジョ絵画讃美である。ルイーゼはカトリックのマグダレーナ伝説に注目し，フランチェスキーニやバトーニによって「等身大」に描かれたマグダレーナ像と比較しつつ，「駄作」だとか「優美」に描かなかったとかいうコレッジョ批評を断固拒否し，彼によって描かれた《マグダラのマリア》（挿図 20）が――後年，ヘーゲルも同様の感懐を漏らすように――「本来あるべき美しい魂，若気の過ちではあるが歪曲しようのない美しい魂」そのものであることを強調する（II, 92）。またルイーゼは，ラインホールトによるメングスのマグダレーナ論（『コレッジョの生涯と作品』）に関する指摘にも応えつつ[39]，「行為と内的につながった彩色と明暗を素描の性格と構図に関連づける」という描写の内に絶妙の調和

　　　St. 1, Berlin 1799, S. 39-151. 以下，「絵画談義」からの引用は『アテネーウム』誌の復刻版から巻数と頁数のみを指示して行う。
37) E. Sulger-Gebing, a.a.O., S. 44.
38) ディドロの美術展批評については，たとえば野口榮子『ディドロと美の真実――美術展覧会「サロン」の批評』昭和堂，2003 年参照。
39) Vgl. E. Sulger-Gebing, a.a.O., S. 49.

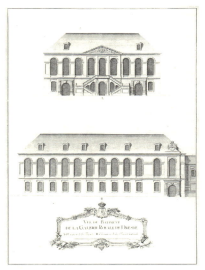

11 シュタルゲボイデ正面図と側面図
カイルの銅版画（1746年）

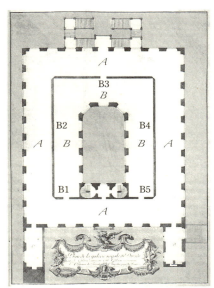

12 シュタルゲボイデ平面図
カイルの銅版画（1746年）
A：外廊　*B*：内廊
デジタル画像内廊壁面記号
B1：下辺左　B2：側面左
B3：上辺　　B4：側面右
B5：下辺右

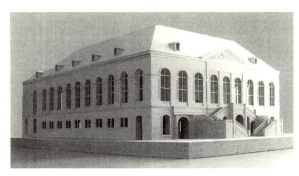

13 シュタルゲボイデ木製モデル
　　（ムサック作）
（左下）同モデル展示（1765年）
（右下）同モデル地上階

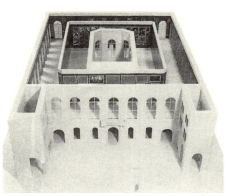

14 カナレット ノイマルクト (1749年)
画面左の建物がシュタルゲボイデ, 中央奥の建物がフラウエンキルヘ

15 ドレースデン画廊内廊壁面B2 (1747年) の展示
上段左4枚目から 玉座の聖母と聖マタイ [カラッチ] 聖ロココの喜捨 [同] (6枚目)
聖フランチェスコの聖母 [コレッジョ] (中央) ペスト [プロカッチーニ]
玉座の聖母と三聖人 [レーニ] 聖母被昇天 [カラッチ]
中段左3枚目から 羊飼いの礼拝 (聖夜) [コレッジョ] 諸王の礼拝 [ヴェロネーゼ]
聖ジョルジュの聖母 [コレッジョ] (中央) クッチーナ家の聖母 [ヴェロネーゼ] (右端)
下段中央 貢の銭 [ティツィアーノ]

16 ドレースデン画廊内廊壁面B2 (1750年) の展示
中段2枚目から クッチーナ家の聖母 聖ロココの喜捨 羊飼いの礼拝 (聖夜)
玉座の聖母と聖マタイ 聖ジョルジュの聖母 (中央) 聖母被昇天
ペスト (2枚右) 諸王の礼拝

17 ドレースデン画廊内廊壁面 B4（1765年）の展示
上段左から　セミラーミスとニーノス［レーニ］　諸王の礼拝（4枚目）
玉座の聖母と三聖人　聖ロッコの喜捨（中央）　玉座の聖母と三聖人　クッチーナ家の聖母
中段中央　羊飼いの礼拝（聖夜）　サンシストの聖母（聖夜より右7枚目）

18 ドレースデン画廊内廊壁面 B3（1825年）の展示
中段4枚目から　聖フランチェスコの聖母　バッカスの勝利［ガロファーロ］（中央）
聖母被昇天（中央右寄り）　聖ロッコの喜捨（右上方）　サンシストの聖母（下方下段）
玉座の聖母と聖マタイ（右端中段2枚目）

19　シュタルゲボイデ地上階　彫像の間

を見出し,「コレッジョほど調和を描写できた芸術家はほかにいなかったかもしれない」(II, 94) とまで彼を絶賛する。これに呼応し,彼女によるかの三聖母画,《聖ジョルジュの聖母》(挿図5),《聖セバスティアーノの聖母》(挿図21),《羊飼いの礼拝(聖夜)》(挿図6)への言及を待ち,ヴァラーも満を持してコレッジョ礼賛の列に加わる。「彼のマグダレーナは確かに絵画の奇跡のみならず,繊細で内面的な表現という側面から見ても近代における最も美しい優美,真実の優美だ」(II, 95) と。

　このようなコレッジョに対する彼らの共感,いやそれどころか絶賛と比較すると,彼らによるラファエロ讃美はむしろ控えめすぎるようにすら見える。けだし,多くの言葉を費やしつつ彼らが行っているのは,実際には《サンシストの聖母》(挿図10) に描かれた人物たち(聖母子,シクストス,バルバラ)および天使たちの形姿や衣装などについての克明な記述,それに絵画的な彩色や構図(ルネサンス特有の三角形構図)などについての画像分析ばかりだからである。こうした記述・分析のなかでひときわわれわれの眼を引くのは,たとえばルイーゼの発言――「この子はすでに一人前の男で,成熟していないけれども,人間離れしていて,……幼さに包まれた神々しさ」であって,そこに見られるのは「世界の救世主」,しかも「マリアは子供を愛らしく抱擁もせずに支え,子供も母親に知らんぷり」,そこに描かれているのは「聖なる礼拝」だといったような――であり (II, 129 f.)[40],このような発言に対する「あなたはカトリックになる危険がある」といったヴァラーの反応などである (II, 131)。にもかかわらず,彼らがラファエロ聖母に関して多くの言葉を費やして記述し,分析を試みているのは,おそらくヴィンケルマン(『模倣論』)の同聖母論に対して彼らが強い印象を抱いていたためであろうと推測される。ここでは,ヴェッディゲンの次のような興味深い指摘を引用しておこう[41]。

　それら[ドレースデンの美術コレクションの文学的受容]はヴィンケルマン

---

40) 後年,ヘーゲルは『美学』講義にて (XV, 49),《サンシストの聖母》に関してルイーゼ=カロリーネ発言に類似のコメントを加えている。
41) Tr. Weddigen, a.a.O., S. 49.

がそれらに先立って彼の「記述」で強調していた若干の作品，特に《サンシストの聖母》にかかわっているため，そのロマン派的会話はヴィンケルマンの古典主義の見直しと理解しうる。その見直しは，周知の作品に基づいて美的規範を新たに定義するものである。シュレーゲルたちはまた，たとえば北ヨーロッパ絵画と南ヨーロッパ絵画，「古代派」anciens と「近代派」modernes,「プッサン派」Poussinistes と「ルーベンス派」Rubénistes との「対照・並置」paragone の討論を行う場合に，展示状態に即した視覚的議論を取り上げている。

ヴェッディゲンはこのような指摘をするのみで，何らコメントを加えていないので，筆者なりにそれを試みるとすると，北ヨーロッパ絵画と南ヨーロッパ絵画との並置・対比に関しては，彼らの会話におけるフランスとオランダの風景画談義[42]とほかの絵画談義とを比較してみればよかろうし，古代と近代との並置・対比に関しては，すでに触れた冒頭での古代コレクションをめぐる彫刻談義とそれ以降の絵画談義，とりわけルネサンス絵画談義の双方を念頭に置いて見ればよかろう。ちなみに，冒頭の彫刻談義では，ヴィンケルマン説に忠実に，ベルニーニ派の彫刻すなわち誇張表現の横溢するバロック彫刻は「害悪」として弾劾され，それに対して古典主義的な「真実」，「静寂」が対置され，称揚されていた (II, 39 f.)。また引用文後半の「プッサン派」と「ルーベンス派」というのは，かつて (17 世紀半ば以降) パリ王立絵画彫刻アカデミーを舞台に繰り広げられたいわゆる「色彩論争」に際して古典派とその反対派に賦与された呼び名なのだが，ここではさしあたりまずプッサン絵画とルーベンス絵画に関するシュレーゲルたちの見解の要点を記すとしよう。彼らが先に話題にする

---

42) 「絵画談義」中の風景画論に関してはたとえば神林恒道『シェリングとその時代――ロマン主義美学の研究』行路社，1996 年，pp. 118–120 の解説が興味深く，有益である。
　なお，ここで若きゲーテの絵画趣味の変遷について触れておくと，彼は当初イタリア絵画に背を向け，オランダ絵画に共感を寄せていた (『詩と真実』第 2 部第 8 章)。オランダ人たちの風景画が若き詩人による自然の調和の認識を促したからであり，詩人が関心の的をオランダ絵画からイタリア絵画に移すに至るのは 80 年代のイタリア旅行以後のことであった。Vgl. E. Behlich, *Goethe Propyläen*, Stuttgart 1915, S. 52 f., 64 f.

ルーベンス絵画では，われわれの予想に違わず，「緻密すぎる輪郭」を排した「水際立った融通無碍という性格」(II, 109) が注目され，その「色彩に富んだ描写」，「自在な形態」[43]が強調される。プッサン絵画に関しても同様，予想通り彼らは「荘厳な静けさ」(II, 117) といった古典主義的性格に注目し，プッサンがエジプトのナイル河畔を描いた場合ですら，そこに登場させる人物たち（母や娘，奴隷，はたまた河神に至るまで）をすべて「ギリシア風」(II, 119) に描いていると指摘するばかりでなく，「画像を絵に描かれた浮彫りと化した」(II, 118) とも指摘する。ちなみに，プッサンを「古代ギリシア・ローマの浮彫りや彫刻の奴隷」だと批判したのがド・シャンパーニュ（1668年のアカデミー講演）だったが，これに対して，アカデミーの名誉顧問フェリビアンはプッサンの盟友ベッローリの説（ギリシア彫刻と浮彫りの卓越性，規範性）を復唱・強調することで対抗しようとした（1685年のプッサン伝）。これがいわゆる「色彩論争」の発端である[44]。

　「絵画談義」紹介の最後に，詩と造形芸術との相違に関する議論を見ておくと，この点については，ヴァラーがまず次のように主張している。「詩はつねに造形芸術の指導者であるはずで，造形芸術のほうは詩に対して通訳者として役立たねばならない」(II, 134) と。この発言を承け，ルイーゼは「でも，プロテスタント信徒たちはおおよそカトリック信仰に対しては散文的な観点しかもっていないわ」(ebd.) と話題を宗教問題に向け，造形芸術とカトリック信仰の強い絆を示唆し，これがヴァラーの「美しい礼拝は金輪際迷信ではありえない」(II, 135) という発言や，さらには「偉大な歴史画はプロテスタント地域ではまともに制作されたと聞いたためしがない」(II, 136) という発言まで引き出している。さらにこれに対して，ラインホールトは「政治的熱狂はどこであれ，歴史画に新たな広い分野と名誉ある公共的使命を開かざるをえないだ

---

43) E. Sulger-Gebing, a.a.O., S. 50.
44) 色彩論争については望月典子『ニコラ・プッサン――絵画的比喩を読む』慶應義塾大学出版会，2010年，pp. 11, 324-325 および栗田秀法『プッサンにおける語りと寓意』三元社，2014年，pp. 7-9 参照。なお，パリの王立絵画彫刻アカデミーの創立は1648年のことであり，その沿革については N. エニック『芸術家の誕生――フランス古典主義時代の画家と社会』佐藤康雄訳，岩波書店，2010年，第一章に詳しい。

ろう」(ebd.)という将来の予想を交えた異論を差し挟むのだが,「しかしながら」とヴァラーはそれを遮り,「共和主義は人間を超えるものをけっして案出しないだろう」(ebd.)という自身の否定的予想をそれに対置する。こうした議論の後に再び話題は造形芸術と詩の関係という問題に戻る。「詩は造形芸術の指導者,通訳者として役立つべし」という先のテーゼに対して,ルイーゼは「絵画から詩への転換」という逆のテーゼを主張していたため,ヴァラーはそこで,彼女のテーゼを全8篇のソネットにし,朗誦することによって実践してみせる。全8篇中,「キリストの生誕」と題されたソネットは「コレッジョの夜」すなわちかの《羊飼いの礼拝(聖夜)》(挿図6)を謳っており,「栄光の内なる神の母」と題されたそれは,ルイーゼの弁によれば「われらがラファエロ」を謳っており,これはおそらくは《サンシストの聖母》[45]を指すものと思われるが,いずれもドレースデン画廊の所蔵するコレッジョとラファエロの代表作である。他に眼を惹くのは「処女被昇天」と題されたソネットであり,これは,ラインホールトが「デュッセルドルフにあるグイード・レーニの聖母被昇天」を謳ったものと指摘しているとおり,ドレースデン画廊所蔵以外の絵画が取り上げられており,これは当時のロマン派によるこの絵画への偏愛を示す好例となっている。シェリングも後年(1807年)のミュンヘン講演の際,グイード聖母画に対して格別高い評価を与えることになる。この点が,シェリングの講演内容の吟味を試みる本書第二部(第5章)での吟味点,論点の一つである。

　絵画に関する叙述はいったん措くとして,ここで少々目先を変え,彫刻に言及しておこう。本章(序章)に続く第一部の諸章では,ヴィンケルマン説に関する考察の後に,当時注目を集め,その解釈をめぐって論争の的となったギリシア彫刻《ラオコーオン》群像(挿図22)に焦点を合わせることになる。それゆえここでは,シェリングに登場願い,彼がこの群像を実際にどのような形で鑑賞したかという点に立ち入っておく。シェリングが観たであろうと推測される群像を,A. ツェルプストは,ミュラーの銅版画か,あるいはベストランドの銅版画であろうと推定しているのだが(挿図22a, 22b)[46],筆者には,なぜ彼

---

45) E. Sulger-Gebing, a.a.O., S. 55 もこのように見なしている。
46) Vgl. A. Zerbst, a.a.O., S. 190. ミュラー (Johann Christian Ernst Müller) の銅版画は

がマンハイムの古代美術館での彫像鑑賞（この点後述）に触れないのか理解に苦しむ。むろんツェルプストがシェリングによるドレースデンでの彫像作品鑑賞に関する貴重な情報を提供してくれている点は高く評価すべきではあるが。

　彼の指摘するとおり，『芸術哲学』講義第120節で言及される「ドレースデンのパッラス」（V, 600）という語が「アテーナイ」を指示する語であるのはむろんのことだが，彼の指摘のおかげで，これが日本館 Japanisches Palais の古代収集室の所蔵作品に関連した発言であり，ドレースデン訪問時，シェリングはそこで古代彫像やレリーフ等に直に触れていたことが確認できる[47]。また，ツェルプストの推測に従えば，同時期，当然のことながら，シェリングはシュタルゲボイデの地上階の「彫像の間」（挿図19）にてもメングスの蒐集（1783/84年）に由来する古代の彫像作品に触れたものと思われる。「なるほどシェリングはこの経験に自身では言及していないにせよ，シュタルゲボイデの地上階では古代狂の初期ロマン派の面々が彫塑コレクションにも夢中になったに違いなかろう」[48]から，シェリングもこのコレクションに触れないはずもないからである。われわれはすでにシュレーゲルたちが「絵画談義」の冒頭で，シュタルゲボイデ地上階での彫塑コレクションについて会話を交わしていた様子を見ている。ただ残念なことには，彼らの会話にも，ツェルプストによる一連の記述にも，当時のドレースデンで鑑賞可能な古代コレクションに関する作品名が登場せず，そのため，そこから当時シェリングがどのような古代彫像作品を見たかをわれわれが知ることはできない。遺憾ながら，筆者自身もこの点，未調査のままである。その上，困ったことには，シェリング自身，ドレースデン訪問時，当地より両親に宛てて認（したた）めた手紙（1789年9月20日付）に，ルネサンス絵画に関しては画家名を挙げながら，古代彫像作品に関しては「生き生きした彫

　　ゲーテのラオコーオン論を収めた『プロピュレーエン』Propyläen 創刊号（1798年）に図版として添えられたものである。ただし，これに先立ってゲーテはマイヤーとともに《ラオコーオン》群像を見ている。ヴィンケルマン『古代美術史』イタリア語版，1784-85年に掲載されたジュゼッペ・ボッシの手になるエッチングによって。この点，S. セッティス『ラオコーン——名声と様式』芳賀京子・日向太郎訳，三元社，2006年，p. 297参照。

47）　Vgl. A. Zerbst, a.a.O., S. 66.
48）　Ebd.

像」と記すのみである。「ぼくはドレースデンで注目に値するすべてに取り囲まれています。画廊と古代コレクションです。画廊にはラファエロとコレッジョの神々しい絵画が所蔵されていますし，古代コレクションには生き生きした彫像の内に古代世界が息衝いています」[49]というように。

　シェリングが実際どのような作品に直に接したかをわれわれが知る上での確実な直接資料は書簡での本人の弁であり，古代彫像に関する記述のある書簡としては，ドレースデン訪問二年以上前の1796年4月3日付の両親宛書簡が遺されている。そこには彼がマンハイムの古代コレクション「影像の間」にて「ローマ時代の彫像の模刻」の数々，すなわち「ラオコーオン群像，ファルネーゼ家のヘーラクレース，ヴァティカンのアポローン，メディチ家のウェーヌス［アフロディーテー］，瀕死の剣士（Gladiator moriens）等々」[50]を鑑賞したことが記されている。これによって，たとえば《ラオコーオン》群像（挿図22）の「模刻」を，シェリングはすでにマンハイムで観ていることが確認できるが，彼の観たものは他の諸作品（「ヴァティカンのアポローン」すなわち《ベルヴェデーレのアポローン》）ともども「ローマ時代の彫像の模刻」である。周知のとおり，ギリシア彫刻の傑作のオリジナルは大半失われており，当時も今もわれわれがそれらを彫像として鑑賞できるのはローマ時代の模刻のおかげである。したがって，彼が実際に観た「ローマ時代の彫像の模刻」というのは，いわば「模刻の模刻」にすぎない。しかしながら，ゲーテも強調するように，どのような模刻であれ，鑑賞眼を養う上で彫像を彫像として鑑賞することはきわめて重要である[51]。ここで他の興味深いエピソードに触れるとすれば，シラーはかのオイゲン公の軛から逃れるため，『群盗』を初演（1782年）してくれたマンハイムに逃れ，当地の座付き作家として活動していた折，シャルロッテ（フォン・カルプ夫人）と当地の古代コレクションによって古代ギリシア彫刻の模像

---

49) G. L. Plitt, *Aus Schellings Leben. In Briefen*, Bd. 1, Leipzig 1869, S. 240.
50) Ebd., S. 104. 残念なことに，シェリング書簡中に「名指されている五つの彫像・模刻は［今日］保存されていない」(A. Zerbst, a.a.O., S.27, Anm.8)。
51) ゲーテは『プロピュレーエン』の「序説」（1798年）で，芸術愛好家に古代ギリシアの彫像模造を見ることによって鑑賞眼を養うよう勧めていた (XII, 50)。

に触れる機会を得，大いに感激していた。1784年のことである[52]）。

　ともあれ，ここで話題を絵画に戻し，先に一言触れたある人物による批評にも眼を向けておこう。ヘーゲルである。まず指摘しておくべきことは，彼が最初にドレースデン画廊（シュタルゲボイデの王室画廊）を訪問した折の展示状況は1825年に「対照・並置展覧」展示が崩れ出す（挿図18）[53]）数年前のものだったという点である。けだし，クロイツァーに宛てた書簡草稿の文面によれば，ヘーゲルが初めてそこを訪れたのはようやく1820年「秋」のことだったからである。彼はこの折「14日間ドレースデンに滞在した」[54]）模様である。彼最初のドレースデン詣での目的の一つは，この折レジデンツの美術アカデミーにて開催されていた美術展（会期は8月3日から9月24日まで）に足を運ぶことだった。当美術展では，特にこの年に没した肖像画家で歴史画家のキューゲルゲンの遺作四作（キリスト胸像（挿図23）や放蕩息子像などの半身肖像画）などが展示されており，その印象を彼は書き留めていた[55]）。われわれにとって興味深いのは，その印象記に関連して，彼がそこでキューゲルゲン肖像画以外の肖像画にも言及していることである。そこでは，彼の手になる肖像画のほかに，近代の肖像画の実例としてデューラー（挿図24）やホルバイン（挿図25）の「才気あふれる諸労作」にも触れられるばかりか[56]），これらに「ラファエロの描く

52）　S. ダム『フリードリヒ・シラーの生涯』中村元保・渡邊洋子訳，同学社，2009年，p. 48参照。彼の古典主義的情熱もこの体験に始まるという指摘すらある。
　　　なお，マンハイムにて彫像鑑賞の機会をもった先人たちはシラー以外にも多くいた。レッシング，ヘルダー，ゲーテ，ラファーター，ヴィルヘルム・フォン・フンボルトたちである。Vgl. A. Zerbst, a.a.O., S. 27.
53）　Vgl. Tr. Weddigen, a.a.O., S. 53 f.
54）　Hegels Brief an Creuzer [Entwurf] vom Ende Mai 1821. *Briefe von und an Hegel*, Bd. 2, Hamburg 1953, S. 268.
55）　これが今日「キューゲルゲン絵画について」と呼び習わされている当時の一草稿であり（GW XV, 204-206; 297-299），カール・ローゼンクランツは彼の『ヘーゲル伝』（1844年）に，「1820年のドレースデン美術展訪問」に際しての記録としてこれを全文引用している。K. Rosenkranz, *G. W. F. Hegels Leben*, Darmstadt 1977, S. 351 f.
56）　ヘーゲルは作品名を挙げていないため，それを推測するほかないが，たとえば，旧ドレースデン画廊所蔵のデューラーの手になる肖像画で著名なものは，アントワープ商人レーゼンが描かれたもの（1521年）だから，挿図24としてこれを掲げる。また，ホルバイン（息子ハンス）作品の場合にもデューラー作品と並べるに格好の著名な肖像画

20 コレッジョ マグダラのマリア

21 コレッジョ 聖セバスティアーノの聖母

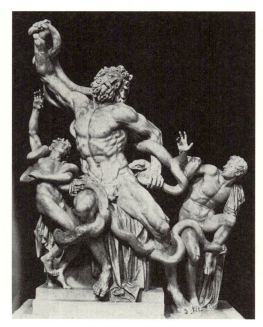

22 ラオコーオン

22a ミュラーによる模写

22b　ベストランド
　　　王立アカデミー総会

23　キューゲルゲン
　　キリスト胸像

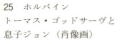

24　デューラー
　　ベルトラント・
　　フォン・レーゼン
　　（肖像画）

25　ホルバイン
　　トーマス・ゴッドサーヴと
　　息子ジョン（肖像画）

人物の純朴さ」が対置され，さらにはコレッジョの《マグダラのマリア》（挿図20）の「高貴な魂の永遠の沈潜と敬虔な瞑想」や《聖フランチェスコの聖母》（挿図4）の「永遠不滅」が特筆大書されている[57]。

> コレッジョのマグダレーナでは，高貴な魂のこうした永遠の沈潜と敬虔な瞑想がむしろ特質であって，彼女がふしだらだったことは彼女の精神の性格全体の背景に退いている。これをわれわれは別途，物語として知るだけである。この面は一時的なもの，つかの間の過失，過ぎ去りしものでしかない。巨匠を際立たせるものは，これすなわち，全体を貫く表現における永遠不滅なのであり，前にも後にも何もなく，この性格以外何もありえない。コレッジョの聖フランチェスコ等，彼の諸傑作は徹頭徹尾つねに今ここにあるものにほかならない。　　　　　　　　　　　　　　（GW XV, 205）

今見たように，ヘーゲルがラファエロには一言触れるだけに留め，これと対照的にコレッジョには多くの言葉を費やしているのは大層興味深い。これが当時の王室画廊での展示状況や作品評価に呼応したものと見なしうるからである。また，ここでのマグダレーナ評価が，先に触れたラファエロ聖母の評価においてもそうであったように（註40），ルイーゼ（＝カロリーネ）のそれに類するものである点もすこぶる興味深い。これまた時代のテクスト連関の実例となりうるからである。ヘーゲルに先立つマグダレーナ評価が『アテネーウム』誌（第

《シャルル・ド・ソリエ》（1534/35年）があり，これは，かの「絵画談義」でもシュレーゲルたちによって優れた肖像画として特筆されているものであるばかりか（*Athenaeum*, II, 97），次節で注目する『ドレースデン名画版画集』第2巻（1757年）にも図版5（Tabl. V）として掲載されてもいるが，いずれも当のホルバインではなく，ダ・ヴィンチの手になるものとしてであった。当肖像画は19世紀半ばまでダ・ヴィンチもしくはゴールトシュミートの作とされ続けた「伝説的絵画」であったためである。それゆえ，先のデューラーによる肖像画と制作年も近い（1528年），クロンウェルとも親交のあった公証人ゴッドサーヴ父子の肖像画を挿図25として掲げておく。Vgl. dazu B. Maaz, a.a.O., S. 48-50, 53-54.

57）　なお，ヘーゲルの書き遺した草稿での《マグダラのマリア》（コレッジョ）評は，《放蕩息子》（キューゲルゲン）評とともにその後のベルリーンでの美学講義でも繰り返される（XV. 106f.）。

2巻第1冊）に掲載された，かの「絵画談義」でなされていたことはすでに指摘したとおりである。

4 作品鑑賞手段としての版画集

以下，なお少々記しておきたいのは，当時刊行されていた画集（版画集）についてである。当時もまた，作品鑑賞は画廊などでの直接鑑賞のみならず，画集（版画集）による間接鑑賞もなされていた。かつてラファエロを売れっ子画家にした一つが彼の作品の版画集の刊行にあったことは美術史上の有名なエピソードの一つだが，その後もこうした普及の企てがなされ続けた。たとえば，243点ものイタリア絵画の図版を収めた『絵画の劇場』 *Theatorum Pictorium*，1660はじめ，種々の画集である[58]。これらのうち特にわれわれの注目すべきは，蒐集家クロザたちによって編集刊行された『クロザ集成』 *Recueil Crozat*, 1729, 1742であり，これは選りすぐりの傑作を版画として収め，それによって観者にヨーロッパの絵画史全体を概観させようとするものだったが，この影響下に出現したのが，かのドレースデン画廊名画集だったのである。この画集（むろん版画集）は，時のザクセン王アウグスト3世の支援のもと，カール・ハインリヒ・フォン・ハイネケン（前記，時の宰相ブリュールの秘書）の編集によって，1753年と1757年にドレースデンとパリで二巻本として刊行されたもので，それは『ドレースデン王室画廊の名画に基づく版画集』 *Recueil d'Etampes d'après les célèbres Tableaux de la Galerie Royale de Dresde* と銘打たれていた。それぞれ本文（フランス語とイタリア語）で50作品を解説し，巻末に一括して図版が収められた（したがって計100作品，100図版）。その第1巻の収録掲載作品は，コレッジョの四名画（《聖フランチェスコの聖母》，《聖ジョルジュの聖母》，《聖セバスティアーノの聖母》，《マグダラのマリア》）にはじまり[59]，アンドレア・デル・サルトやジュリオ・ロマーノ，ヴェネツィア派の二人ティツィアーノやヴェロ

---

58) Vgl. M. Schuster, Das Dresdens Galeriewerk. Die Publikation zu neuem Bildergalerie im umgebauten Stallgebäude. In: *Dresdener Kunstblätter*, a.a.O., S. 65.

59) *Recueil d'Etampes d'après les célèbres Tableaux de la Galerie Rayale de Dresde*, Vol. 1, Dresde/Paris 1753, pp. 11–14. Tabl. I–IV.

ネーゼたちの諸傑作に連なる 16 世紀イタリア絵画の数々，さらにはボローニャ派のアンニーバレ・カラッチとその弟子のグイード・レーニ等々の 17 世紀イタリアの諸作品が続き，最後にルーベンスの諸作品で終わる[60]。また第 2 巻も二つのコレッジョ作品（《羊飼いの礼拝（聖夜）》，《コレッジョの侍医》）[61]はじめ，パルミジャニーノ（マニエリスム），さらにはティツィアーノ，ヴェロネーゼ，ティントレット（ヴェネツィア派），そしてアンニーバレ，グイード（ボローニャ派）たちの諸作品というように，ほぼ第 1 巻と同様の作家たちから作品選択がなされているが，異なる点は，そこにパリの画家やフレスコ画家あるいは最後にホルバイン（息子），ルーベンス，レンブラントたちのドイツ，フランドル，オランダ絵画が収められている点である[62]。以上の作品選択から全体として言えることは，主としてイタリア絵画が収録されていること，なかでもコレッジョ作品にスポットが当てられていることであり，この点で，実際における画廊での展示の仕方と共通していた。しかし，両者の目立った相違は，すでに指摘したとおり，ラファエロの《サンシストの聖母》が購入当初は壁面「脇」での展示[63]ながら，徐々に重視されていったのに対して，当画集の第二巻がラファエロの聖母画購入 3 年後に刊行されたにもかかわらず，それが掲載されていない点である[64]。

　なお，もう一点，画集編集法と画廊展示法との相違に関して看過できないことは，第 1 巻が意図的か否かは定かでないが，ほぼ編年式かつ国別・流派別という配列がなされているのに対して，後者が依然として旧方式——「対照・並置展覧」もしくは「軸対称的構成」——に従っているということである。もっとも，画廊展示においても，旧方式ではなく，流派や時代に即した歴史的展示という新方式への要求がなされていなかったわけではない。たとえばすでに

---

60) Vgl. M. Schuster, a.a.O., S. 70–72.
61) *Recueil d'Etampes* [...], *op. cit.*, Vol. 2, Dresde/Paris 1757, pp. 10–12, Tabl. I-II.
62) Vgl. M. Schuster, a.a.O., S. 70–72.
63) Ebd., S. 78.
64) ちなみに，当ドレースデン名画版画集のことを，シェリングは最初のドレースデン訪問以前に知っていたことが両親宛書簡（1797 年 6 月 28 日付）から確認できる。Vgl. dazu A. Zerbst, a.a.O., S. 64.

1771年には，時の侍従長によってそのような展示方式への転換が企てられたことがあったが，建物の制約やコレクションの量といった理由から実現しなかった。その後，1825年には，可能な限り同様の試みも採用されるに至ったが（挿図18），これによって「対副原理が所々損なわれることになった」[65]。こうした指摘は，2009年の当地の芸術雑誌に，展示法の変遷をテーマとした論考を寄せたヴェッディゲンによるものだが[66]，興味深い指摘である。むろん，「歴史的展示」が「研究のため」にも「鑑賞のため」にも有益であるには違いなかろうが，「対副展示」にも捨てがたい魅力と意義があろう[67]。筆者は長らく自然哲学の領域において歴史的・概念史的研究を重ねてきたが，それは単に重要な諸概念の歴史的影響・継承関係，変遷を確定するためだけではなく，むしろ時代のいわば「思想空間」を再現できぬまでもそれに無限接近するためのものであり，これを筆者は「ポリフォニーとしてのテクスト」読解と称し，実践してきた[68]。旧王室画廊の「対副展示」は絵画における「ポリフォニー」を響かせるものであるように筆者には思われる。

　ともあれ，その後も，こうした従来の展示原理に対する批判は下火になるどころか，燃え盛り，その火付け役となったのが，当時ベルリーンで活躍していたヒルトだった[69]。彼は『ヴィッテンベルク，マイセン経由ドレースデン，プ

---

65) Tr. Weddigen, a.a.O., S. 53 f.
66) Ders., *Die Sammlung als sichtbare Kunstgeschichte. Die Dresdener Gemäldegalerie im 18. und 19. Jahrhundert*, Bern 2008.
67) 前記の試みの4年後，すぐ後に触れるヒルトの主張1年前にあたる1829年（2月17日），ベルリーンでの美学講義で，ヘーゲルが「絵画の歴史的発展」を講じた際，今本文に挙げたように「歴史的展示」の重要性を強調している（XV, 108）。ただし，後に指摘するとおり（第一部第1章4「ギリシア美術の四様式」），「発展」概念には「成長モデル」に全事象を押し込めるというわれわれを導く危険性がつきまとう。
68) 拙論「ポリフォニーとしてのテクスト――バフチーンの詩学とテクスト読解」参照（拙著『科学・芸術・神話』に付論として所収）。
69) ヒルトの経歴およびラオコーオン論については第一部第4章で後述するが，彼について言及する研究でもほとんど触れられていない点は，彼がベルリーン大学創立時，ドイツの大学で初めて設けられた古典学講座の初代担当教授だったことである。Vgl. dazu E. Forssman, *Edle Einfalt und stille Grösse. Winckelmanns Gedanken* [...] *von 1755*, Freiburg i. Br./Berlin/Wien 2010, S. 77.

ラハ紀行の芸術覚書』(1830年)[70]のなかで，ドレースデンの展示法を時代遅れ，すなわち非学問的で非教育的だと詰り，ベルリーンの王立美術館のような「時代，流派，ジャンルに即した配列」が必要なことを力説している[71]。時代の趨勢としてこうした傾向がさらに強まり，1836年に設立された画廊委員会指揮下，新たな画廊用建築がかのゴットフリート・ゼンパー[72]に託され，画廊は1855年に完成されたツヴィンガー宮の側翼絵画館に移設されるに至る。ために，これは「ゼンパーバウ」Semperbau とも「ゼンパーガラリー」Sempergalerie とも呼ばれる。移設とともに展示法も前記の原理に基づいて一新されたことは言うまでもない。今日の絵画館での展示がそれである。

　これにて，序章での記述を閉じることとし，以下，本論の叙述に移る。まずはヴィンケルマンの処女作に盛り込まれた古典主義テーゼに関する考察から。

---

70) Aloys Hirt, *Kunstbemerkungen auf einer Reise über Wittenberg und Meissen nach Dresden und Prag*, Berlin 1830.
71) Zit. aus Tr. Weddigen, a.a.O., S. 54.
72) ゼンパーは今日のオペラハウス（いわゆる「ゼンパーオーパー」）を建てた建築家として夙に有名である（こちらの建設は1871–78年，ただし1945年消失，戦後再建）。すでに強調したとおり，ドレースデンは北方ドイツにおける美術の都であるのみならず，音楽の都でもあった。

第一部
ヴィンケルマンとその世紀

ヨーハン・ヨーアヒム・ヴィンケルマン
1717–1768
女流画家 A. カウフマンによる肖像画（1764年）からの
R. ラーンの手になる版画（1866年）

第1章

ヴィンケルマンの古典主義

1　古代美術模倣論

「非凡な人物の記憶は優れた芸術作品を前にした場合と同様，しばしば考察心を呼び覚ます」(Goethe XII, 96)。

　極貧の靴匠の小せがれが勉学を志そうものなら，苦学に次ぐ苦学が待ち受けていることは火を見るより明らかであるにもかかわらず，勉学を志し，苦学を重ねた末にようやくありついた定職時代（後年「学校殉教という責苦」[1]と回想せざるをえなくなるほど惨憺たる生活を強いられたギムナージウム教師時代）においてなお，少年時代に灯された憧れの火を燃えあがらせ，寸刻を惜しまずギリシア古典に打ち込むヴィンケルマンの姿を前にして頭を垂れない人などいようものか[2]。人生の過酷，悲惨は偶然の福運で埋め合わされるとは限らないにせよ，一途な思いは時に福運を呼び寄せる。ネートニッツのビューナウ伯図書館秘書を務めた「恵まれた数年」[3]を経て，ザクセンの都ドレースデンで執筆され世に出ることになった処女作『ギリシア美術模倣論』(1775年)[4]とそれが博

---

[1]　C. Justi, a. a. O, S. 109.
[2]　ヴィンケルマンが初等教育を受けた生地シュテンダールのラテン語学校では，週20時間のラテン語の授業に対して，ギリシア語の授業は新約聖書の講読のみというありさまであったばかりでなく (Justi, a.a.O., S. 23)，彼がローマ移住前ドイツ生活の最後を過ごしたドレースデンですら「ギリシア語の分かる人がいない」(S. 194) と嘆かざるをえないほど当時のギリシア古典研究環境は劣悪であった。
[3]　C. Justi, a.a.O., S. 183. ビューナウ伯およびその図書館については同書 (S. 181-183; 189-194) 参照。
[4]　*Gedanken über die Nachahmung der Griechischen Wercke, in der Malerey und Bildhauer-*

した盛名は，この種の福運の一つであろう[5]。そこには一途な思いが手繰り寄せた福運の紡ぎだす精華が横溢している。

　すでに触れたとおり，ヴィンケルマンの処女作は時のザクセン選帝侯アウグスト3世に捧げられていた。侯は首都ドレースデンを芸術の都にすべく大改造を敢行した父アウグスト2世（「強王」）の遺志を継ぎ，引き続き芸術振興に励んだ。ために処女作冒頭，現王の偉業は先王の偉業とともに称えられている。「イタリアの至宝はじめ他国の非の打ちどころなき絵画の数々が良き趣味の涵養に資したということは両君主の偉大さの永遠の記念碑である」（S. 2）というように。彼は両君主への賛辞を述べた上で，いわば「ドレースデンのアテーナイ化」という期待を表明しつつ，自身の芸術論の根本テーゼを掲げる。

　　　美術の至淳なる諸源泉は開かれた。それらを発見し味わう者は幸いである。これら諸源泉を探ねるとはアテーナイに旅することである。そうしてドレースデンは今後，美術家にとってアテーナイとなろう。
　　　われわれにとって偉大になる，いや可能ならば他に追随を許さぬ者となる唯一の道は，古代人の模倣である。　　　　　　　　　　　（ebd.）

　本テーゼを導き出すため，冒頭に綴られた一連の文言は，彼の処女作が「啓蒙的論争書」[6]として著されたことを如実に物語っている。当初ヴィンケルマンは処女作の出版を請け負ってくれた「わがパトロン（ラオホ）」にそれを献じようとしたのだが，国王の聴罪司祭ラオホ師は彼の将来を慮ってこれを辞退。結果，処女作は国王に献じられることになった[7]。このため，その冒頭には当然のことながら，ザクセン君主への賛辞が掲げられた。序章の冒頭に特筆した

Kunst, Dresden 1755.
5)　ヴィンケルマンの処女作の邦訳『ギリシア美術模倣論』は澤柳大五郎によって戦時中（1943年）に刊行されており（再刊，座右宝刊行会，1976年），それに寄せられた訳者の解説もヴィンケルマンの生涯と業績に対する良きオマージュとなっている。
6)　E. Forssman, a.a.O., S. 31.
7)　C. Justi, a.a.O., S. 353.　なお，国王の聴罪司祭だったラオホ師はホーフキルヘの落成時（1751年）には献堂説教を行っている（Justi, S. 283）。

とおり，先王と現王二代にわたって敢行されたザクセンの首都ドレースデンの芸術振興は，実際のところはロココ趣味のフランス・ブルボン王家を範とした宮廷化，バロック期のイタリア人芸術家たちの重用される「異郷の植民地」化にほかならなかった。ヴィンケルマンが処女作冒頭に掲げたザクセン宮廷への賛辞中に組み込んだ不協和な「異郷の植民地」という語には，「当時，祖国の芸術が皆無であったこと，ドイツ芸術の代わりにあったものが外国の衰退しつつある芸術の残響でしかなかった」[8]ことへの，彼の嘆きの声が籠められていた。同じ一連の賛辞を再び不協和音に変質させるもう一つの語「芸術家にとってのアテーナイ」にも，ドイツにおける芸術の都ドレースデンが「エルベのフィレンツェ」や「エルベのヴェネツィア」ではなく，「ドイツのアテーナイ」となるべきだという彼の強烈なプロテストが籠められていた。国王への賛辞，王都への賛辞の中に宮廷批判，時代の美術界批判を潜ませるという心憎いレトリックは，処女作全体を導くライトモチーフの絶妙な提示となっているように思われる。

　先に引用した根本テーゼに凝縮して打ち出されているヴィンケルマンのいわば「古典主義宣言」[9]の真意は，作品上の対比として端的に示すとすれば，ゴンブリッチも指摘するとおり，《ベルヴェデーレのアポローン》（挿図26）とベルニーニの《アポローンとダフネー》（挿図27）における両アポローン像の相違の強調ということになろう[10]。『模倣論』の最重要課題が「ギリシア人の模倣に功績を与えることが時代の腐敗だと思われないように，こうした大方が抱く偏見から古代遺品の尊重を救出する」（S. 10）点にあることを強調した上で，ヴィンケルマンは，「ギリシア彫像の美性や理想美の卓越性に異議を唱えようとした人々の一人」（ebd.）として17世紀バロックの巨匠ベルニーニを批判の槍玉に挙げ，そこでバロック的過剰美に古典的理想美を対置し，《ベルヴェデーレのアポローン》をその典型，最高傑作として絶賛している。「ヴァティカンの《アポローン》ほど人間のプロポーションを超えた美しい神性はほかに想

---

8)　C. Justi, a.a.O., S. 232.
9)　E. H. ゴンブリッチ『芸術と進歩——進歩理念とその美術への影響』下村耕史ほか訳，中央公論美術出版，1991年，p. 25.
10)　同書 p. 27.

像できないであろう。自然と精神と芸術とが生み出しうる傑作がここに見られる」(S. 11) と。

　言うまでもなく，芸術家たちの修練・修行は「手本」の模倣に始まる。画家メングスによって唱えられたとされる修練法によれば，それは，「カラッチ作品から始め，然るのちにヴァティカンのラファエロ労作に進み，このような準備後ようやく古代ギリシア作品に転じ，しかも，まずはヘーラクレース像から始め，徐々に剣士像，ラオコーオン像，トルソー像へと進み，最後に最高傑作としてのアポローン像で終える」[11]というものだった。誠に興味深い修練法であり，ヴィンケルマンがギリシア彫刻の最高傑作と見なしたのもアポローン像すなわち《ベルヴェデーレのアポローン》にほかならなかった。『模倣論』におけるヴィンケルマンの数々の見解やテーゼの多くは，彼のドレースデン時代，同地にて自身の道を歩んでいたメングスやエーザーといった画家たちのそれに負っていることをここで確認しておこう。

　「アントン・ラファエル」Anton Rafael[12]と名付けられた，ドレースデンの宮廷画家メングス（イスマエル・イスラエル）の息子は，父親に連れられ，12歳にして早くもローマに足を踏み入れており，当地にて4年間画家修業の後1744年に帰国，その折（時に彼16歳）描いた《自画像》（挿図30）は，彼の父親が望んだとおり，「ウルビーノのラファエロ」さながらに描かれていた[13]。そして1752年に再びローマに移住すると，彼は実際そこで「ラファエロの灰か

---

11) Vgl. J. H. Meyer, Entwurf einer Kunstgeschichte des achzehnten Jahrhunderts. In: J. W. Goethe (Hg.), *Winckelmann und sein Jahrhundert*, Leipzig 1969, S. 196. 1805年に刊行されたゲーテのこの編著は，本書第6章3でも触れる『オイローパ』誌（1803-05年）におけるフリードリヒ・シュレーゲルの一連の絵画論に濃厚な「新カトリック的感傷主義」に対して，古典主義の立場から反撃を加えようとするものにほかならなかった。なお，本書第一部のタイトル「ヴィンケルマンとその世紀」はゲーテの編著のタイトルから借用した。

12) Anton Rafael の Anton は通称 Correggio の本名 Antonio Areggli の Antonio に相当し，Rafael は言うまでもなく Rafaello のドイツ語表記。

13) 時の宰相ブリュールの秘書にして，かのドレースデン画廊版画集の編者1786年，ハイネケンの弁（1786年）。H. Marx, *Gemälde Galerie Dresden. Atle Meister, Führer*, 2. Aufl., Leipzig 2002, S. 234 より引用。

ら蘇った不死鳥」[14]とまで称えられるに至る。1760年から翌年にかけて，当時ヴィンケルマンが司書を務めていたアルバーニ枢機卿のヴィラの主室（古代彫刻陳列室）を飾る天井フレスコ画《パルナッソス》（挿図29）を制作したためである。古代ギリシア世界においてムーサイ（ミューズたち）が住むとされた聖山パルナッソスの情景はすでに（二百数十年前）ヴァティカン宮，署名の間の壁画（挿図32）[15]としてラファエロによって描かれており，メングスがこれを範としたことは言うまでもないが[16]，メングスは中央に位置するアポローンを立たせることによって，その周りに他の詩神，詩人たちを左右対称になだらかな勾配（筆者の勝手な想像をあえて記せば，ギリシア神殿の破風の傾斜（15度）を彷彿とさせる勾配）をつけて配置するという工夫を施している。なお特筆すべきは，ここに先にわれわれの注目したヴィンケルマンによるバロック批判の内実が作品として見事に結実している点である。メングスは当天井画において「バロックの天井画家たちの色彩豊かな効果や密接に統合された構成，深い窪み，幻想的な考案物」を退け，初期の新古典主義の理想を形にしてみせたのだった[17]。

　ここでヴィンケルマンとメングスとの交流についてさらに付言するならば，ゲーテの記したオマージュ「ヴィンケルマン」中のメングスに関する記述にもあるとおり（XII, 109–113），ヴィンケルマンを「古代の遺物の広大な世界」への彷徨から「傑作」，「理念」の領域へと導いた恩人こそ，メングスにほかならなかった。ヴィンケルマンはローマに移住して間もなく（1756年），すでにローマの絵画アカデミーの院長として活躍していたメングスと直に交際を始め，彼がマドリッドに移る61年までそれを続ける。ヴィンケルマン自身の回想に

---

14) D. Lutz, *Die Kunst des Klassizismus* (Wie erkenne ich ?), Stuttgart 2006, S. 61. メングスを「ラファエロの灰から蘇った不死鳥」と称えたのはヴィンケルマンその人なのだが，いわば「ドイツのラファエロ」という，こうしたヴィンケルマンのメングス評価に異を唱えつつ，ドイツ芸術の再生を期待するというのがシェリングによるミュンヘン講演の最終テーゼとなる。この問題を考察するのが本書第二部第6章。

15) 周知のとおり，ヴァティカン宮，署名の間の「真」を表現する壁画が《アテーナイの学堂》であり，「美」を表現する壁画が《パルナッソス》にほかならない。

16) D. Lutz, a.a.O., S. 59.

17) H. オナー『新古典主義』白井秀和訳，中央公論美術出版，1995年, p. 34.

26 ベルヴェデーレのアポローン　　27 ベルニーニ　アポローンとダフネー　　28 ベルニーニ　プロセルピーナの略奪

29 メングス　パルナッソス

30 メングス
自画像

31 ラファエロ　ガラテーアの勝利

32 ラファエロ　パルナッソス

よれば，メングスとの交流はまさに「幸運」としか言いようのない僥倖だった。H. ホルツハウアーの言葉を借りて言えば，「エーザーが彼に植え付けた芽は〈思索する画家〉メングスによって実をつけられた。メングスは卓越した芸術家であったばかりでなく，理論家でもあった。特に彼は古代とイタリア・ルネサンスの芸術作品を研究していた。ヴィンケルマンに芸術作品の特性理解への眼を開かせたのはメングスにほかならなかった」[18]。実際，ヴィンケルマンはローマ移住後に著した主著『古代美術史』(1764 年)[19]をメングスに献じている。その「序言」末尾には次のように記されている。「この美術史を私は芸術と時代，特にわが友アントン・ラファエル・メングス氏に捧げる」(S. 178) と[20]。『模倣論』のいわば「共著者」がエーザーだったとすれば，『美術史』の「共著者」はメングスだったと言ってよかろう[21]。

一方，ヴィンケルマンによって「ここ[ドレースデン]でのわが唯一の友人」[22]と呼ばれるエーザーは，彼と同じく，1717 年の生まれで，かつ貧困の中で育ちながら，画業を志し，ヴィーンで賞を得て後，1739 年以降，ドレースデンで画業を続行していた。1764 年には彼はライプツィヒの美術アカデミーに招聘され，当地に移ることになるが，これと関連して特筆すべきことは，この時期，ライプツィヒ大学で学生生活を送っていたゲーテが彼の講義を聴講し，大いに感化を受けていることである。ゲーテは後年，自伝『詩と真実』に，「彼[エーザー]の授業による教示はわが全生涯を通じて持続することであろう。……彼は私に美の理想が単純と静謐 (Einfalt und Stille) だということを教えた」と記している[23]。してみれば，本章で後に取り上げ考察する，人口に膾炙した

---

18) Einleitung zu *Winkelmanns Werke in einem Band,* Berlin/Weimar 1982, S. XXVI.
19) *Geschichte der Kunst des Altertums*, Dresden 1764.
20) ヴィンケルマンが『美術史』をメングスに捧げたのは，メングスが彼の匿名の書『絵画における美と良き趣味に関する考察』*Gedanken über die Schönheit und den guten Geschmak in der Malerey,* Zürich 1762 をヴィンケルマンに捧げていたことに対する返礼であったばかりでなく，処女作のタイトル (*Gedanken* [...]) にもその一端が伺われると，レットゲンは両者の関係を論じた論考のなかで指摘している。Vgl. St. Röttgen, Winckelmann, Mengs und die deutsche Kunst, in: Th. W. Gaehtgens (Hg.), a.a.O., S. 163.
21) Vgl. J. H. Meyer, a.a.O., S. 159–163.
22) 1754 年 12 月 29 日付エーザー宛書簡での弁。Zit. aus C. Justi, a.a.O., S. 316.
23) Vgl. C. Justi, a.a.O., S. 322.

ヴィンケルマンの古典主義テーゼ「高貴なる単純と静謐なる偉大」eine edle Einfalt und eine stille Größeもエーザーの見解に由来することになろう[24]。実際,彼こそ,ネートニッツでのビューナー伯秘書時代(1748-54年)を通じてヴィンケルマンの美術指南役となった人物であり,さらにヴィンケルマンはドレースデン移住時(1754年)には彼の下に寄宿し,彼から素描を学ぶことにもなる[25]。ユスティが評して言うには,「エーザーは,捉えどころのなさという点で,まさしくかの過渡期の成果,化身として現れた人物だった。……彼はとりわけドイツにおいて教説と批評が制作に先駆けた時代,粗野な自然主義への嫌悪,バロック様式の陶酔後の幻滅が,形式規定,個性,色彩過剰のために生命と自然とが対立するかのような誤謬を生んだ時代を代表している」[26]。

ここで,先に注目したヴィンケルマン『模倣論』におけるベルニーニ批判に戻るとすれば,彼は古代彫像の他の作品《ラオコーオン》群像(挿図22)の姿勢や表情に「高貴なる単純と静謐なる偉大」(S. 17)というギリシア彫刻の傑作の根本性格を見出した有名な箇所でも,バロックの巨匠の見方に批判を加えている。「ベルニーニはラオコーオンの太ももの硬直に蛇の毒の効き始めた兆候さえ見ようとした。／[ヴィンケルマンの見るところ]ギリシア彫像の動作や姿勢はみな思慮分別を欠き,激烈で粗野すぎる。それらは,古代の美術家たちが「誇張表現」Parenthyrsisと呼んだ誤謬に陥っている」(S. 18)と[27]。こうした動向に対する対抗策,こうした動向からの救出策として彼がしばしば持ち出すのが,プラトーン的な「美のイデアの感得」である。「名文」[28]として引用されることの多い次のテーゼ——ここにこれを「理想美テーゼ」と名づけておこ

---

24) ユスティも次のように推測している。「美の理想が単純と静寂だという教義を,彼[ヴィンケルマン]は,ゲーテ同様,たぶんエーザーの口から聞いたであろう」(C. Justi, a.a.O., S. 375)。
25) Vgl. C. Justi, a.a.O., S. 316-325. 澤柳大五郎邦訳解説 pp. 111-113.
26) Ebd., S. 324.
27) ここには,本来修辞学上の基本術語「誇張表現」Parenthyrsusが美術上の問題に適用されるというある種のすり替えが認められるのだが,この点については次章で後述する。また,ヴィンケルマンによる表記Parenthyrsisが誤記であることについても(p. 83, 註9)。
28) 「ヴィンケルマンの文章」について批評した氷上英廣(『ニーチェとの対話』岩波書店,1988年,p. 107)は,バロックやロココとは異なった「明晰で簡潔な文体」を創造したヴィンケルマンの書いた名文の最初の例としてこれを挙げている。

う——もその恰好の例となるものであろう。

　ギリシア作品に通ずる者，模倣する者はその傑作のうちに至上の自然美ばかりでなく，それ以上の自然すなわちある種の理想美を見出している。これは古代のあるプラトーン注釈家［プロクロス『ティーマイオス注釈』］の教えるとおり，ただ知性のうちに描かれた像によってのみ形成されるものである。　　　　　　　　　　　　　　　　　　　　　　　　　　（S. 3）

　後に注目するとおり，ミュンヘン講演においてシェリングは，ヴィンケルマンが「現実を超えた理想的自然を生み出すことが芸術の最高の目的であることを教えた」（Ⅶ, 295）と語ることになるのだが，シェリングがこのような発言をする際に念頭に置いていたのも，おそらくヴィンケルマン『模倣論』から今引用した印象深い「理想美テーゼ」であったろうと思われる。ただ注意すべきは，このテーゼが必ずしも自然模倣もしくは自然美の否定を含意するものではないということである。たとえばヴィンケルマンは，他の箇所では，近代と古代との相違を自然模倣の仕方の相違と見なし，自然模倣に定位した古代論をも呈示していた。近代における自然模倣がオランダ絵画に典型的に認められるように「個別テーマに向かう」のに対して，古代におけるそれは「さまざまな個別テーマから諸々の観察を集め，それらを一つにする」。これが古代人たちの歩んだ「自然美を通じての普遍美，理想像への道であった」（S. 11）というように。むろん，彼が強く古代作品模倣を推奨するのは，そこに自然模倣を介してではあれ，「理想美」が実現されていたからにほかならない。件の「理想美テーゼ」を提示して後，彼はさまざまな形，さまざまな例を挙げながら，古代模倣を強調し続ける。たとえばラファエロ。

　ド・ピール（前記「色彩論争」の立役者の一人）の指摘を引用しつつ，ヴィンケルマンが強調するには「ラファエロは死期の迫った折も折，大理石像から離れ，もっぱら自然探求に邁進した」のだったが，ヴィンケルマンの推測するところによれば，「真の古代趣味が彼にはありふれた自然を通してすらつねに伴っており，何であれ自然観察が，彼にあっては，一種の化学変化によって彼の本質，彼の魂をなすものとなったのであろう」（S. 12）と見なされる。ヴィン

ケルマンはこうした推測のみに留まらず、古代模倣が自然模倣に優ることを示すために、こうした推測に続けて、ある「思考実験」まで試みている。

　同等の才能を有する二人の若い画家のうち、一人に自然を模倣させ、他の一人に古代作品を模倣させてみる。そうすると、一人の画家は「自然を見るがままに描くであろう」。人物画であればカラヴァッジョ風に。これに対して、「古代研究に向かった画家は自然を要求されるように描き、ラファエロのように人物を描くであろう」（S. 12 f.）。これが実験結果だというわけである。ヴィンケルマンが強く主張するには、彼の重視する輪郭描写、輪郭造形は自然模倣によって獲得することは不可能であり、それは「ギリシア人からのみ学びうる」（S. 13）。彼の主張するところによれば、「高貴極まりない輪郭はギリシア人の彫像のうちに至上の自然美と理想美全部を合一し書き換える。それはむしろ両者の最高の概念である」（ebd.）。古代彫像を模倣することによって、近代の作家は「一方で、自然全体に分割されているものの精華を見抜き、他方で、至上の自然美をそれ以上のもの［理想美］に大胆かつ慎重に高めうるからである」（S. 11）。ここでの発言は、一面では、先にわれわれの注目した「理想美テーゼ」の復唱となっているが、他面では、古代における統一的自然と近代における分裂的自然という古代－近代論に即した自然論が伏在していた。この発言に続けて、ヴィンケルマンはそれを次のように明示的に語るに至る。

　　芸術家は、これ［自然美を超える理想美の追求］に基づいて美に対するギリシアの規則に手と感覚を従わせることができるとき、これによって、より確実に自然模倣に導かれるであろう。古代人の自然における全体、完全という概念は、われわれの自然における分割という概念を自身の手で純化し感覚化させるであろう。　　　　　　　　　　　　　　　　　　（ebd.）

この文言に対して、P. ソンディがある衝撃的な解釈を加えている。かのベルリーン講義「ゲーテ時代の美学における古代と近代」（1961-62 年冬学期）[29]

---

29) Vgl. Editorisches Vorwort zu: P. Szondi, *Poetik und Geschichtsphilosophie I*, (stw 40) Frankfurt a. M. 1974, S. 7.

において。そこで彼はこの一文を引用し,「ここでは,古代人たちの模倣が要請されるだけでなく,そのような模倣を固有のもの,今日的なものに転換するという課題が立てられている」とまず指摘し,次いで文中に登場する「分割」概念がシラーやシュレーゲルなどの初期ロマン派の自己理解に相当すると見なした上で[30],次のようなコメントを加える。『模倣論』とその付録『書簡集』[31]における「多様性,戯画,彩色といった反古典主義美学の諸問題に対する見解ならびに近代芸術における分割概念の意味深い導入によって端(はな)から,ヴィンケルマンは,自身打ち込んできた芸術理想から離れてしまっている」[32]と。こうしたコメントはわれわれに衝撃を与えるばかりでなく,さらにわれわれをある重要な洞察へと導く。「芸術の根源としての自然」という,ヘルダリンの「ギリシア的自然」概念である[33]。

2 「ギリシア的自然」(ヘルダリン)

ベルリーン講義においてソンディは,「ギリシア的自然」概念を象徴する語として「聖なる情熱」das *heilige Pathos* と「天の火」das *himmlische Feuer* という二つの語を挙げるのだが[34],後者はおそらく,1802年12月に認(したた)められたベーレンドルフ宛書簡における自然概念を示唆し,前者はそれを歌い上げる情熱の神聖性を強調しているものと思われる。ヘルダリンの当書簡は,南仏ボルドーから帰還後,故郷のニュルティンゲンにあって精神の闇に引き込まれつつ書かれたものであり,それゆえにこそ,彼の発する声は「天の火」に焼かれ,「アポローンに撃たれた」精神が天の高みから発した声のように響きわたるとされた。

フランスの「荒涼とした寂しい大地」,「愛国的な惑いと飢餓の不安のうちに

---

30) P. Szondi, a.a.O., S. 34.
31) *Sendschreiben über den Gedanken von der Nachahmung der griechischen Werke* [...], Dresden, Leipzig 1956.
32) P. Szondi, a.a.O., S. 38 f.
33) Ebd., S. 39.
34) Ebd.

成長した男女」をつぶさに眼にした詩人は語る。「強力なエレメント，天の火と人々の静けさ（das Feuer des Himmels und die Stille des Menschen），自然の中で営まれる質素ながら満ち足りた彼らの生活，絶えずそれがぼくの心を鷲摑みにした。……アポローンがぼくを撃ったのだ」(VI, 1, 432) と。また彼はこうした「古代精神の廃墟」に生きるかのような南仏の人々の姿に認められる「戦士的」性格から，「ギリシア人の固有の本質」を教えられる。それは，ヘルダリンにとって，彼が古代美術に接して受けた感銘と同質のもの，われわれを「芸術の極致」に通じさせるものにほかならず，これを彼はまるでヴィンケルマンさながら，次のように言い表す。「芸術は諸々の概念や一途な思いを極度に運動させ現象させつつ，一切を静止させわが身に受け入れるものであり，その最高のしるしこそ，この意味における確信である」(VI, 1 432 f.) と。このように彼は自身の南仏体験をギリシアへの思いに重ね合わせた後，一転，故郷の自然について語り始める。

「故郷の自然はそれを探究すればするほどぼくを鷲摑みにする」(VI, 1, 433)。少年時代以来，彼を捉えて離さない「雷雨」である。彼にとって，この「効験あらたかな光」は「聖なるもの」にほかならず，「雷雨」を通して，彼はドイツの一地方にありながら，ギリシア的自然，ギリシア芸術のアウラに包まれた詩人に変身するのである。「哲学的な光」とも呼ぶところのこのような光に包まれながら，「世に容れられることはなかろう」と予想する詩作への転換を，彼は宣言する。「われわれはギリシア人以来，再び本源に立ち返り，祖国的・自然的に歌い始める」(ebd.) と。このような思いを秘めつつ，おそらくは「支離滅裂な時代に対して……オーデをもって，聖書の心に浸された言葉を与えてほしい」とのホンブルク方伯の懇願に応え，1803 年 1 月，方伯に献じられた長編頌歌，これこそ，かのキリスト讃歌「パトモス」にほかならなかった[35]。ソンディが「天の火」と並べて「聖なる情熱」という語を挙げた際に念頭に置いていたものは，先にわれわれの見たベーレンドルフ宛書簡のほかに，このニ

---

35) 手塚富雄『ヘルダーリン』下，中央公論社，1985 年，p. 264 参照。以下の「パトモス」からの引用訳詩文は手塚訳による。『ヘルダーリン全集』第 2 巻，河出書房新社，1967 年，pp. 219ff.

ュルティンゲン時代のヘルダリンの長編頌詩かもしれない。

　ソンディの講義での発言中われわれの目を惹くものの一つは,「ギリシア芸術がそれに適合する自然」(すなわち「芸術の根源としてのギリシア的自然」) が「オリエント的なもの」と同定される点である[36]。実際のところ, かの長編頌詩において, 詩人たる私を「精霊がわが家から連れ出した」その先は,「太陽とともに／速やかに育ち／幾千の絶頂をそばだてて香る／アジアであった」(II, 2, 166)。かつて予言者 (12使徒の一人で『黙示録』を書いたヨハネ) を庇護したとされるパトモス島は, 詩人にとっては,「アジアの門口」の「波風さわぐ海原に」浮かぶ「島の一つ」にほかならなかった (ebd.)。同じ時期に試みられたソフォクレース悲劇翻訳によって彼のめざしていたものも,「この芸術が拒否したオリエント的なものを一層強調し, 芸術的誤りが現れるところではそれを改善することによって, 並外れて生き生きと公衆に呈示する」[37]ことであった。ここにいう「オリエント的なもの」とは, 讃歌草案の一つ (「お前は思うのか…」) によれば, ギリシア芸術がそれを拒否することによって「惨めにも亡んだ」当のものにほかならない。これぞ, 本書の最後 (終章) に見る, ニーチェ悲劇論の先駆をなすシェリングの歴史哲学草稿に特筆された「ディオニューソス的なもの」にほかならない。

　なお, さらにソンディの講義での発言中, われわれの注目すべきは, ヘルダリンと結びつけられた「ギリシア的自然」概念がヴィンケルマンのものでもあった, と指摘されている点である。彼は言う。「ヴィンケルマンが自然模倣の代わりに古代模倣を推奨できたのは, 彼がギリシア芸術のうちに自然そのものを再発見したからである」[38]と。ここでわれわれは, 後に考察するシェリングのミュンヘン講演における自然模倣批判として提示された自然概念に遭遇しているからである。彼は芸術作品を「自然の深み」(VII, 321) から規定しようと試みているからである。後に見るとおり, こうした彼の試みは当時の近代芸術による「生命的自然」もしくは「創造的自然」忘却への警鐘としてなされていた。次のソ

---

36)　P. Szondi, a.a.O., S. 40.
37)　Brief an Wilmans vom 28.9.1803 (VI, 1, 434).
38)　P. Szondi. a.a.O., S. 40.

ンディの発言はそのままシェリングの発言としてもわれわれは傾聴できるであろう。曰く、「ギリシア芸術に対応する」こうしたヴィンケルマンの自然概念が、「ヘルダリンの場合と同様に、ギリシア芸術に対応する自然がその根源、すなわち何よりもまず芸術のうちで造形されなければならない根源的なものと見なされるとすれば、近代芸術も同様にすでに造形された自然に身を置く代わりに、芸術の基いにある自然に身を置かざるをえないという結論はもはや避けられない」[39]。

3 「高貴なる単純と静謐なる偉大」

ヴィンケルマンの古代－近代論に即した自然論に誘発され、勢いヘルダリンの「ギリシア的自然」概念に踏み込んだが、『模倣論』における諸テーゼに話題を戻すとしよう。『模倣論』に提示された数々のテーゼのうち、根本テーゼの一つして注目され、さまざまな議論を呼び起こしたものこそ、ギリシア彫刻の普遍的特徴に関する次のテーゼである。

> ギリシアの傑作の卓越した普遍的特徴は、姿勢と表情にうかがえる高貴なる単純と静謐なる偉大（eine edle Einfalt und eine stille Größe）である。
>
> (S. 17)

ギリシア彫刻の卓越性をこのテーゼに籠めたヴィンケルマンは、それを荒れ狂う海面に対する深海の静けさにたとえ、その具体例として《ラオコーオン》（挿図22）を挙げる。

> 海面がいかに荒れ狂おうとも深海は常に静謐であり続けるように、ギリシア彫刻における表情はあらゆる激情をものともせず、偉大にして泰然たる魂を示している。辛苦するラオコーオンの顔に描き出されているのはこうした魂である。
>
> (ebd.)

---

[39] Ebd.

ここに引き合いに出されているラオコーオンとは，ウェルギリウスの『アエネーイス』（II, 216-218）に歌われた，女神アテーナの怒りに触れ，息子もろとも大蛇に絞め殺されて果てたトロイアーの神官であり，問題の《ラオコーオン》は彼らの断末魔の様を彫り上げたものにほかならなかった。引用に見られるとおり，ヴィンケルマンは群像中特にラオコーオンの顔の表情に注目し，そこに「偉大にして泰然たる魂」が描写されていると見なしている。これを海の比喩に即して言い換えれば，「荒れ狂う海面」に相当する「辛苦するラオコーオンの顔」に「常に静謐であり続ける深海」に相当する「偉大にして泰然たる魂」が描写されているというわけである。この比喩において事物の外面（ここでは「表情」）が「海面」に，事物の内面（ここでは「魂」）が「深海」にたとえられていることは明白だが，先に引用した文言には独特の捻じれ，「齟齬」[40]が認められる。なぜなら，われわれは外面（「表情」）を通してのみ内面（「魂」）を想像するほかないが，表情が荒海のように「激情」としてそのまま描写されていると仮定すれば，われわれはそこからどうして「穏やかな深海」のような「泰然とした魂」を想像できるであろうか。それは通常なら不可能である。だとすれば，ここでヴィンケルマンが主張していることは矛盾していることになろう。確かに論理的に見れば，そのとおりなのだが，ここで彼が主張しようとしていることは，事態の「矛盾」ではなく，ギリシア彫刻の傑作が具えている独特な「緊張の緩和表現」にほかならず，これによって，断末魔の「辛苦」に避けようのない醜も美として表現可能になるということなのである。このような観点から，彼は先に17世紀イタリア，ローマ・バロックの巨匠ベルニーニ作品に見たのと同様の「誇張表現」を当代の新進作家たちの作品にも見出し，それを厳しく批判する。《ラオコーオン》にその典型が認められるような傑作作品とは「真逆」をなすものとして。

40）　小田部胤久「「高貴なる単純さと静かなる偉大さ」──ヴィンケルマン『絵画と彫刻におけるギリシャの作品の模倣についての考察』の研究」『神戸大学文学部紀要』第20号，1993年，p. 6.

真逆，その極北こそ，今日のとりわけ新米作家たちの下品極まりない悪趣味である。彼らが称えているのは，軽佻浮薄な激情を伴った異常な姿勢や動作が幅をきかせているものばかりである。　　　　　　　　　　(S. 19)

ここで批判の槍玉に挙げられる新米作家たちの愛用する概念は，ヴィンケルマンの挙げるところによれば，「フランケッツァ（真率）」や「コントラポスト（対比）」であり，彼らが造形を心がける像はいずれも悲惨な最期を遂げるアイアースやカパネーウスの姿である (ebd.)。これに対し，古代人の模倣を推奨するヴィンケルマンが理想的と見なす近代の芸術家は彼らではなく，ラファエロにほかならなかった。けだし，「ギリシア彫刻が具え持つ高貴なる単純と静謐なる偉大」という「この特質こそ，ラファエロのような人の卓越した偉大さをなすものにほかならず，そこに彼は古代人の模倣によって到達した」(S. 20) からである。王室画廊に掲げられた彼の聖母画（《サンシストの聖母》挿図10）を観たヴィンケルマンが感嘆して言うには，

純粋無垢の顔と女性離れの偉容とを兼ね備え，清浄にして安らかな姿勢を保ち，古代人たちが神々の像に漲らせた静謐の裡にある聖母を見よ，その全輪郭の何と偉大で高貴なことか。　　　　　　　　　　　　(I, 21)

『模倣論』でのヴィンケルマンによるラファエロに対するこのように高い評価は，後年，数々のラファエロ高評価を促すことになる。ヴィンケルマンならびに，彼に続いてシュレーゲルやシェリングを含めドレースデン画廊を訪れた面々がそこで見たイタリアの諸名画の展示状態については，また彼らのラファエロ評価についても序章第2節で見たとおりだが，この点は後の考察でも折に触れて取り上げることになろう。ここではヴィンケルマンによるラファエロ評価に限って，その問題点を指摘しておこう。ユスティの次の指摘に耳を傾ける仕方で。けだし，それが後の考察にとってきわめて重要だからである。

「われわれが安んじて主張してよいことは，彼［ヴィンケルマン］が建築美と絵画美に対する感覚を持ち合わせていなかったということであり，彼がそこ［ドレースデン］でも後にも［ローマでも］メングスの評価に従ったということ

である。……彩色や採光や明暗，それに表情や動作や構図に対しても彼はほとんど感覚を持ち合わせていなかった。美術における近代，ましてやキリスト教美術に至っては彼には閉じられた書物同然であった。彼はコレッジョもミケランジェロも理解しなかった。近代の美術家たちのうちでただ一人彼が熱く全面的に崇拝するはずのラファエロの場合でさえ，彼が実際に好んだ点は古代風の輪郭や節度ある静謐に限られていた」[41]。

ユスティの指摘するとおり，実際，ヴィンケルマンが注目するラファエロの描く人体はギリシア人たちの描く人体同様，いわば「精神的身体」にほかならなかった。本章冒頭でも注目した「理想美テーゼ」を掲げた後，ヴィンケルマンが繰り返し讚嘆と憧憬を籠めつつ繰り返し語るのは古代世界における若い男女の一糸纏わぬ鍛錬や舞踊の様であり，それを常々観察できた当時の美術家たちの僥倖である。彼はさまざまなジャンルの古代文献に依拠しつつ，「美術家たちの教場はギュムナシオーンにあった」（S. 6），「スパルタでは少女たちは全裸で踊った」（S. 7）などと指摘した上で，ギリシア的理想美にラファエロ的理想美を重ね合わせる。

> 身体を観察するこのような頻繁な機会がギリシアの美術家たちの歩みを先へ進めた。彼らは人体のプロポーションの部分と全体双方において普遍美の概念を形成し始めた。それは自然そのものを超えるはずのものであり，その原像は知性のなかで構想された精神的身体であった。このようにラファエロは彼の《ガラテーア》を描いた。　　　　　　　　　　　（S. 7 f.）

ここでヴィンケルマンが「精神的身体」としての「普遍美」を描いた典型として《ガラテーアの勝利》（挿図31）を挙げているのは不適切と言わざるをえない。後にヴィンケルマン自身も認めるとおり（『美術作品考回想』1759年）[42]，「《ガラテーア》には自然における尊厳美が見られないと嘆いた」のは「ラファエロ」その人にほかならなかった（S. 43）。《ガラテーア》を実例として挙げた

---

41) C. Justi, a.a.O., S. 376.
42) J. J. Winckelmann, *Erinnerung über Betrachtung der Werke der Kunst*, 1759.

際，ヴィンケルマンが強調しようとしたのは，実際のところ，そこに「普遍美」，「理想美」が描かれている点にあったのであり，その意図をヴィンケルマンはラファエロの書簡中の次の発言を引用することによって明示している。「女どもには美は稀有ゆえ，私は自分で想像するある種の理念を用います」（S. 8）と。ここに認められる独特の女性蔑視が，「同性愛者」[43]ヴィンケルマンの琴線に触れるものであったろうことは想像に難くない。彼が理想とする人体美は，あくまで《ベルヴェデーレのアポローン》像に象徴されるような完璧な男性裸体美にほかならなかった[44]。このような彼にとっては，「近代の巨匠の多くの彫像」に見られる「皮膚の顕著な皺」や「すこぶる肉感的な小さな窪み」（S. 9）は彼の好みには合わなかった。たとえば《プロセルピーナの略奪》（挿図28）や《アポローンとダフネー》（挿図27）などに顕著に認められる肉体の造形は，当時においても今日においても驚嘆を禁じ得ない，それが石造りであることさえ忘れさせるような絶品[45]であるにもかかわらずである。ヴィンケルマンが「近代の巨匠」という語によって暗示しているのはバロックのかの巨匠に違いなく，以前に注目した名指しによるベルニーニ批判——古典的理想美に異議を申し立てた御大に対する批判——は，こうした暗示が記された後に登場する。

　ともあれ，彼にとって古典的理想美とは，かの「高貴なる単純と静謐なる偉大」にほかならず，近代にあって「この特質」を体現している者こそ，ラファエロにほかならなかった（S. 20）。本節での考察を閉じるにあたり，なお特筆しておくべき点は，ヴィンケルマンによる古典的理想美への愛好がわれわれ鑑賞者にまで要求されたということである。彼は，古代芸術のこうした「特質」を体現した手本としてラファエロの名を挙げるばかりでなく，われわれ鑑賞者が古代芸術の神髄を感得し，発見するためにも，鑑賞者にまでラファエロ並みの芸術家魂を要求する。「近代において古代人たちの真の性格を感得し，発見するためには，美しい肉体に宿るラファエロの魂のような美しい魂が必要とさ

---

43) E. H. ゴンブリッチ前掲書 p. 32.
44) Vgl. E. Forssman, a.a.O., S. 36-42.
45) 石鍋前掲書『ベルニーニ』pp. 23-32 の記述がベルニーニの匠を的確・入念に描き出している。

れた」(ebd.) というように。後年，ゲーテやシェリングたちは，ヴィンケルマンをさながら「古代人」そのものであったと評することになるが，古代人への同化は，ヴィンケルマンの望むところであったばかりでなく，彼がわれわれ鑑賞者に対しても突きつけた要求でもあった。この点は，すでに小田部胤久によって的確に指摘されていたばかりか，『模倣論』において『古代美術史』の様式論が先取りされている点も指摘されていた[46]。こうした指摘の際に彼が注目した『模倣論』の箇所は，新米作家たちの悪趣味に対する先の批判に続く，二つの段落である。そこには次のように記されていた。

> 芸術は人間同様，青年時代を有しており，芸術の始まりは芸術家の始まり同然だったようである。そこでは，誇張や驚異ばかりが気に入られる。アイスキュロス悲劇はそういう作風によって形成されていた。……ギリシアの最初の画家たちもギリシアの最初の偉大な悲劇詩人が詩作したように描いていたかもしれない。
>
> 人間のあらゆる行為においても，激情，刹那が先行し，節度や念入りはその後に続く。だが，後者は称賛されるには時間を要する。後者をわがものとしているのは偉大な巨匠のみである。それに対し，激情にかけては弟子も勝ることがある。　　　　　　　　　　　　　　　　　　　　　(S. 19)

興味深いことには，引用最初の段落に見られるとおり，ヴィンケルマンは美術の発展を悲劇の発展と並行させて捉えており，それに続く文言をも同じ仕方で読み込めば，そこに「偉大な巨匠」とあるのがソフォクレースであることをわれわれは読み取れるであろう。また，文中最後の指摘では，凋落が暗示されており，悲劇作家としては，おそらくエウリーピデースが念頭に置かれていたであろうとも推測できよう。もっとも，後者は実際には前者より10歳年少の同時代人であって，「弟子」ではなかったが。いずれにせよ，盛期の後に凋落期が訪れるというのが，一般の史観であるとともに，ヴィンケルマンのそれでもあり，『美術史』の様式論にあっては，これらは「優美様式」と「模倣者の

---

46)　小田部前掲論文 pp. 1–25, 特に p. 12 以下参照。

様式」として特徴づけられることになる。以下に見るとおり，様式論は厳密には美術の歴史論ではなく，本質論に属するものなのだが，実際にはしばしば歴史的発展の過程と重ね合わされている。

4　ギリシア美術の四様式

さて，主著『古代美術史』は処女作『模倣論』の約10年後（1764年）に刊行されるが，そこには1755年以降のローマ移住の貴重な成果が盛り込まれている。主著に関して何よりもまず注意すべきことは，この書が，そのタイトルから想像されるような，美術作品の時代的変遷を記述する美術史書に終始するものではないということである。ヴィンケルマンが「序言」で強調するところによれば，彼の「意図は体系構築の試みを提供することにあり」，とりわけ第一部がこれに当てられ，「狭義の美術史」は第二部で扱われることになるのだが，そこでも第一部同様，「主たる究極目的は美術の本質」の究明にあるという点が強調されている（S. 165）。「歴史」Geschichte の語源であるギリシア語 ιστορία の原義は「探究」，敷衍して言えば，本質や真理の探究であり，彼が主著を「歴史」と銘打っているのも，こうしたギリシア語本義に即してのことであった（ebd.）。彼は同「序言」に強調して言う。

> 本美術史において私が心がけたことは真理を発見することにあった。古代美術作品を入念に調査するどのような機会をも逃さず，必要な知識を獲得するどのような労をも惜しまなかったおかげで，本論を自身の手で生み出しうると私は確信した。芸術への愛好が少年時代以来，私の最大の性癖となっていたため，教育と環境が私を遠く離れた道に追いやってきたにもかかわらず，わが内なる天職が顔を出さない時はついぞなかった。本書に証拠として挙げた作品はすべて自分の眼で何度も見たものばかりで，私の眺めることのできたものは絵画や彫刻は言うに及ばず，刻石から貨幣にまで及んでいる。なお，読者の便宜を図るべく，銅板に彫られたまずまずの出来の刻石ならびに貨幣をも同時に取り上げたが，それらは書籍から採られたものである。　　　　　　　　　　　　　　　　　　　　　（S. 173 f.）

本節冒頭で触れた，彼の生い立ちとそれに由来する艱難辛苦（ハレ大学では神学を，イェーナ大学では医学まで学んでいる）とその中にあってさえ消えることのなかった少年時代以来の芸術愛について，『美術史』「序言」では，それを「内なる天職」とまで呼び，この書で取り上げる絵画や彫刻等はすべて彼自身が実際に眼にしたものに限ることが記されている。さらにここで特筆しておくべきことは，本書には彼の実見した際の感得が誠実に記述されているばかりか，長年にわたる古代文献への沈潜を窺わせる記述が随所に見られることである。絵画論や彫刻論はむろんのこと，叙事詩，抒情詩，悲劇，喜劇，風刺，それに歴史，地誌，博物誌，旅行記，伝記，そうして哲学，その上はては建築論に至るまで[47]。ここでその一端を見ておくとすれば，たとえば，古代ギリシアでは人体美研究の恰好の場がギュムナシオーン等の公共施設であった点を指摘する際，「スパルタでは少女でさえ裸で，あるいはほぼ裸で格闘のトレーニングを行った」という情報を悲劇作品（エウリーピデース『アンドロマケー』第599行）や喜劇作品（アリストファネース『女の平和』第81行）から引き出している（S. 197）。あるいは彼の美の理論の核心をなす「理想美」論において，個性美に偏する実例を引き出す典拠はアナクレオーン（『歌集（断片）』第28歌）やテオクリトース（『エイデュリアー』第8歌第72行）であり，理想美の実例として挙げるのは「五人の女性から彼女たちの最美の部分を選択」しつつヘーラーを描いたという有名なゼウクシースの逸話であり，これは例によってプリーニウス（『博物誌』第35巻第36節）から引き出されている（S. 200 f.）。

　今その一端のみを垣間見た記述は理論部門（第一部）のギリシア美術本質論中のものである。歴史部門（第二部）の歴史記述では，もっぱらギリシア美術の歴史的変遷が扱われることになるのだが，ヴィンケルマンは歴史部門での具体的記述に先立って理論部門でも歴史的変遷を絡めつつ，理論的考察を試みていた。これが，かの様式論であり，シェリングの造形芸術論を主題とする本書

---

47) ただし，ヴィンケルマンの古代文献の扱いの杜撰さに対する批判が後年加えられることになる。たとえばレッシングやヘルダーによるそれなど。この点，次章およびそれに続く章にて後述する。

の考察にとっても前提の一角をなすものゆえ，次にこれを見ておこう。

　一般に出来事の推移は，花にたとえれば「萌芽，成長，開花，衰退，枯死」という経過と結末を有し，芝居もこれに似て五幕物が多いが，美術においては最後の段階は見られないため，かつてフランスの古典学者スカリゲルがギリシア文学に関して行った試みに倣い，四つに区分するというのがヴィンケルマンの様式論である。その冒頭箇所での命名に従って言えば，それらは (1)「旧様式」der ältere Stil, (2)「偉大高貴様式」der große und hohe Stil, (3)「優美様式」der schöne Stil, (4)「模倣者の様式」der Stil der Nachahmer である (S. 249 f.)[48]。

　こうした命名に関してさしあたり指摘しておくべきことは，最初の様式，第一様式の名称が他の諸様式とは異なって，「絶対的質」を示すものとなっておらず，他の諸様式との比較によってのみ成立する相対的な「量的段階関係」を示すものとなっていることである[49]。これはおそらく，「質的」規定が可能と見なされた第二様式以降の諸様式に対して，第一様式には，資料の制約上，それにおそらく期間が長期にわたるという制約も加わり，他の諸様式に先立つ準備段階という単なる「量的」歴史的な段階設定を与える以外に規定しようがなかったためであろうと思われる。こうした「量的」規定と「質的」規定の混在もさることながら，以下に見るように，他の各様式での考察においても，歴史的記述が加えられており，ために，本来，理論的な様式論であるはずのヴィンケルマン様式論には歴史的発展段階が重ね合わされ，それは概して「様式史」的考察と見なされて活用されることになる。ちなみに，様式概念を最初に用いたのは，イタリアの芸術理論家（前記プッサンの盟友）ベッローリ（『理想』*Ideal*, 1772）であり，彼はこれを「個々の形態形成法を指す標識」として，当時一般に用いられていた「手法」maniera 概念に代えて用いていた。パノフスキーの

---

48) 本文に掲げた冒頭部分での命名とは異なり，様式論末尾では，第一様式にも「率直で厳格な様式」der gerade und harte Stil という特徴づけがなされるばかりか，第二様式にも第三様式にもともに命名の際には見られなかった規定が付け加えられる。「偉大で角張った様式」der große und eckige Stil および「優美で流麗な様式」der schöne und fließende Stil というように (S. 278)。

49) Vgl. D. Aebli, *Winckelmanns Entwicklungslogik der Kunst*, Frankfurt a. M. 1991, S. 133.

指摘に従えば，ヴィンケルマンはベッローリの著作を熟知しており，この概念を受容するとともに，これを「様式史」Stilgeschichte へと転用したことになる[50]。実際のところ，ヴィンケルマン様式論の登場以後,「様式史」概念は美術史における主要概念として，ブルクハルトの弟子ヴェルフリンによる批判によって終焉を迎えるまで長らく用いられ続ける[51]。

この点に鑑みれば，たとえば A. W. シュレーゲルがベルリーンで行うことになる美学講義中，「芸術論」講義（1801-02 年）での方針——「理論と歴史と批評」を「相互に統合し融合しようとする」[52]方針——はすこぶる実際的で現実的なものということになろう。ヴィンケルマンの様式論の力点は理論・体系に置かれていながらも，実際の叙述では，そこに作品批評はむろんのこと，すでに指摘したとおり，歴史的記述も混在していた。ユスティも指摘するとおり，「ヴィンケルマンの美術史は，構成要素の内容や連関から見れば，精神の疑いようのない統一と著者の創造的個性に由来する創造性を発揮してはいるが，形式から見れば，異様に混乱している。その図式は歴史的なのだが，その核心は理論的，いやそれどころか哲学的ですらある」[53]。

「混乱」の顕著な実例を一つここに挙げておくとすれば，それは第一部の本質論での様式区分と第二部の歴史篇での時代区分との絡み具合であろう。歴史篇での区分が実は様式論での四区分とは異なって三区分となっており，その区分の目安が挙げられる際も，「フェイディアース以前」，「フェイディアースからアレクサンドロス大王まで」，「アレクサンドロス大王以後」というように，様式論に含まれていた「質的」規定は一切用いられず，単純に時期設定を示す徴表として人名が掲げられるのみである。ここでの歴史的な時期区分を今日の古代美術史の時期区分にごく大まかに対応させておくとすれば，これら三期は

---

50)　E. Panofsky, *Idea*（Studien der Bibliothek Warburg）, Leipzig 1924, S. 115.

51)　H. v. Einem, Winckelmann und die Kunstgeschichte, in: Th. W. Gaehtgens (Hg.), *Johann Joachim Winckelmann 1717-1768*, Hamburg 1986, S. 320; E. Forssman, a.a.O., S. 101.

52)　August Wilhelm Schlegel, *Vorlesungen über Ästhetik* I〔1798-1803〕, hg. v. Ernst Behler, Paderborn 1989, S. 181.

53)　C. Justi, a.a.O., S. 96.

「アルカイック期（およびそれ以前）」，「クラシック期」，「ヘレニスティック期」に相当するということになろう。

　以上，様式規定の概要を見るとともにそれが孕んでいる問題点をも指摘した。以下では，各様式に関するヴィンケルマンの論述の中身を見届けることにしよう。

　(1) ヴィンケルマン様式論において「旧様式」と名づけられた第一様式を歴史的な時期区分に対応させようとすると，それが「相対的」な規定であるだけに，少々手間がかかる。たとえば仮に第二部での歴史的三区分に注目しつつ，その第一期を大まかに「アルカイック期（およびそれ以前）」に対応させてみよう。そうすると，そこにあるズレが生ずることになる。様式論末尾での命名に従えば，第一様式は「厳格様式」と特徴づけられており，この特徴づけは，今日の美術史的区分においては「クラシック前期」の徴表として用いられているからである。こうした特徴づけに着目し，かつ第二部での歴史的区分における「フェイディアース以前」という歴史的区分を顧慮するならば，第一様式は最初期から「クラシック前期」に至るすこぶる長期の漠然たる様式を指示するものと解するほかなくなる。いずれにせよ，今日の美術史的見地から，この時期に属する代表作を挙げるとすれば，「クーロス（少年像）」（挿図 33）[54] および「コレー（少女像）」（挿図 35）[55] を挙げるのが最も適切であろう。けだし，これ

---

54) 初期すなわちアルカイック期のクーロスは，エジプトの立像彫刻の技法を踏襲した顔つきの無表情な正面を向いた立像であり（挿図 33a），長らく同種の立像が奉納像などとして制作され続けたが，その後，クラシック前期初頭ともなると変化が現れる。たとえば《クリーティオスのクーロス》（前 480 年頃，挿図 33b）を制作した彫刻家は「左足に重心を移し，右膝を抜き，軽く曲げて，バランスをとるという姿勢で，150 年間のクーロスの伝統を打破した。［これによって］頭部は右を向くことになり，クーロスの厳格な正面性は打破された」（J. J. ポリット『ギリシア美術史――芸術と経験』中村るい訳，ブリュッケ，2003 年，p. 43）。このようなポーズの変化という点で注目に値するのが，ほぼ同時期のアファイアー神殿の破風彫刻（挿図 71）やポリュクレイトスの傑作である（挿図 34）。

55) クーロスが少年や青年の男性裸像であったのに対して，コレーは少女や婦人（時には女神）の女性着衣像であり，《オーセールの婦人像》（前 650 年頃，挿図 35a）や《サモス島のヘーラー》（前 550 年頃，挿図 35b）などが初期すなわちアルカイック期に属する。コレー像に関して特筆すべきは着衣の衣文表現の変化であり，アルカイック期では簡素であった襞が，クラシック期には複雑で装飾的となる。たとえば《ウェーヌス・ゲネト

に先立つ幾何学様式はさておくとして，後のさまざまな彫像の展開を辿る上で，これらが必須の出発点をなすからである。ところが，残念なことに，実見したもののみを取り上げるという原則ゆえに，ヴィンケルマンはこれに言及していない。言及しないのも当然，われわれにとっては周知の「クーロス」像や「コレー」像に関する知見は，未だ彼の視野に収めようのない後代に属すものだったからである。

　第一様式に設定した時期のものとして彼が実際に眼にすることのできた最古の遺品の数はごく限られており，それは主として貨幣のみに限られていた[56]。そのため，彼はこれのみを手がかりとして，第一様式すなわち「旧様式」の特徴づけを試みるほかなかった。実際，彼は貨幣に刻印された「小さな像の身体分肢の強調表現から，より大きな像の心の動き，激しい動作」を推測しつつ，「この様式に属する芸術家たちは，彼らが題材とする英雄時代の人々が気質を抑制せず本性のままに行動したように，彼らの制作する形姿に激しい動作や姿勢を付与したであろう」（S. 256）と想像を逞しくし，それを頼りに，この時期の様式の特徴を次のように要約する。「その造形表現は荒々しいが厳格で，力強いが優雅さに欠け，その強烈な表現が美を弱めていたということであろう」（ebd.）と。

　ここで注目してよいのは，「成長モデル」に即した歴史的・発展的記述がそこに含まれていることである。彼はこうした特徴づけとともに，過去の様式が続く様式の基礎となり，未来を準備するものになっていたことを強調している。

リークス》（前430–400年頃，挿図35c）。なお，後に注目するとおり，衣文表現の「極地」と称すべきものがヘレニズム期の《サモトラケーのニーケー》（挿図43）であろう。第3章末の指摘およびそこでの註24参照。
　ギリシア彫刻とりわけ男性裸像（クーロス）および女性着衣像（コレー）の様式の変遷に関する解説は多々あるが，たとえばS. ウッドフォード『ギリシア・ローマの美術』青柳正規・羽田康一訳，岩波書店，1999年，pp. 4–22も教示に富む。

56) 「序言」に自身の実見できたものについてのみ語ると宣言したとおり，たとえば実見する機会のなかった，当時世界最古のレリーフとされた作品（座るゼウスの前に立つ若い運動選手を描いたレリーフ）についても，ヴィンケルマンは批評を加えることを控えたばかりでなく，彫像作品にしても，当時ローマで見ることのできるものは一つもなかったため，その作品制作の「入念さ」をエトルーリアの作品や古い彫石から想像してみる以外に手立てはなかった。

「旧様式の諸特性は崇高様式の準備となったのであり、この様式を厳密な正確さと高度な表現へと導いた。というのも、旧様式の激しさの中に綿密に描かれた輪郭線とすべてを眼前に暴き出す認識の確実さが現れたからである」(ebd.)と。興味深いことには、彼は「旧様式」の神髄とそれが秘めている輝かしい未来への可能性を、時代を異にするルネサンス期のミケランジェロ作品のそれに投影してみせた上で、時代を元へ戻し、それに匹敵するものとしてアイスキュロス悲劇を挙げている。「美術が完全性に向かって偉大な歩みを進めた同じ時代に、悲劇も同じ様式に高まった。力強い言葉、強烈な表現、偉大な重厚さによって、アイスキュロスは登場人物に崇高さを与え、蓋然性に真実味を与えた」(S. 257)と。様式論末尾での「厳格様式」という第一様式の規定に際し、ヴィンケルマンがその典型として何を思い浮べていたかをわれわれが推測する上で興味深い指摘である。

(2)「偉大様式」もしくは「崇高様式」と特徴づけられた続く第二様式は、第一様式における「伝統の体系」——「自然から取り入れながら後には自然から離れて観念化された諸法則から構成された体系」——を超え、「自然の真理にいっそう近づこうとした」改革期と見なされる。「自然の真理は厳格な形姿から……流麗な輪郭をもつ形態へ移行すること、荒々しい姿勢や動作をより慎み深く分別あるものにすること、杓子定規であるよりは美しく崇高で偉大に見せることを教えた」(S. 258)。

見られるとおり、上の規定では第二様式の諸徴表として美と崇高と偉大の三つが並置されている。これについて何事かコメントするには、カントを引き合いに出しておく必要があろう。後年の『判断力批判』(1790年)ではむろんのこと、ヴィンケルマンの『古代美術史』と同年に刊行された小著『美と崇高の感情に関する考察』(1764年)でも、カントは美と崇高とをさまざまに区別していたからである。「崇高は常に大きくなければならないが、美は小さいこともありうる。崇高は単純でなければならないが、美は飾りたてられていることもありうる」(II, 210)等々[57]。この区別に従えば、「崇高」と「偉大」とは交

---

57) 近代における崇高論は、伝統的にロンギーノスの作とされてきた『崇高について』(3世紀)をボワローが翻訳したことから始まるが(17世紀)、その後(18世紀)、アディ

換可能な概念であり，実際，ヴィンケルマンは様式の命名の際には「偉大崇高様式」というように両者を併記していたし，第二様式に関する概説箇所では「偉大様式」もしくは「崇高様式」というように両者を併用している。その上，そうした概念と美概念との相違も意識されていた。改革期と見なす第二期を彼が格別に「偉大様式」と呼ぶ理由として，この時期に属すると彼の目する改革者たちが最大の目標としたものが「美しくあるより偉大であること」(S. 258) にあったとされていることなどがその証左である。ちなみに，改革者たちとして名を挙げられるのは，フェイディアース，ポリュクレイトス，スコパース，アルカメネース，ミュローンたちである (ebd.)。

　様式論では，ヴィンケルマンは名を挙げるのみで，彼らについて特にコメントを加えていないので，ここでそれを補っておくとすれば，ここに筆頭に挙げられているフェイディアースは，アテーナイに芸術と哲学の花を開かせたかの偉大な指導者ペリクレース（前5世紀）の下で活躍した彫刻家で，パルテノーン神殿建設の際には総監督を務めている。ちなみに，神殿内に据えられるべく黄金象牙製の女神アテナ巨像（高さ約12 m，台座を入れると約15 m——挿図37）を制作し，破風彫刻を指揮監督したのも[58]，さらにパンアテーナイアー祭のさまざまな情景を見事な浮き彫りで表現した神殿内陣四面（高さ1 m，長さ

スンやベーリー，さらにはバーク，ハートリー，プリーストリーといったイギリス人たちがこの問題を論じることによって盛んとなった（この点，たとえばA. ニヴェル『啓蒙主義の美学』神林恒道訳，晃洋書房，2004年，pp. 83-87参照）。しばしば指摘されるとおり，カントはメンデルスゾーンの紹介を通じてバークの崇高論に触れたほか，イギリスのモラリストたちの議論を受容しつつ『考察』を綴っているが（岩波『カント全集』第二巻（2000年）の『考察』訳者（久保光志）解説参照），先に引用した箇所に続き，彼はエジプトのピラミッドの構造を「単純にして高貴」と評しており，ここにヴィンケルマン『模倣論』でのラオコーオン像に関する有名な描写の影響が認められる（同 pp. 465-466 の『考察』訳注10参照）。カントの崇高論については近年わが国において二つの注目すべき研究が出ている。牧野英二『崇高の哲学』法政大学出版局，2007年および宮﨑裕助『判断と崇高――カント美学のポリティクス』知泉書館，2009年。

58) パウサニアースの旅行記（I, 24）によれば，黄金象牙製アテーナ巨像の「兜の中央にスフィンクスの像があり，それの両側にグリフォーンがいる。像は立像で足まで垂れる衣を纏う。胸には象牙彫のメドゥーサの頭をつける。勝利の女神は約12メートルの高さで，他の手に槍をとり，足元に楯，槍の側に蛇，台座にはパンドーラの誕生が刻まれている」。M. コリニョン前掲『パルテノン』pp. 206-208 より表記を変更しつつ引用。

16 m——挿図 36)のかのフリーズ制作を指揮監督したのも彼である[59]。ヴィンケルマンに戻って言えば，すでに触れたとおり，彼はギリシア美術の歴史的変遷を辿る『美術史』第二部でも，最初期の美術を「フェイディアース以前の美術」と呼び，続く時代の美術を「フェイディアースからアレクサンドロス大王までの美術」と称し，フェイディアースを一つの画期として歴史記述を行っていた。

　次に名が挙げられているポリュクレイトスは，地方（アルゴス）出身ながら，ヘレニズム時代，ローマ時代にはフェイディアースに次いで称賛されたクラシック盛期の彫刻家である。彼は「シュンメトリアー（均斉）」を重んじ，自らその理論書『カノーン（規範）』を著してもいる。人体各部のつりあいを目に見える形で表現した《槍をもつ人》（挿図 34）がその代表作である[60]。スコパースは，今日の美術史では，プラークシテレースやリューシッポスとともに前4世紀「クラシック後期」に活躍した巨匠彫刻家の一人である。エピーダウロス劇場建設に端を発する「パトス（激情・情念）」表現を追求したばかりか，テゲアーにアテーナ・アレアー神殿をも建設している。アルカメネースは，ローマ時代の模刻像として遺る《アテーナ・レムニア》や《テベーレのアポローン》の作者とされることもある，フェイディアースの弟子の一人である[61]。ミュローンは（古代ギリシア彫刻中，今日誰しも目にする機会の多い競技者像の傑作の一つ）《円盤投げ》（挿図 38）の作者で，「型」の表現，とりわけ動勢表現を完成の域にもたらした彫刻家として名高い「クラシック前期」に属する彫刻家であ

---

59)　同書 pp. 189-206 および J. J. ポリット前掲書 pp. 106, 109 参照。パルテノーン神殿内室の上部を飾る高さ約1メートル，全長 16 メートルに及ぶフリーズは，周知のとおり，ロンドンの大英博物館所蔵。Cf. B. F. Cook, *The Elgin Marbles*, London (British Museum Publications) 1984, pp. 24-40.
　　なお，先に注目した「理想美」概念との関連をここに注記しておけば，フェイディアース彫刻に「理想美」を見出していたのはキケローだった（『雄弁家』第9節）。「フェイディアースがゼウス像とアテーナ像を制作しているとき，人間のモデルにはそれほど心を向けず，それよりも，ある特別な理想美が彼の心に宿り，彼はそれを注意深く見つめ，その本質を感じとろうとした。そこから彼は神の似姿を作ったのだ」（J. J. ポリット同書 p. 138 より引用）。

60)　この点，J. J. ポリット pp. 145-150 に詳しい。
61)　同書 p. 140 参照。

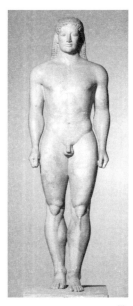 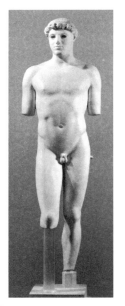

33 クーロス
(a) アナーヴュソスのクーロス (b) クリーティオスのクーロス

34 ポリュクレイトス
槍をもつ人

35 コレー
(a) オーセールの婦人像 (b) サモス島のヘーラー (c) ウェーヌス・ゲネトリークス

36 パルテノーン神殿フリーズ
(a) 西面（部分） 指揮官と騎士たち
(b) 南面（部分） 騎馬行列
(c) 北面（部分） 水瓶をかつぐ青年たち

37 フェイディアース
　アテーナ・パルテノス

る[62]。われわれは第一様式に今日の美術史区分の「クラシック前期」をも含ませた。この点からすれば、ミュローンは第一様式に属させるべきだが、ヴィンケルマンは時期的な区分よりは、内容的・質的規定を重視し、ここでは「変革」という内容・質に注目しているがゆえに、ミュローンの名を第二様式に属する面々の末尾に挙げたものと思われる。これをヴィンケルマン美術史特有の「混乱」の一つと認めることができるであろう。

　ここで少々整理を兼ね、ヴィンケルマン以後の諸研究に触れておけば、シャルル・ピカールの指摘にもあるとおり、ギリシア彫刻史に関する厳密な批評に基づく重要な研究が続々と登場することになるのは1850年以降のこと、すなわちヴィンケルマンの先駆的な試みが出現してから一世紀後のことである[63]。それらのうち一部のみに眼を向けておけば、たとえばJ. オーヴァーベックの『ギリシア彫刻史』（1893年刊の第4版増補版）[64]では、最初期からアルカイック期までが第一部「最古の時代」、前6世紀が第二部「古時代」、その後の盛期が第三部「芸術の最初の盛期」と第四部「芸術の第二の盛期」に区分され、アイギーナのアファイアー神殿彫刻（これについては後述する）やミュローン等は第二部で、フェイディアースやポリュクレイトス等は第三部、スコパースやプラークシテレース等は第四部で扱われる。あるいはA. フルトヴェングラーの代

---

62)　同書 pp. 89-90 参照。今日われわれが目にしているのは、前460年頃のブロンズ像のローマ時代の大理石模刻。

63)　Charles Picard, *Manuel d'Archéologie Grecque. La Sculpture*, Tom. I: Période Archaïque, Paris 1935, pp. 8 f. ピカールはその手引きの序論（特に pp. 7-14）で、ヴィンケルマンからA. フルトヴェングラーまでのギリシア彫刻の研究史を概観している。なお、ピカールの手引きは全4巻からなっており、第1巻が「アルカイック期」（1935年刊）、第2巻が「クラシック期——前5世紀」（1939年刊）、第3巻が「クラシック期——前4世紀（第一部）」（1948年刊）、第4巻が「クラシック期——前4世紀（第二部）」（1954年刊）であり、クラシックの区分は、他の類書の区分における「前期」、「盛期」、「後期」に相当している。

64)　Vgl. J. Overbeck, *Geschichte der Griechischen Plastik*, vierte u. vermehrte Aufl., Lepzig 1893, Inhalt.「序説」での興味深い指摘によれば、彼による時代区分はギリシア民族の歴史に内在する時代転換に即したものであり、その理由は、「美術史が国家、文学、人倫の発展と必然的に平行して進行せざるをえなかった」点にあった（Bd. 1, S. 9 f.）。ギリシア彫刻が記念碑や墓碑として制作されたことを顧慮するならば、当然の区分法と言えよう。

表作の一つ『ギリシア彫刻の傑作』(先の『彫刻史』第4版と同年の1893年刊)[65]では，フェイディアースとパルテノーン神殿(「アクロポリスのアテーナイ神殿」)について詳論された後，クレシラースとミュローン，次いでポリュクレイトスへと筆が進められ，そうしてスコパース，プラークシテレース，エウフラノールが一括りに論じられ，さらに《ベルヴェデーレのアポローン》等の傑作に関する批評が最後に加えられている。

　われわれのコメントはこれくらいにし，ヴィンケルマンによる理論部門(第一部)の様式論中の「偉大様式」もしくは「高貴様式」に関する記述に戻れば，この様式に属するローマの貴重な遺品から彼の実見できたものとして具体的に名が挙げられているのは，《アルバーニのパッラース》と《ニオベー》(挿図39)のみなのだが，後に見るように，本書の主題としているシェリングの造形芸術論では，とりわけ後者が「悲劇の原像」と彼の見なすアイスキュロスの『プロメーテウス』の造形芸術版すなわち「彫刻の原像」(V, 625)として最大限に高く評価される作品でもあるので，ここではこの作品に対するヴィンケルマンの評価に注目しておこう。彼はパッラース像の「激しさ」に比して，ニオベー像の特徴を「偉大様式の最も重要な特質すなわち創造不能な美の概念」を具えていることに見出しており，かつそこに「高度な単純さ」をも見出している。それは「頭部の造形とともに素描の全体，衣装，仕上げ」にまで及ぶものであり，また「このような美は感性で感得できないイデアのようなものであり，神的な美と見紛うほどに高度な知性や幸運な想像のなかで生み出されるであろう」(S. 260 f.) ものと見なされた。「高貴様式の巨匠たちが求めていた美は肢体各部の完全な一致，高揚した表現の内にあり，可憐さよりも真の美であった」(S. 263)。ここでは，「美」が第三様式を特徴づける「優美」と区別されて「真の美」と呼ばれていることに注目しておこう。第二様式における「美」がこのように呼ばれていることは，後の様式がつねに先行様式に優るという単純な単線的発展論にヴィンケルマンが与していないことを意味するからである。彼はこの発言に続けて，「高貴様式」にあっては，次に続く様式を特徴づける

---

65) Vgl. Ad. Furtwängler, *Meisterwerke der Griechischen Plastik*, Leipzig-Berlin 1893, S. XIII.

「優美は求められなかったし，付加されようもなかった」とコメントし，さらには「魂が意味深く語る静寂を表現するには高い知性が必要とされる」(ebd.) ことを強調している。プラトーンの『国家』第 10 巻中の発言 (604e) に共感を寄せつつ彼の語るとおり，「力強いものの模倣はさまざまな仕方でなしうるが，静寂で賢明なものが模倣されやすいわけでも，模像が捉えやすいわけでもないからである」(S. 263)。もっとも，ヴィンケルマンは，ここでの「真の美」発言にもその予兆が認められるように，第二様式にも「優美」概念を持ち込み，この様式の特徴づけを行う箇所が第三様式概説中にあり，この箇所に関しては，第三様式の概要考察の折に注目する予定である。第二様式の概要に関する最後の考察として，ヴィンケルマンによる作品批評の一特性に触れておこう。

ヴィンケルマンによる批評の興味深い点の一つは，すでにその一端に触れたとおり，古代の作品が近代とりわけルネサンス期の作品と比較されることなのだが[66]，ここでも《ニオベー》像の作風はラファエロの聖母像のそれに準えられる。《ニオベー》は「智に敏い僕（しもべ）として仕える偉大なラファエロの熟練の手になったのと同様に，ペンの一本の線で聖処女の頭部のこの上なく美しい輪郭が素描され，何の手直しもなく，そのまま完成品となったかのようである」(S. 261) と。次の様式（第三様式）に対するコメント中にも同様の試みがなされており，これが後年のシェリングにおけるルネサンス絵画評価とも絡み，両者ともにわれわれに興味深い話題・問題を提供してくれている。次に，おそらくはシェリングのニオベー描写の手がかりとなったであろう，ヴィンケルマンのニオベー描写を引用しておこう。

> この女神［偉大様式に潜む第一の優美の女神］に導かれて，《ニオベー》の巨匠は肉体を超えたイデアの国にあえて踏み込もうとし，死の不安を最高の美と合一する神秘に到達した。彼は官能の欲望を目覚ますことなく，すべての美を感得させる純粋な精神と天上の霊魂の創造者となった。というのも，ここに創造された精神や霊魂は激情・苦悩を煽るべく造形されたよ

---

66) D. Aebli, a.a.O., S. 116 も，古代ギリシアとルネサンス期のイタリアとの「二様の時代の並行化」に，ヴィンケルマン様式論の一つの目立った特徴を見ている。

うには見えず，激情・苦悩を素直に受け入れたように見えるからである。
(S. 265)

(3)「優美様式」と特徴づけられる第三様式ともなると，著名な作家の名が勢ぞろいする。すなわち，「ギリシア美術の優美様式はプラークシテレースに始まり，リューシッポス，アペッレースによってその最高の輝きを得た」(ebd.)と。筆頭に名が挙げられているプラークシテレースは，前5世紀のフェイディアースと並び称される前4世紀すなわちクラシック期後期を代表するアテーナイ出身の巨匠で，優美な表現に優れた大理石彫刻家として著名である（代表作は《クニードスのアフロディーテー》挿図40)[67]。第三期の「優美様式」を第二期の「偉大様式」から分かつ顕著な徴表としてヴィンケルマンの挙げるのも「優美」Grazie である。ここでも興味深いことに，彼は二つの時期の様式の相違をルネサンス期のそれに準える。ラファエロとグイード・レーニである。「この点［優美という点］から見れば，この時代の芸術家たちのその先駆者に対する関係は，近代におけるグイードのラファエロに対する関係に相当するであろう」(ebd.)と。ここで先回りして後の話題に少々触れておくとすれば，シェリングは『芸術哲学』講義（1802-05年）では，ラファエロをイタリア美術の一つの「極点」，「真の神官」として最高位に位置づけながら，ミュンヘン講演（1807年）で「絵画の極限」に据えるのは，かの《サンシストの聖母》（挿図10）ではなく，グイード・レーニの《聖母被昇天》であり（後掲挿図55)，これを「彫刻の極限」と彼の見なす《ニオベー》像（挿図39）と並置する。いったいどうしたことであろうか。この点を話題にし，考察するのがわれわれの議論の最終場面での課題となることを，ここに予告しておこう。

ともあれ，造形芸術に関して指摘されるのは，第三様式では，それまでポリュクレイトスなどの彫像に残っていた「角張った様」がほとんど消えており，その功績は「先人からよりは自然から多くを学んだとされるリューシッポスに帰せられる」(ebd.)ことである。リューシッポスはアレクサンドロス大王の宮廷作家であり，大理石彫像を得意としたスコパースとは異なって，銅像制作

---

[67] J. J. ポリット前掲書 pp. 203-204 参照。

に腕を振るった作家であった(クラシック後期の前4世紀)[68]。ここで自然概念に注目するとすれば，ヴィンケルマンによって，自然を規範として作品制作がなされたと見なされた時期および様式は，第三期の「優美様式」に限られず，すでに注目したとおり，第二期の「崇高様式」でも見られたものであって，これによって第二様式は第一様式と一線を画されていた。D. エブリも指摘するように，ヴィンケルマン様式論において自然概念は「崇高様式と優美様式とを相互に結びつける基礎を提供する」[69]ものにほかならなかった。同じくエブリの指摘によれば，自然概念に見られるような，芸術の直線的な発展や歴史的連続性を中断させる統一・同時性の思想を，ヴィンケルマンはプリーニウス『博物誌』(XXXIV, 61) から受容したとのことである[70]。

　時期を異にする二つの様式にまたがって使用された概念として重要なもう一つのものは，「優美」概念である。第三様式を特徴づける徴表として用いられたこの概念を，ヴィンケルマンは第二様式にも持ち込んで独特の議論を展開する。彼はまず衣紋造形に注目する。「優美の女神は物腰に宿り，身体動作に姿を現すが，むしろそれは衣服の襞，服装全体に現れる」(S. 262) と。そうした上でさらに彼は，これを探し求め，それに辿り着いたフェイディアースやポリュクレイトスらの名を挙げながら，「その源は彼らを育てた理念の高さと彼らの素描の厳密さの中にあるに違いない」(S. 263) ことを強調する。「偉大様式」の基礎に「旧様式」があったように，「優美様式」の基礎には「偉大様式」があり，この様式の源はすでに「偉大様式」の内に潜んでいたものと彼は見なしていた。「理念の高さ」と「素描の厳密さ」あってこその「優美」だというわ

---

68) 同書 pp. 224-244 参照。
69) D. Aebli, a.a.O., S. 193.
70) Ebd. エブリが典拠として挙げている『博物誌』第34巻61節の記述によれば，リューシッポスが「先人たちの誰を手本にしたか」と問われた際に，彼は「われわれが模倣すべきは自然そのものであって芸術家ではない」と答えたとある。
　ちなみに，プリーニウスの『博物誌』(1世紀) の第34巻と第35巻は古代の美術家伝と作品批評集となっており，後年(16世紀半ば)のヴァザーリ『美術家列伝』がチマブーエ(13世紀)から彼自身(16世紀半ば)に至る300年にわたるイタリア美術を知る上で基本史料となったのと同様，古代ギリシア美術(散逸した大量の作品，特に絵画)を知る上で基本史料となったものであり，ヴィンケルマンもしばしばこれに依拠しつつ『美術史』を綴っている。

けである。ヴィンケルマンは「偉大様式」を「第一の優美の女神」と呼び，これを「優美様式」たる顕著なグラーティアー（Gratia），すなわち「第二の優美の女神」と比較していた。彼によれば，この様式の美術家は「第一の最高の優美の女神（Gratzie）に第二の優美の女神を交え，ちょうどホメーロスのヘーラーがゼウスに愛らしく見せ，気に入られようとアフロディーテーの帯を借りたように〔『イーリアス』4, 214-218〕，高度な美に官能の美を加え，偉大さを愛らしさによっていわばより打ちとけたものにしようとした。この愛らしい優美の女神は絵画で最初に生まれ，それを通じて彫刻に伝承された。パラーシオスは，優美によって不滅の名声を得，この女神が顕現した最初の画家であり〔プリーニウス『博物誌』XXXV, 36〕，大理石像や銅像にこの女神が現れるまでにはしばし待たねばならなかった。フェイディアースと同じ時代に生きたパラーシオスからプラークシテレースまでは半世紀という隔たりがある。周知の彼の諸作品は格別な優美によってそれまでの作品とは一線を画している」（S. 265）。

　ヴィンケルマンは両者の相違に関して，さらに両者が生まれを異にすることを指摘する。すなわち，前者が「天のアフロディーテー」として「調和」，「恒常不変」の「高貴な生まれ」であるのに対し，後者は「ディオネー生まれのアフロディーテー」として前者以上に「物質に服し，時の娘であり，第一の女神の侍女にほかならない」（S. 264）と。注目すべきことは，ここにヴィンケルマンの第三様式（「優美様式」）に先立つ第二様式（「偉大様式」）への高い評価が示されていることである。彼が先行様式をわざわざ後行様式の名を借りて「第一の優美の女神」と呼んだのもこのためにほかならなかった。後に見るように，後年，シェリングは，イェーナおよびヴュルツブルク講義では，第二の優美よりは第一の厳格な優美を高く評価しながら，ミュンヘン講演では，ヴィンケルマン様式論における第二様式を代表するラファエロ以上に，第三様式に属するグイード・レーニを高く評価することになる。この点で，彼はヴィンケルマンと一面では類似の評価を下しつつ，他面では逆の評価を下していることになる。

　(4) 美のイデアが極に達した後，美の歩みは後退するほかなく，残るは「模倣の道」のみとなり，これを，ヴィンケルマンは「模倣者の様式」と名づけていた。そこでは「自己の力量の不足ゆえに多様な美から個々の美を集めて一つにする『集約主義者』が生まれる」が，これを彼は哲学における「折衷主義

者」に準え,「折衷主義者が過去の哲学者の単なる複製と見なされ,ほとんどあるいはまったく独創的な思想を生まないように,美術にあって似た道を行く者に独自,調和,十全は期待できない」と評している。こうした批評は哲学に携わる者（著者もその一人だが）には耳の痛い苦言である。美術に戻って言えば,ヴィンケルマンの指摘するとおり,単なる模倣は細事に拘り,技巧に走り,プラークシテレースやアペッレースが達成したような美の高みに達することを断念し,ただ自失の道を歩むのみということになろう。ただし,プラークシテレースはじめ代表的な彫刻家たちの傑作・原作はほとんど失われており,それらについては当時からすでに,ローマ時代の模刻によって想像するほかはなかった。とはいえ,たとえ複製,模作であれ,今日われわれがそれらを写生画像としてではなく,彫像として鑑賞できることは,「衰退期」における「模倣の業」の賜,贈り物であり,この点,われわれはこの時期の模倣家たちに感謝しなければならないであろう。後に触れるように,ゲーテも古代美術の鑑賞眼を養うために模像の鑑賞を奨めている。

　もっとも,こうした模刻像の存在は,古代美術を研究する者たちに対して厄介で面倒な問題を突きつけることにもなる。原作が失われ模作のみが存在する場合,模作が作品の年代決定に際し誤った判断を誘発しかねないからであり,この点,研究者たちに慎重さが求められる。こうした問題について,ヴィンケルマンも「作品の年代の判定にあっては,いくら慎重であっても慎重すぎることはない」と研究者たちに注意を促していた。かく言う彼自身,作品のいくつか,今日ではローマ時代の模刻であることが判明している彫像を真作と見なし,そのようなものとしてそれらを激賞し続けた。《ベルヴェデーレのアポローン》（挿図26）や《ヘラクラーネウムの女人像》（挿図41）などである。原作と模作との区別が明確となっている今日とは異なった,未だ両者の区別が不明瞭な時代でのことである。前者《ベルヴェデーレのアポローン》はともかくとしても,それとともにヴィンケルマンが『模倣論』でギリシア彫刻「崇高様式」の代表作として特筆していたものは《ウェスタ（女神ヘスティア）》像であったが（S. 14）,これは今日ではヘレニズム末期の作と見なされている《ヘラクラーネウムの女人像》にほかならない。

　なお最後に模倣様式について一言。この様式に関連したルネサンス期との類

38 ミューロン 円盤投げ

39 ニオベー

40 プラークシテレース
クニードスのアフロディーテー

41 ヘラクラーネウムの女人像

比の例に触れておくとすれば，ヴィンケルマンはその時期の模倣様式の代表例として，カラッチ一族からカルロ・マラータの絵画を挙げている（S. 278）。シェリングもミュンヘン講義で前者に言及することになるのだが，すでに触れたとおり，彼は当講演ではグイード・レーニの聖母像をラファエロのそれに匹敵する傑作と見なすに至る。この評価は，カラッチ一族に対する彼の発言とある齟齬を生じさせることになる。この点も後に論ずべき問題の一つである。

　以上，本章最後にヴィンケルマンの様式論を紹介した。これは，以下の考察の前提となるものであるばかりでなく，折々に触れたとおり，シェリングの作品批評とも関連しているものでもある。以下の諸章での考察の対象は，18世紀後半のドイツの美術観を知る上で恰好の素材を提供してくれる，ラオコーオン論争である。最初に考察すべきは，ヴィンケルマン批判を含むレッシングのラオコーオン論であろう。

第2章

レッシングのラオコーオン論

1　絵画（造形芸術）と文学（言語芸術）

　一つの強烈な発言・主張は，とかく別の同じような発言・主張を誘発しがちであり，これが二つの人生のぶつかり合いともなる。しがない寒村カーメンツの牧師の子として生まれ，長じてルター正統派の牙城ライプツィヒ大学神学部へ送り込まれながら，「小パリ」の喧騒と誘惑に身を投じ，芝居小屋に迷い込んだあげく，自ら劇作に手を染め（『ミス・サラサンプソン』1755年初演），それとともに評論でも気を吐きながら（評論誌『演劇の歴史と振興への寄与』1750年および『演劇文庫』1754–58年）[1]，失意と困窮のどん底にあった一つの人生。そうした折も折（1765年2月）ベルリーンの王立図書館長が他界し，その職が空席となる。これを埋めるべく，プロイセンの王都にて6週間で，ある論作が仕上げられる。『ラオコーオン』[2]である。これが翌年（1766年）のイースターに刊行されるが，その甲斐もなく，著者レッシングは職を得る望みを果たせずに終わる。当時の王（フリードリヒ大王）にとって，彼は未だ無名の青年にすぎなかった。こうして片や一青年の望みを挫く一方で，王はローマ在住のヴィンケルマンに白羽の矢を立てたのだが，こちらはこちらで，提示された俸給の低さに憤り，王の招請を拒否する[3]。興味深いのは，双方相見えぬままに両者が

---

1) *Beiträge zur Historie und Aufnahme des Theaters*, 1750; *Theatlische Bibliothek*, 1754–58. 両者の概要については，南大路振一「十八世紀ドイツ「市民劇」管見」同氏ほか編『ドイツ市民劇研究』三修社，1986年，p. 10参照。
2) *Laokoon: oder über die Grenze der Malerei und Poesie*, Berlin 1766.
3) レッシング『ハンブルク演劇論』南大路振一訳，鳥影社，2003年，訳者「解説」p. 601

同じ職を競い合ったばかりか，ラオコーオン解釈でも食い違いを見せた点である。レッシングの論著のラオコーオン解釈は，ヴィンケルマンの処女作のそれに異を唱えるものとなっていた。時に彼37歳。奇しくもそれは，かつて先達が艱難辛苦の末，出世作を刊行したのと同年齢であった。

『ラオコーオン』でレッシングが主として目指したものは，当代の「悪趣味」とそれを生み出した「似非批評」とをともに論駁する点にあったが（V-2, 15)，こうした課題に取り組むために，彼は論述の照準を，同書の副題に掲げた「絵画と文学の境界問題」über die Grenze der Malerei und Poesie に合わせている[4]。彼が「序説」で説くところによれば，最近の批評家たちの多くは両者の区別に無頓着なまま「文学を絵画という狭い枠にはめ込むか，絵画を文学という広い領域全体に広げようとする」（V-2, 14)。彼の見るところ，こうした「似非批評」が近年著しい「文学における描写万能の傾向や絵画における寓意愛好癖」（V-2, 15）を生み出している。「ギリシアのヴォルテール」たる詩人シモニデースのかの対句——「絵は沈黙の詩，詩は語る絵」（V-2, 14）——を持ち出して言い換えれば，対句が表向き示している両者の類似点に眼を奪われ，そこに含意されている相違点に彼らが気づかなかったということである。これに対し，レッシングは，両者の与える印象がいかに近似しているように見えようとも，古代人たちとともに「それらの模倣の対象と方法において」Υλη και τρωποις μιμησεως それら両者が異なっていることを鋭敏に見抜いていたのである（ebd.)。

レッシングは自作における論述のスタイルを，3世紀の地誌記述者ソリーヌスの書名に準え，「一冊の本というより，一冊の本用の雑多な寄せ集め・選集（Collectanea)」（V-2, 15）にすぎないと謙遜してはいるが，厳密な定義や規定が必要な箇所（第XVI章）では，彼はライプニッツ＝ヴォルフ学派の体系的著

参照。

[4] すでに指摘したとおり（序章註32)，レッシングの『ラオコーオン』におけるこの問題（「絵画と文学の境界」問題）に関する論述——とりわけ「詩は絵のように」という通念を排し，造形芸術と言語芸術に境界を設ける論述——は，ライプツィヒ大学にて修学中の若きゲーテをドレスデン画廊に向かわせることになった。

作に負けず劣らず，それを行っている[5]。すなわち，レッシングの定義によれば，「併存する対象，あるいはその諸部分が併存する対象は，物体と呼ばれる」，また「継起する対象，あるいはその諸部分が継起する対象は，一般に行為と呼ばれる」(V-2, 116)。この定義を用いつつ，彼は絵画と文学との根本的相違を次のように規定する。すなわち，「物体こそ絵画本来の対象である」のに対して，「行為こそ文学本来の対象である」(ebd.) と。けだし，「絵画は空間における形と色を，文学は時間における分節音を使用する」(ebd.) からであり，また「並列された記号は併存する対象あるいはその諸部分が併存する対象しか表現できず，継起する記号は継起する対象あるいはその諸部分が継起する対象しか表現できない」(ebd.) からである。

しかるに，このようなレッシングの根本規定に対しては，「文学記号は継起的であるのみならず，恣意的でもある」がゆえに，文学言語によっても「物体を空間にあるがままに表現できる」(V-2, 123) という異論が立てられることが予想されよう。このような異論に対しては，ホメーロス描くところの「アッキレーウスの楯」(ebd.) を例に挙げつつ，レッシングは自身の主題を対置する（第XVII章）。すなわち，彼が主題として掲げているのは，物体の諸性質を並記するというような散文表現ではなく，「対象の真の感覚的印象を感じ」させる詩的表現，物体をもいわゆる「詩的絵画の対象」と化す「文学の手段としての言語表現」にあった (V-2, 124)。彼の強調するところによれば，「文学が重視する」のは，文学的言語表現が有している「錯覚」——使用言語さえ意識させなくなるほどにわれわれを魅了する「瞬間」を生み出す「錯覚」である (ebd.)。ニコライ宛書簡（1769年5月26日付）での定式化によれば，それは「恣意的」記号を「自然的」記号へと転化させることを意味しており，その最たるものこそ，演劇にほかならなかった[6]。劇作家レッシングならではの定式化と言ってよかろう。

ともあれ，最初（第I章）に挙げられ，かつ，しばしばそこに立ち帰る論題

---

[5] Cf. H. B. Nisbet, Intorduction to *German Aesthetic and Literary Criticism, Winckelmann, Hamann, Herder, Schiller and Goethe*, Cambridge 1985, pp. 8 f.

[6] Ibid., p. 10.

が，彼の論著の題目として挙げられた「ラオコーオン」だった。彼はまず本論の冒頭で，ヴィンケルマン（『模倣論』）における「ギリシアの絵画や彫刻の傑作の優れた一般的特徴が，その姿勢や表情にうかがえる高貴なる単純と静謐なる偉大にある」（V-2, 17）というテーゼに関連した，かの一連の説を引用しつつ，「ラオコーオンの顔に浮かぶ苦痛はその激痛から当然想像できるほど激しくは表現されていないという発言は完全に正しい」とヴィンケルマン説の基本姿勢を肯定・支持しながらも，「ヴィンケルマン氏がこうした思慮に与えている根拠およびこの根拠から彼が導き出す法則の普遍性という点に，あえて異議を申し立てる」（V-2, 18）。レッシングはこのように自身の立場を明瞭に表明した上で，悲劇『ミス・サラサンプソン』をすでに舞台にかけていた劇作家らしく，ヴィンケルマンがウェルギリウスに対して不満を漏らしている点と，ソフォクレースのフィロクテーテースを持ち出している点の双方に異議を差し挟む。議論の都合上，レッシングは後者を先に取り上げる。

　(1) ホメーロス（『イーリアス』2, 716-725）の語るとおり，ヘレネーへの求婚者の一人だったフィロクテーテースはトロイアー攻めの途上，クリューセー島にてその神域を守る蛇に足を噛まれ，その傷の痛みに耐えかねて「嘆き，叫び，激しく呪う」（V-2, 18）。その後，彼はオデュッセウスの思惑により孤島レームノースに置き去りにされることになるが，それは「この哀訴と呪詛の叫びのためだった」（ebd.）。レッシングはここでギリシア悲劇に眼を向け，ソフォクレースの劇作を引き合いに出す。レッシングが言うには，「彼の憤怒，悲嘆，絶望の声のすさまじさ，これを詩人はそのままなぞり，劇場に響きわたらせた」（ebd.）。ソフォクレースは他の作品（『トラーキスの女たち』）ではヘーラクレースをも「嘆き，うめき，泣き，叫ばせている」（V-2, 21）。彼が他に『ラオコーオン』をも舞台にかけたことは分かっているが，残念なことに，これは今日失われている。とはいえ，詩人は当作品でも主人公を「冷静沈着には描かなかったであろう」とレッシングは推測する。けだし，「冷静沈着は劇場向きではない」（ebd.）からである。総じて「肉体の苦痛を感じる時に叫ぶことが，特に古代ギリシアの考え方からすれば，偉大な魂と十分両立しうる」（V-2, 21 f.）というのが，以上の考察から彼が引き出した結論であり，かつ，この結論から引き出せるさらなる指摘として彼が強調するのは，「ラオコーオンの作者

がこの叫びを大理石でなぞろうとしなかった」理由が，ヴィンケルマンの主張するように「偉大な魂を表現する」点にあったのではなく，別の点にあったということである（V-2, 22）。彼の書第 II 章で指摘される別の点とは，「芸術の第一法則」が「美の法則」（V-2, 26）であるという理由にほかならなかった。こうした「美の法則」の普遍性という観点から，レッシングは次のようなラオコーオン解釈を打ち出す。

> 巨匠は肉体的苦痛というやむをえぬ事情にもかかわらず，最高の美を目指して制作した。こうした苦痛は激痛のあまり肉体を歪めるため，美と結びつけられなかった。彼が苦痛を実際より引き下げ，呻吟を嘆息へと緩和せざるをえなかったのは，呻吟が卑しい魂を露呈するからではなく，顔を不快に歪めるからである。
> 　　　　　　　　　　　　　　　　　　　　　　　　　　　　（V-2, 29）

　(2) 二つ目の問題，すなわちウェルギリウス問題に関する吟味に際して，レッシングの強調する言語芸術と造形芸術との根本的相違点の核心も明らかとなる。これすなわち，文学（時間芸術）が聴覚に訴えるものであるのに対して，絵画（空間芸術）が視覚に訴えるものだという相違点である。第 IV 章で彼が強調しつつ主張するには，そもそも詩人は「視覚を考慮に入れ，目に見えるように描き出す必要など少しもない。ウェルギリウスの描き出したラオコーオンは絶叫するが，これを読みながら，叫びを挙げるには大きく口を開ける必要があるとか，このように開けられた大口は醜悪だなどと，誰が思いつくだろう」（V-2, 30）と。またさらに強調して彼が言うには，「詩人は自分の絵を唯一の瞬間に集中させて描く必要などさらさらない」（ebd.）。彼は事の次第を順次歌い継いでいけばよい。そのなかで詩人が，ウェルギリウスの描き出すようにラオコーオンに絶叫させたからといって，詩人を非難するには及ばない。「ラオコーオンに絶叫させなかったのは造形芸術家のなせる業だったとすれば，同じく，彼に叫ばせたのは詩人のなせる業だったとわれわれは認めざるをえない」(V-2, 36) というわけである。これを L. シボルスキーの要言を借りて言い換えれば，文学であれば，悲嘆の叫びも苦痛の表現として作品化可能だが，造形芸術にあ

っては異なった表現の仕方が追求されるということである[7]。

2　古代文献とラオコーオン像の制作年代

　レッシングによるヴィンケルマン説に対する異論は以上の二点に留まらない。なお他に注目すべき異論のうち，古代文献の扱い方に対する批判およびラオコーオンの制作年に対する異論の二点についても触れておこう。

　(1) 先に（前章第4節）筆者は，ヴィンケルマンが長年にわたる研鑽を活かし，主著『古代美術史』において，絵画論や彫刻論はむろんのこと，叙事詩，抒情詩，悲劇，喜劇，風刺，それに歴史，地誌，博物誌，旅行記，伝記，そして哲学，その上はては建築論に至るまで，古代文献から得た知見を活用している点に注目したが，その際に注記しておいたとおり，レッシングはヴィンケルマンの古代文献の扱い方に数々の疑義を差し挟んでいる。ちなみに，後年ヘルダーもヴィンケルマンによる古代文献活用法の難点を指摘し，それを手厳しく批判することになるのだが（この点，次章第2節で後述），レッシングによる批判はこうした一連の批判の先駆けをなすものの一つとして注目に値する。彼は，『ラオコーオン』第XXVI章以下において，刊行されたばかりの『美術史』を取り上げ[8]，最終章（第XXIX章）では，同書における誤記の多くがユーニウス『古代絵画論』De Pictura Vet. の記述に頼り，原典に当たらなかったところに由来するという指摘を行う。レッシングは数々の実例を挙げて，ユーニウスからの孫引きのために生じた誤解を逐一正してゆくのだが，ここでは一連のこうした批判の誘い水としてあった，同章冒頭に挙げられている『模倣論』の同様の難点のみを取り上げることにする。これまた，すでに注記したとおり，処女作での批判的論述の一つの核心をなす，ヴィンケルマンのバロック美術批判中に，レッシングの指摘する難点が紛れ込んでいるからである。前章で次の文言

---

7) L. Sziborsky, a.a.O., S. 53.
8) レッシングの『ラオコーオン』第XXVI章以下の記述は，第XXV章までのそれと異なり，ヴィンケルマン『美術史』に言及しており，第XXVI章以下の記述は『美術史』刊行（日付上は1764年イースター刊，ただし実際には前年のクリスマス刊）間もなく書かれている。

を引用した。これを再度引用する。

>　……ベルニーニはラオコーオンの太ももの硬直に蛇の毒の効き始めた兆候さえ見ようとした。
>　［ヴィンケルマンの見るところ］ギリシア彫像の動作や姿勢はみな思慮分別を欠き，激烈で粗野すぎる。それらは，古代の美術家たちが「誇張表現」Parenthyrsis と呼んだ誤謬に陥っている。　　　　　　　　　　(S. 18)

　レッシングは最終章で，ここに引用した二つの文のうち，後半の文のみを引用し，誇張問題に関してこの誤謬に陥っていたのは「はたして古代の美術家たちであろうか」(V-2, 201) という疑問を発しつつ，これは，修辞学から美術への転用というユーニウス流のすり替えにヴィンケルマンが依拠した結果生じた拡張解釈にすぎないと批判する。レッシングがこの箇所にコメントして言うには，「「パレンテュルスス」Parenthyrsus というのは修辞学上の造語であり」，ロンギーノスの原典（『崇高論』Περὶ Ὕψους）から読み解くと，それは「テオドーロス固有の語であった」(ebd.)。ロンギーノス曰く。「さらに激情に関する第三の欠点として，テオドーロスが「パレンテュルソン」παρενθύρσον[9] と呼んでいるものがある。それは的外れで空虚な激情であって，そこでは激情は不要か，節度を必要としながら過剰かのいずれかである」(ebd.)。このようにレッシングは原典を引用しつつ，彼は「この語が絵画にも転用できるかどうかさえ疑わしい」(V-2, 201 f.) として，ヴィンケルマン説に異議申し立てを行うのだが，こうした異議の正当性を，彼は次のような理由に基づいて主張していた。「というのも，雄弁と文学にはパレンテュルススに陥らずにいくらでも高められる激情があるからである。場違いな絶頂の激情だけがいわゆる「パレンテュ

---

9)　παρενθύρσον（パレンテュルソン）は παρενθύρσος（パレンテュルソス）の対格形である。なお，前記 Parentyrsus はレッシングによるラテン表記であり，これはヴィンケルマン『模倣論』(1755年) でのラテン表記 Parenthyrsis と食い違っているが，ヴィンケルマンによるものは誤記である。翌年の第二版でもこれは改まっていない。Vgl. dazu R. Brandt, »... ist endlich eine edle Einfalt, und eine stille Größe «, in: Th. W. Gaehtgens (Hg.), a.a.O., S. 52, Anm. 5.

ルスス」なのである。しかしながら，絵画では絶頂の激情はつねに「パレンテュルスス」であろう」(V-2, 202) と。レッシングの指摘するように，ロンギーノスの原典に照らしてみれば，ユーニウス＝ヴィンケルマンにおけるこの語の使用の仕方に疑義が生ずることは確かである。

(2) なお，本章でのレッシングのラオコーオン論に関する考察を閉じるにあたり，最後にラオコーオンの制作年に関する問題に触れておこう。これはヴィンケルマン『模倣論』の根本テーゼの一つ「高貴なる単純と静謐なる偉大」に関わる問題であるとともに，レッシングの立てた主要課題「絵画と文学の境界」とも関わる問題でもある。

『美術史』に言及した最初の章にあたる第 XXVI 章において，レッシングが立てた問いは以下のとおりである。すなわち，「彼［ヴィンケルマン］はいったい誰に与するのか。ウェルギリウスが［ラオコーオン］群像を［その詩作の］手本にしたと見なす人々にか，それとも，詩人に倣って美術家たちに［その群像を］制作させた人々にか」という問いである。この問いに対しては，ラオコーオン像の制作年をいつと見るかに応じて，解答が異なってくる。ヴィンケルマンは『美術史』において，それをアレクサンドロス時代のもの（前 4 世紀）と見なしているのに対して，レッシングはこれに異を唱え，ずいぶん後のローマ帝政初期（1 世紀）と見なす。したがって，ヴィンケルマン説では，ウェルギリウスが彫像成立後の人となり，レッシング説では，彫像成立期と詩人の叙事詩執筆期とはほぼ同時期となる。

ともあれ，プリーニウスが制作年に触れぬまま，ラオコーオン像の作者として挙げている「アゲサンドーロスとその共作者たち」の年代を推定することが，問題の核心をなす。ヴィンケルマンの挙げる一説（イタリアの歴史家マッフェイの説）によれば，「これら美術家たちの最盛期は前 428–425 年であった」(S. 347) とされる。もっとも，レッシングが『美術史』から読み取るとおり，ヴィンケルマンはマッフェイ説の信憑性に関しては無頓着なまま，むしろ当作ラオコーオンの技術上の功みさに注目し，これは「リューシッポスに独特のもの」ゆえ，「当作をリューシッポス以前のものと考えられなかった」(ebd.)。ちなみに，リューシッポスは前 4 世紀の人であり，アレクサンドロス大王の宮廷美術家にほかならなかった。これに対し，レッシングの推測では，「アゲサ

ンドーロスとその共作者たち」はアルケシラオースやディオゲネースたちと「同時代人」と見なされ（V-2, 185），彼らのうち，年代を明確に確定できるのはディオゲネースであり，彼は（ヴィンケルマンも触れているとおり）「アグリッパのパンテオンを装飾した」人（V-2, 186）として知られていることを顧慮すると，その時期は「アウグストゥス帝統治」の時期，すなわちローマ帝政初期（1世紀）ということになる。

ラオコーオンの制作年代が今日ではヘレニズム末期（前40-20年頃）と推定されていることは周知のとおりである。これを基準にして言えば，「ヴィンケルマンの推定は数百年，上の方に大きくずれており，レッシングのそれは約七，八十年，下にずれていたことになる」[10]。このように，レッシングの推定の方が今日の推定にはるかに近いものとなっていることが確認できるが，それはともかくとして，ここで指摘しておくべきことは，ヴィンケルマンが「高貴なる単純と静謐なる偉大」を古典的傑作の根本性格と見なし，これを体現している作品として，《ラオコーオン》群像を挙げている点に関連した問題点である。すなわち，当群像は，今日的な観点から見れば，年代的にも作風からしても古典期のものではなく，ヘレニズム末期，ヴィンケルマン様式論に当てはめれば，衰退期の「模倣者の様式」に属すものでしかないのである。しかも今日では，ヴィンケルマン説の出現以降，しばしかまびすしく議論が沸騰したようには，当群像に議論が集中することもない。今日われわれがギリシア彫刻の傑作と見なすものの多くは，クラシック盛期のパルテノーン神殿彫刻やクラシック前期のオリュンピアーから発掘されたオリジナル彫刻などだからである。その上，オリジナル彫刻に接する機会を多々有する今日のわれわれの好み，趣味は，ゴンブリッチも指摘するとおり，アルカイックの方向に向かってさえいる[11]。

しかしながら，いずれも，いわゆる「ラオコーオン論争」に参戦した論客たちの視野に入りようのなかったものばかりである。識者の指摘するとおり，たとえばパルテノーンの破風彫刻やフリーズが発見されたのは1801年，これら

---

10) 斎藤栄治「解説」『ラオコオン』岩波文庫，1970年，p. 371. 今日の制作年代決定についてはたとえばS. セッティス前掲書『ラオコーン』pp. 55-65参照。

11) E. H. ゴンブリッチ前掲書 p. 3.

が大英博物館に移され，人々の眼に触れるに至るのはその十数年後のことであり[12]，今日われわれが「エルギン・マーブルズ」[13]として鑑賞しているものがそれである。さらに付言すれば，ギリシア彫像のオリジナルの多くに人々が接する機会を得るに至るのはもっと後，1875年から1881年にかけてオリュンピアーでの発掘がなされて以降，すなわちヴィンケルマン没後一世紀以上隔てた19世紀も最後の四半世紀のことなのである[14]。この世紀末から次の世紀にかけてギリシア彫刻に関する名著が数々刊行されたことについてはすでに見たとおりである。いずれにせよ，「ヴィンケルマンとその世紀」の論客たちにおける古代造形芸術体験と今日のわれわれのそれとの間には深い溝が介在していることを，ここに強調しておこう。

---

12) Vgl. z. B. C. Justi, a.a.O., S. 412 f.
13) 「エルギン・マーブルズ」については，たとえば B. F. Cook, *The Elgin Marbles*, op. cit. 参照。
14) M. Kunze, Neue Forschungen zu Winckelmann, in: Th. W. Gaethgens (Hg.), a.a.O., S. 13; H. v. Einem, Winckelmann und die Kunstgeschichte, in: a.a.O., S. 320.

第3章

ヘルダーのラオコーオン論と彫塑論

1 レッシング批判（「不滅のヴィンケルマン」）

　魅力的な議論，刺激的な論争がさらなる同種の論を呼び起こすのは必定である。この種の論は，多様な領域，さまざまな問題に関心を寄せ，著述し続けたドイツ啓蒙の立役者の一人，ヘルダーにも飛び火する[1]。ヘルダーは，「下位認識能力」たる「感性的認識の学」scientia cognitionis sensitivae としての「美学」aesthetica という新たな学（バウムガルテン『美学』1750年）の登場から，趣味批判（カント『判断力批判』1790年），さらには折衷的な新奇な美学（リーデル『美術美学理論』1767年）[2]さえ見据えつつ，独自の彫塑論ならびに美の理論を展開するに至っている[3]。その大半が1768年から70年にわたって書かれ，1778年に公刊された『彫塑』[4]である。

　ヘルダーの『彫塑』は，われわれがこれからギリシア彫刻と絵画の諸作品の意義を具体的に見てゆく上で恰好の素材となるものなのだが，その内容につい

---

1) 嶋田洋一郎『ヘルダー論集』花書院，2007年がヘルダー思想の全貌（神学から文化学まで）とそれに関する研究史を的確に概観している。
2) Friedrich Just Riedel, *Theorie der schönen Künste und Wissenschaften, ein Auszug aus den Werken verschiedener Schriftsteller,* Jena 1767.
3) Vgl. H. D. Irmuscher, Zur Ästhetik des jungen Herder. In: G. Sauder (Hg.), *Johann Gottfried Herder 1744–1803*, Hamburg 1987, S. 33–76; G. E. Grimm, Kunst als Schule der Humanität. Beobachtungen zur Funktion griechischer Plastik in Herders Kunst-Philosopie. In: G. Sauder (Hg.), a.a.O., S. 352 f.
4) *Plastik. Einige Wahrnehmungen über Form und Gestalt aus Pygmarions bildenden Traum*, Riga 1778. ここに掲げたとおり，『彫塑』の副題は「ピュグマリオンの夢想する形姿に関する若干の主張」である。

て考察するに先立って，ラオコーオン論争に対するヘルダーの反応に触れておかねばならない。彼はレッシングによるヴィンケルマン説の批判に反批判を加えるという仕方で論戦に加わっているからである。『彫塑』に先行する『批評の森』第一である。

ヘルダーはヴィンケルマンの悲しむべき死をきっかけに，1767年の夏には『批評の森』の刊行計画を立てていた[5]。計画から約一年半後の1769年1月に匿名で出現する『批評の森』第一がレッシング批判——彼のヴィンケルマン批判に対する反批判——に充てられているのはこのゆえにほかならない。反批判は多岐にわたっており，限られた紙幅にその全貌を収めることは不可能である。それゆえ，ここでは，われわれが前節で注目した最初の二点に焦点を合わせることにする。

(1) まず最初に取り上げるべき点は，ギリシアにおける「芸術の第一法則」が「美の法則」にありというレッシングのテーゼに対するヘルダーの反応である。このテーゼは至極当たり前のテーゼながら，問題のレッシングのヴィンケルマン批判の核心をなすものであるばかりでなく，彼のラオコーオン論の「最高法則」をなすものにほかならない。それだけに，ヘルダーはこのテーゼ，法則に対して激しく嚙みつく。

---

[5] Vgl. L. Haym, *Herder nach seinem Leben und seinen Werken*, Bd. 1, Berlin 1880, S. 230.
　ヘルダーは，『近代文学断想』第一集（*Ueber die neuere Deutsche Literatur. Erste Sammlung von Fragmenten.* 1767年11月）とともに，これに続く『批評の森』第一（*Kritische Wälder. Erstes Wäldchen*）をも匿名で刊行するのだが，そこには彼独特の作家 - 読者観が籠められていた。この点，当時の書籍の出版事情を踏まえた興味深い次の論述を参照されたい。濱田真『ヘルダーのビルドゥング思想』鳥影舎，2014年，pp. 213-236.
　なお「批評の森（論叢）」Kritische Wälder という語についてコメントしておけば，その第一（1769年）が特にレッシング批判を意図したものだったこともあって，ヘルダー自身，その末尾ではレッシングの著作『ラオコーン』が一種の「雑多な寄せ集め・選集」unordentliche Kollektaneen として書かれたことと関連づけ，「この語が計画や秩序なく蒐集された素材の概念を含意する」と断ることによって，この語のタイトルとしての使用の意義および「論叢」著作としての性格づけを行っている（II, 244 f.）。なお一連の批評論叢のタイトルとしてこの語が用いられているのは，ラテン古典において折々に作られた機会詩を集成した詩集に Silvae（字義どおりには「森」silva の複数形）という名が冠されていた攀に倣ったものである。Vgl. Stellenkommentar zum Band 2 der *Herder Werke* in zehn Bänden, Frankfurt a. M., 1993, S. 795.

しかしながら，［美が最高法則となったのは］どんな古代人の間でなのか。いつから，どれくらいの期間なのか。どんな下位法則，付則を随えてなのか。また，全民衆を凌いでギリシア人たちの間で美が最高法則となったのはなにゆえか。これが，私の要求どころかヴィンケルマンの要求さえ満たさない，もう一つの重要な問いなのである。　　　　　　　　　　　(II, 110)

　これらの問いに対する解答の核心部分は，まさしく「ギリシア人たちの間では，美が芸術の最高法則だった」という法則ゆえに，「乱暴な姿勢，醜悪な歪みは芸術家によって避けられるか，引き下げられねばならなかった」という点に「彼［レッシング］が矛盾を見出した」(II, 111)，その不可思議さに疑義を呈するものであった。ヘルダーの皮肉たっぷりの見方に従えば，レッシングの挙げる数々の例（「荒れ狂うアイアースや恐るべきメーディアや苦悩するヘーラクレースや呻吟するラオコーオン」等）に対して，われわれはレッシング自身のテーゼを反例として挙げることさえできる。それによれば，芸術にはそれに先立つ前提が控えており，それが「真実と表現」という上位命題にほかならない。この前提に立って，「個々に画家と詩人とを（そうしてまた二つの時代［古代と近代］を）相互に比較するとすれば，肝心な点は，万物を眼前にしつつ，両者がそれぞれ完全な自由をもっていたかどうか，両者が無理強いされずに芸術の最高の効果を目指して制作しうるかどうかを見通すことである」(II, 119) ということになろう。

　「美」がギリシア芸術の「最高法則」だという根本テーゼの立て方の安易さに強烈な鉄槌が下された格好である。該博なヘルダーならではと言うべきであろう。「古代ギリシアにおける神話的循環は美の矛盾なしには造形されなかった」という具体例を次々に挙げ，コメントするに先立って，ギリシアの神々のそうした根本性格が，それとは異なったエジプトやペルシャ，あるいはインドやエトルリアの神々の根本性格と比較されている (II, 112 f.)。

　(2) 前節でわれわれの注目したウェルギリウス問題に関しても，レッシングによる『アエネーイス』中のラオコーオンに関する詩節の典拠詮索に対して，これまた該博で古代通のヘルダーならではのコメントが繰り広げられるのだが，コメントの最後に結論的に彼が言うには，「ウェルギリウスが……どのような

典拠に基づいて創作したのであれ」、それは些事にすぎず、ヘルダーにとって重要なのは「ヴェルギリウスが詩人、叙事詩人、ローマのホメーロスとして創作した」(II, 124) ということであった。

「彼はホメーロスの語りを新たな装いに改めたのであり、かつての語りを一種の新ホメーロス形式に注ぎ込んだのだった」(ebd.)。ヘルダーの見解によれば、ウェルギリウスの創作においてわれわれの注目すべきは、典拠からの借用の仕方や模倣の在り方なのではなく、詩人による変形の腕、ホメーロスの語りを「彼なりの仕方で」変形することなのである。レッシングも取り上げているソフォクレースの失われた作品『ラオコーオン』に言及しつつ、ヘルダーが想像を逞しくして言うには、「『フィロクテーテース』におけるように肉体の苦痛を魂の苦痛に転換する術を心得ていたソフォクレースならば……ラオコーオンの苦悩や絶叫をも〈詩人的〉天才という秤にかけようとしたことであろう」(II, 129 f.)。

見られるとおり、ここでもヘルダーの見方はレッシングの見方とは大きく異なっている。両者のより決定的な相違は、まさしくレッシングが彼の論のなかで立てた原理の一つ、「芸術は、一時的なものとしか考えられないものは表現しない」(II, 133) という原理——をめぐる相違として現れる。すなわち、ヘルダーの診断に従うなら、レッシングの表現原理の下で作品が制作されるとすれば、出来上がった作品は芸術的ではなくなってしまう。彼がレッシングによるこうした原理の提起に対して次のような厳しい批判を浴びせるのもこのためである。「彼とともに芸術は死に耐え、魂の抜けたものに成り果て、中世の修道聖人にのみお気に入りのかの怠惰な安定へと引き降ろされる。芸術は自身の表現魂すべてを喪失するのだ」(II, 133) と。

レッシングも指摘するとおり、ある決定的瞬間が絵画や彫刻という造形芸術作品にされると色あせて見えてしまうのは、もともと瞬間であるはずのものが、その作品化によって持続するものと化してしまうからである。「哲人が愚物に変わり……偉丈夫の悲鳴が女々しい無力の表現に見える」(Lessing, III, 46) のもこのためであり、ラオコーオンの作者が避けねばならなかったのはこうした事態だった。ティーモマコスの画業 (『狂乱のアイアース』や『幼児殺しのメーディア』) に対するレッシングの評価が登場するのは、こうした話の流れの中で

あった。ここにそれを記しておくと，レッシングはある無名画家の愚行——「子殺しのメーデイア」を描き，「不快感」を掻き立てた愚行——に言及しているが，ただしそれは，「子供を殺す数瞬前，母親らしい愛情がまだ嫉妬心に抗っている」メーデイアの姿を描くことによって，子殺しという惨事が呼び起こす当然の「戦慄」を，見る者の「予感」すなわち想像力に委ねた画家ティーモマコス（前1世紀）の匠の技にわれわれの目を向けさせるためにほかならなかった (III, 28)。

　(3) ヘルダーは『批評の森』の末尾でも醜悪表現問題を取り上げ，「醜悪は嫌悪に至る」と見なす考えに対して，断固反対の意を表明する。「決してそうではない。文学においても絵画においてもそうではない。詩人が嫌悪の念を呼び起こそうとするならば，それは……嫌悪を呼び起こす戯画的叙述によって表現されるであろう」(II, 241) と。詩人には可能なこの戯画的表現も，造形芸術たる絵画ではむろん不可能である。画家は造形せずに制作できないからである。「画家が自分の芸術の限界に遭遇するのはここである」(II, 242)。われわれはレッシングが「子殺しのメーデイア」を描く愚行を詰(なじ)っていることに注目しておいた。ヘルダーはこの点に触れるわけではないが，画家の限界に関するレッシングの見解に「全く同意できない」と証言し，その上で，彼はアリストファネース喜劇（ソークラテースを槍玉に挙げる『雲』）に眼を向け，「アリストファネースが［ソークラテースの行動のうちに］混入させる醜悪な動作」に「ギリシアの庶民向けの味付け・演出」を見出す。ヘルダーが強調して言うには，それは「イギリス流ジョーク・悪ふざけ」にほかならない (ebd.)。劇作家であるレッシングならば「これくらいは心得よ」，とでも言わんばかりの酷評である。

　もっとも，ヘルダーが論の最後で断っているところによれば，『批評の森』第一の意図するところはレッシングを酷評することにあるのではなかった。「レッシング氏に反対して書いたように見えるあらゆる言葉，表現は放念されたい」と彼は読者に対して余裕たっぷりに断わっている。ヘルダーが彼の最初の美学批評で考えを巡らせようとしたのは，レッシングが取り上げた「素材について」だった。ヘルダーは，『批評の森』刊行の手始めとしてまず，ヴィンケルマンを批判したレッシングが取り上げたのと同じ「素材について」自説を述べることによって，ヴィンケルマン——「ホメーロスやプラトーンやベーコ

ン」同様「不滅の著作」を書き遺したヴィンケルマン,「殺人者の手によって恐るべき仕方で世界から, ローマから, 彼の祖国ドイツから奪い去られた」ヴィンケルマン (II, 244)――を追悼しようとしたのだった。

2　ヴィンケルマン批判

『批評の森』第一を世に送った約十年後, ヴィンケルマンが不運な死に見舞われてからちょうど十年後にあたる1778年, ヘルダーの手になるもう一つのヴィンケルマン論が出現する。『ヨーハン・ヴィンケルマンの記念碑』[6]である。これは, ヘッセンのフリードリヒ2世によって創立されたカッセル・アカデミー(「カッセル古代学協会」Société des Antiquités de Cassel)[7]の最初の懸賞課題,「彼[ヴィンケルマン]が古代学を始めた点および彼がそれを止めた点」Le point, où il a trouvé la science des antiquités et à quel point il l'a laissée (II, 631) に答えるための論考であり, ここには, ヴィンケルマンに対する讃辞(エロージュ)のみならず, 批判がふんだんに盛り込まれることになる。当時のアカデミーはフランスかぶれの宮廷によって創立されたため, 刊行物はみなフランス語かラテン語等で出版され[8], カッセル・アカデミーの場合,「フランス語だけが印刷される」il ne sera imprimé qu'en Français [9]とされていたにもかかわらず, ヘルダーはこれを承知しながら,「私はドイツ語で書く」Ich schreibe Deutsch (II, 631) ときっぱり宣言する。彼のこの書き物が,「ドイツの英雄の追憶」にふさわしい「ドイツの記念碑」ein Deutsches Denkmal であり続けるためである (ebd.)。ここで, 彼はヴィンケルマンに対して「記念碑」を捧げるとともに, 勇敢にも, 当時の宮廷によるフランス文化偏重, フランス語かぶれ, すなわち母語たるドイツ語および母国の文化や学問の軽視, 忘却に対する厳しいプロテストを敢行したことになる。しかもフランスのアカデミーに倣ったアカデミー懸賞に応じる形で。興味深いことに, ここに彼独特の屈折した手法と反骨精神

---

[6] *Denkmal Johann Winckelmanns*, 1778.

[7] Stellenkommentar zu *Denkmal*. In: J. G. Herder, *Werke in zehn Bänden*, Bd. 2, S. 1304.

[8] たとえば拙著『若きカントの力学観』北樹出版, 2004年, pp. 32-25 参照。

[9] Stellenkommentar zu *Denkmal*. In: J. G. Herder, a.a.O., S. 1304.

がよく表れている。

　ともあれ、「讃辞 Eloge」としては、ヘルダーは「清澄な朝のような若やぐ感情に包まれて彼の著作に接した」(II, 632) 自身の若き日の思いを率直に告白している。ところが、かの懸賞課題に対する解答では一変、批判に転じる。その解答とは、一言で言えば、ヴィンケルマンが「自己を古代人と見なした」(II, 635) というものであった。彼の出発点にして回帰点がここにあった。彼はこのような者として、「古代人と同じように書き、生き、考える」ことを試みたというわけである (ebd.)。これは、われわれもすでに注目した古代人への同化要請にほかならないが、この点を起点としてヘルダーは彼のヴィンケルマン批判を繰り広げる。彼による批判の矛先は歴史意識に向けられる。歴史の一回性を重視・尊重するヘルダーにとっては、ヴィンケルマンに見られる同化は「歴史の単純化」を意味した。この「偉大なギリシア崇拝者」は、「ギリシア人たちが、すべての民族同様、異民族から何も借りずに、自分で自分たちの芸術そのものを発見した」(『美術史』第1章第4節) ことを前提する。だが、このような原理的思考は、ヘルダーに言わせれば、「歴史全体を単純化しすぎている」(II, 658)。「ヴィンケルマンとその追随者たちも、諸根拠を可能なものの普遍的・仮説的な諸根拠から、(学派風に言えば) アプリオリに引き出した。だがここでは、これらは何一つ、あるいは不十分にしか証明されていないどころか、証明されすぎたのである」(II, 658)。

　すでに注目したとおり、ヴィンケルマンの『美術史』は美術の歴史そのものではなく、むしろその体系、本質を探究しようとするものであり、それはギリシア語 ιστορία の原義に従ったものであった。ヘルダーはこの点を確認しつつ、「歴史」Geschichte は日時のある出来事からなるというドイツ語原義を汲み上げた自身の歴史思想を強調する。彼の考えによれば、歴史、過去は、そこから距離を取ることによってはじめて理解できるようになり、したがって、古代の芸術作品の意義もそうしてこそ理解可能となるばかりか、現在すなわち自己の歴史的生存をも理解できるようになる。この意味で、古代美術史を記述することの意義もわれわれを歴史に対する畏敬に導くことの内にこそある。こうした歴史的記述は、併せてわれわれを民族的個性の自覚へと導く。「ヘルダーは民族的個性を芸術作品の唯一の尺度とした。芸術作品の価値は、民族精神が、ど

れだけ完璧の精神に達しているかに存する」[10]。このような立場から，ヘルダーは，『記念碑』に先立つ『歴史哲学異説』(1774年)[11]においてすでに，ヴィンケルマン『美術史』でのエジプト美術やオリエント美術に対する判断の不当性を指摘し，これがギリシア美術を美の唯一の規範に仰ぐ彼の偏見に由来することを強調していた。実際のところ，『美術史』において「エジプト人の美術」と「エトルリア人の美術」に関する論述を終え，「ギリシア人の美術」に関する論述を開始するにあたって記された抱負は，以下のようなものであった。「本史が主として目指すところはギリシア人の美術にある。……エジプト人やエトルリア人や他の民族の美術に関する論議はわれわれの理解を広げ，判断を正してくれるであろうが，ギリシア人の美術に関する論議はわれわれの理解を一点すなわち真なるものを追求するものとさせるだろうし，それが判断や鑑賞における規範となろう」(S. 178)。ヘルダーに言わせれば，エジプト美術等に関する考察も，ヴィンケルマン特有のギリシア崇拝ゆえに彼の判断を正すことはなかったということになろう。ヘルダーが強調して言うには，

　　異なった諸国民の芸術作品の諸特性はきわめて遊動的で不明確なのだから，古代ギリシアとエジプト，エジプトと古代エトルリア，エトルリアとガリア，ギリシアとローマ，これらの芸術作品間の限界は，お互い大いに入り組んでおり，少なくとも，厳格な歴史研究家が限界を立て，それに満足できようほどには異なっていないのである。　　　　　　　　(II, 656)

このような観点に依拠しつつ，ヘルダーは，「誰がギリシア，エジプト，ローマ，エトルリア，そのほかの芸術的諸民族の芸術の悠久の天才，守護神とは別の仕方で美術史を書きうるであろうか」(ebd.)と，ありうべき美術史の可能性を問い，この自ら立てた問いに対して，「ヴィンケルマンがこのような道を歩み始めていたならば，彼の美術史はどこにも誕生しなかったようなものと

---

10) 七字慶紀「ゲーテとヘルダーにおけるヴィンケルマンの超克」，富士川英郎ほか編『ゲーテの比較文学的研究』郁文堂，1964年，p. 122.
11) J. G. Herder, *Andere Meinung der Geschichtsphilosophie zur Forderung der Humanitätsbilidung*, 1774.

なっていたであろう」(ebd.) という答えを用意し，ヴィンケルマン美術史に代わる真の意味での，すなわち，ありうべき「歴史」としての「美術史」の出現を要請している。

なお，これに関連して，あと一点触れておくとすれば，ヘルダーは歴史家として，ヴィンケルマンの史料操作に対してもコメントを加えている。それによれば，彼が最も頻繁に活用したプリーニウスとパウサニアースは，「われわれが泳ぐことも，獲物を得ることもできない一組のずぶずぶの岸辺」みたいなもので，彼らの史料は「古代人の手になる報告，歴史の恐るべき荒野」にすぎない (II, 651)。ヘルダーならではの酷評と言うべきか。この点でも，ヘルダーはヴィンケルマンに対して「ノン」を突きつけている。レッシングを批判した際には満腔の共感を寄せつつヴィンケルマンを弁護した同一人物の発言とも思えない酷評ぶりだが，これもまたヘルダーである。こうしたヘルダーの性格については，たとえばゲーテに対する彼の態度に関連してもしばしば指摘されるところである。

以上，ヘルダーによるヴィンケルマン評価の両面を確認した。本章の考察の最後として，これまで先送りしてきたヘルダー自身の彫塑論を見るとしよう。

3　触覚または彫塑論

さて，著作の成立時期からすると，ヘルダーの『彫塑』には，先に見た『批評の森』第一のほかに，なお三つの『批評の森』[12]が先行していた。ただし『彫塑』の執筆時期は『批評の森』の執筆時期と重なっており，最後のもの（第四）で主題とされるのは，「感官心理学的」[13]区別を含むリーデルの美学論であ

---

12)　『批評の森』Kritische Wälder の第二と第三には，ハレの修辞学教授クロッツ (Christian Adolf Klotz) との古代文献学の特殊問題をめぐる論争が収められ，第四では彼の親友であるリーデルの美学理論（本章註2参照）が扱われる。

13)　G. E. Grimm, Kunst als Schule der Humanität, in: G. Sauder (Hg.), a.a.O., S. 353.
　　『彫塑』とほぼ同時期に執筆されたと推定される『批評の森』第四（1669年筆）の主題は，その副題 (über Riedels Theorie der schönen Künste) にも明らかなようにリーデルの美術論であり，三つの感覚（視覚，聴覚，触覚）に関する記述は第2章第1節 (II, 289-299) に見られる。また，ディドロやチェズルデンの盲人に関する報告，議論も同

った。『彫塑』（1778 年）はそこでの区別を踏まえ，詩や音楽，さらには絵画と彫刻の特性の相違が，それらの受容器官である聴覚と視覚と触覚との相違から解明されている。

　すでに見たとおり，レッシングにあっては，文学と造形芸術との相違はわれわれの常識とも合致した聴覚と視覚との相違に対応づけられていたが，ヘルダーにあっては，詩や音楽が聴覚によって受容されるのはもちろん，造形芸術の特性は視覚によってではなく，触覚によってのみ捉えられるとされた。このことによって，絵画と彫刻との相違が際立たせられ，彫刻の特性が強調される。『彫塑』の最初の章で，彼は「美」Schönheit に関する語釈的定義に触れたうえで，これを真っ向から否定する。「美とは「見ること」Schauen や「見えること」Schein に由来する名称であり，「見ること」「美しく見えること」によって，最も容易に認知され評価される」（VIII, 10）と通常は見なされているが，本当のところはそうではなく，「視覚は美しい彫像を創作するどころか，これを破壊する。……視覚がこの芸術の母になることはありえない」（VIII, 12）と。けだし「広がり，角度，形態，丸みを実物として私が識別するようになるのは視覚によるのではない。……美しい形態，美しい容貌は，色でも均斉や対称の遊戯でも，光と影の遊戯でもなく，触知できる現実」（ebd.）だからである。ヘルダーは，生まれつきの盲人にとっては視覚の役割を触覚が担っているというディドロの報告（『盲人書簡』1749 年）[14]や，目が見えるようになった盲人にとっても，「彼の視覚は触覚でしかなかった」（VIII, 4）とか，また彼が「絵画に見たのは色の板だけだった」（VIII, 8）といったチェズルデンの報告（『盲人観察報告』1729 年）[15]などから，「視覚はわれわれに姿形だけを示し，触覚のみが立体を示す。つまり，形ある万物は触覚によってのみ認識されるのであり，視覚によって認識されるのは平面だけだ」（VIII, 5 f.）という結論を導き出す。

　ここでは，こうした結論の当否は不問に付すことにして[16]，この立場からど

　　節に含まれている（II, 294-296）。
14)　*Lettres sur les aveugles à l'usage de ceux qui voient*, Paris 1749.
15)　*An Account of some Observations made by the Young Gentleman who was born blind*, 1729.
16)　触覚問題への取り組みは何もディドロに始まるわけではなく，古くはアリストテレス（『デ・アニマ』）以来，論じ続けられてきた問題である。この問題の現代思想にまで

のような絵画 - 彫刻比較論が展開されるかを確認しておこう。ヘルダーが主張して言うには、視覚は「併存」neben einander の感覚だから、「絵画という作品は「板」(tabula, tavola, tableau) 図版」であり、そこに「夢」が繰り広げられるのに対して、触覚は「内部陥入」in einander の感覚だから、「彫刻は「存在し永続せよ」とばかりに命や魂の籠った作品である」(VIII, 15 f.)。「結局のところ、彫刻は真実であり、絵画は夢である。彫刻は全き表現であり、絵画は物語る魔法である」(VIII, 17)。

　「目のためにあり目のために語る」「目のことば」である絵画では、たとえばプッサンの絵のように、「腐った死体さえ魔法さながら」(VIII, 30) 描き出されるのに対して、「触れて見る」tastendes Sehen いわば「手の視覚」である触覚[17]によってのみ感受される彫刻では、醜い形・奇形は可能な限り避けられる。ヘルダーが強調して言うには、「古代人たちがいかに衝動、苦悩、不調に陥りさえしても、可能な限り奇形を避けたかということを、レッシングやヴィンケルマンが十分証明していた」(VIII, 33) のだった。ヘルダーがレッシングやヴィンケルマンに共感しつつ言うには、古代のギリシア人たちは「最上の瞬間を選び、高慢を謙らせて穏和なものにするか、高慢に緩和剤として異質なものを混ぜ、穏和な表情にした」(ebd.) のである。ヘルダーが彼らの説を承けつつ、その代表例として挙げるのが、「メーデイア、ニオベー、ラオコーオン」(ebd.) にほかならなかった。これらのうち、特にニオベー像に関する議論は、後のシェリングのこの像に関する議論には見られない論点（ニオベー像が着衣像であることの理由づけ）が含まれているのだが、この点はさておき、ここでは今問題として取り上げているラオコーオン像のみに焦点を合わせ、それに関するヘルダーのコメントを見ておこう。当コメントに曰く、

　　　ラオコーオンには大蛇が絡みついているが、それはウェルギリウス〔『ア

　　及ぶ射程の長さと議論の多様さに「触れる」に恰好の書がジャック・デリダのナンシー論『触覚』(2000 年) である (松葉祥一ほか訳、青土社、2006 年)。
17)「何一つ目で見、平面として扱われてはならず、すべては、あたかも創造主の手になるかのように、内的感覚と調和的共感という繊細な指でくまなく触れられていなければならない」(VIII, 60)。

エネーイス』*Aeneis*, II, 216–218] が描写しているようにはなっていない。すなわち，ラオコーンは首，胸，足を大蛇に三重に巻きつかれているのであって，眼で見ず触覚で捉えるならば，その像は，大蛇と癒着した人間と大蛇とのおぞましい一体像になりようがない。彼は両手両足で踏ん張っているだけで，両手のうち左手も自由に蛇をつかんでいるのであって，父子もろとも，彼らの敵たる蛇が今や彼ら全員を一体に結び合わせているのである。　　　　　　　　　　　　　　　　　　　　　　　(VIII, 36 f.)

　ヘルダーがこのように綴る際，念頭に置いていた理念は，ヴィンケルマン的な「偉大なる単純」(VIII, 36) にほかならなかった[18]。ヴィンケルマンにとってもヘルダーにとっても，このような「単純」こそが彫塑的美を生み出す。ここでヘルダーの自然哲学に注目しつつ言えば，そこでは自然の生命や有機的力に自然の根本性格が求められていたが[19]，彼の美学でも同様に，これらの点に崇高と美の根本性格が求められる。すなわち「人体の崇高と美を表すあらゆる形姿は，元来，人間というこの精巧な被造物のあらゆる肢体に潜む堅実，生命，威力，息災の姿形にほかならない」(VIII, 56)。彼にとって，このように「内面の完全を表すものこそ，美にほかならない」(ebd.)。そうしてまた，ここに彼の美学特有の触覚論が登場する。「内面的共感，すなわちわれわれの全人的自我を手に触れる形姿に置き移す触覚，これのみが美の教師であり，手引きである」(VIII, 56 f.)[20]。

　ヘルダーは『彫塑』の他の箇所でもラオコーン像についてコメントを加え

---

18)　ヘルダーは1778年の『讃辞（エロージュ）』『ヨーハン・ヴィンケルマンの記念碑』でも，「穏和な単純もしくは崇高な単純」そのものに「ギリシアの洗練と，根気強く培われた芸術家の簡素さ」(II, 643) を見出している。

19)　ヘルダーの自然哲学については次の拙稿参照。Herder und Schelling. Zur Naturphilosophie beider Denker. In: *Herder Studien*, Bd. 10 (2004), S. 75–96.

20)　ここに端的に示されているヘルダー美学の根本思想と彼の哲学全般における根本思想の一つである「人間性」Humanität との関連について触れておけば，たとえば『人間性促進書簡』(1794–95年) では，「ギリシア芸術は人間性の学び舎 (eine Schule der Humanität) である。ギリシア芸術を別様に見る者などいようものか」(XVII, 363) と言われている。Vgl. G. E. Grimm, Kunst als Schule der Humanität. In: G. Sauder, a.a.O., S. 358.

ているが，そこでもヴィンケルマンの裸像彫刻と着衣像彫刻との相違に関する議論（『古代美術史』第四部「ギリシア人たちの美術」第二章「本質論」S. 188 ff.）やレッシングの文学と造形芸術との相違に関する議論（『ラオコーオン』）が念頭に置かれていた。

> ラオコーオン，男らしい男，司祭，王の息子，生贄のそばに集まった民衆の面前で，彼は裸体だったのだろうか，蛇が彼に絡みついた時，彼は一糸まとわず立ち尽くしていたのだろうか。いま人造のラオコーオンを見ているとして，誰がそんなことを考えるだろうか。誰が司祭の「紐飾り」stattis のことを「汚血と黒い毒に浸りつつ」［ウェルギリウス『アエネーイス』II, 221］などと考えるだろうか。そんなことをしようものなら，悲嘆に暮れ，死と戦う彼の苦悩する額を司祭風石畳にしてしまうだけではないか。波打つ胸，毒で腫れた血管，もがきながら力衰えてゆく父親の両手，いけにえとなっているこれらを衣で包んで死んだ岩の塊(かたまり)にしてしまおうなどと誰が考えようか。ああ，紋切型の美辞麗句を駆使するウェルギリウスにこだわる人たちは，木の上着を着た司祭像などどうして見たがるのだろう。 (VIII, 20)

本書の第二部第5章で考察するように，シェリングも絵画と彫刻とを比較した際，古代と近代との相違に眼を向けることになるのだが，時代的に彼に先立つヘルダーもすでに類似の議論をしているので，この点にも触れておこう。すなわち，造形芸術，彫像制作における古代の優位という点である。「身に一糸まとわぬ舞踊や闘技や競技の際，芸術家の目が何を獲得したかを，ヴィンケルマンも申し分なく語っている」と彼の弁（前掲『古代美術史』「芸術の本質論」中の一節 197 f.）を称えつつ，ヘルダーは近代の画家の雄たるラファエロにも言及するのだが，ラファエロでさえ，「疑いなく穏和で生き生きとした姿形を知り抜いていたに違いない」古代ギリシアの彫刻家の雄「プラークシテレースやリューシッポスたりえなかった」(VIII, 26) といった古代優位論を唱えている[21]。

---

21) 通常ギリシア随一の彫刻家として名を挙げられるのは，「高貴様式」が主潮流であった

ヘルダーに言わせれば，われわれはもはや古代ギリシアに特有の「青春の無垢」(ebd.) には戻れない。後年のヘルダリンたちにも共有される，近代に対する悲嘆，愁嘆である[22]。

　ヘルダーの彫塑論，造形芸術論に関する考察を閉じるにあたり，そこで主張されている二つの根本思想に批判を加えておこう。一つは，「彫刻は元来けっして衣を着せられず，常に衣服をまとうのは絵画だ」(VIII, 18) というテーゼ（第二章第一節）であり，いま一つは「色彩は自然であるはずのものを純粋に触知することからわれわれを引き離す」(VIII, 26) というテーゼ（同第二節）である。

　最初のテーゼ，「彫刻はけっして衣を着せられない」ということの理由は，「衣で覆ってしまうと，それはもはや人体ではなく，長衣で身を包んだ石の塊と化してしまうからである。彫刻は衣服を衣服として造形できない」というものであった (VIII, 18)。このような主張と理由づけは，「理想の彫像はすべて無色でなければならず，古代彫刻は色彩の使用を許さない」という，当時もなお通念となっていたのであろう「絶対的芸術原理」に無批判に従ったものとなっている。しかしこうした原理は，弱冠25歳のある古典文献学者の弁によれば，過度の理想化，「ギリシア的なものの過度のギリシア化」に基づく「空想」にすぎない。われわれは「全世界のどこにも故郷をもたないような芸術作品をでっちあげてはならない」。実際のところ，古代ギリシアでも彫像に彩色を施すことはポピュラーなことだった。彼が強調して言うには，ごく最近になってようやく「かの超ギリシア人たちの過激な抵抗をものともせずに，古代彫刻が多色彩色だったという見方が出始めた」[23]。もっとも，これは次の世紀も後半の

古典盛期，パルテノーン神殿造営の監督者だったフェイディアース（前5世紀）だが，レッシングはブラークシテレースやリューシッポスのみを挙げている。ちなみに，少々触れておいたが，前者は古典後期の優雅な作品作りを得意とする，世紀（前4世紀）を代表する彫刻家であり，後者は動態ブロンズ制作に腕を発揮し，後年のヘレニズム彫刻への橋渡し役となった同世紀の彫刻家だったから，彼らの名を挙げるというのは，ラファエロ絵画との比較という狙いに合致した選択ではある。なお，後に見るように，シェリングも「感性的優美に貫かれた傑作」の作者としてブラークシテレースの名を挙げ，これに「精神的優美」を代表する作者フェイディアースを対置している（後述，第二部第3章）。

22) この問題については拙論「「新しい神話」の可能性？」の最終節（前掲『国家・芸術・神話』pp. 188–192 頁，増補改訂版 pp. 200–204）参照。

23) 1869年，24歳の若さでバーゼル大学の員外教授に抜擢されたニーチェは，翌年の1月

1870年,スイスのバーゼルで行われた一回限りの講演で語られたものだから,時代的にも地域的にもヘルダーの知る由もないことだが,こと着衣像に関しては,ヘルダーも言及し,ヴィンケルマンの『古代美術史』(1764年)でも特に独立の節(第二章第二節)を設けて論じられていたから,「彫刻はけっして衣を着せられない」というヘルダーの主張は——自身の触覚的彫塑論に由来するものではあれ,ギリシア彫刻全般にこれを押しつけるのは——彼がレッシングを批判した批判を,自身に呼び寄せる仕儀に等しいと言わざるをえない。

　ともあれ,今日のギリシア美術史,とりわけ彫像制作の歴史が提供している知見を視野に収めつつ言えば,事実は明快であって,それは,一方に裸体彫像の歩みがあり,他方,それに並行して着衣彫像の歩みがあったということである。すなわち,「クーロス(少年・青年像)」制作の歩みと,「コレー(少女・婦人像)」制作の歩みとである。前者の例としては,たとえば《クリーティオスのクーロス》(クラシック前期の前480年頃,前掲挿図33b)を,後者の例としては,たとえばわれわれにも親しいルーヴル美術館所蔵の名品の一つ《サモス島のヘーラー》(前560年頃。前掲挿図35b)を挙げられるだろうし,彩色着衣彫像の一例としては,アテネのアクロポリス美術館蔵の《ペロプスのコレー　675番》(前530年頃,挿図42)を挙げておこう。単純にこれらを見比べるだけで,ヘルダーの主張に反して,着衣彫像(しかも彩色着衣彫像)も裸像に劣らぬギリシア彫刻の一大ジャンルであったことを,われわれは確認できる。かてて加えて,着衣像の見せどころの一つが,衣服の襞が織りなす文様の彫刻,つまり衣文彫刻にあったことは重要であり,これらの点でもヘルダーの主張(第二テーゼ)は的を外していると言わざるをえない。

　彼のみならず,当時の多くの論者が注目した裸像《ラオコーオン》像(ヴァ

18日,バーゼル博物館にて「ギリシアの楽劇」と題する講演を行っており,上の本文で取り上げた「絶対的芸術原理」批判としての彩色彫像に関する発言はそこでなされたものである。Friedrich Nietzsche, Das griechische Musikdrama (*Werke*, I, 518). なお,当講演のタイトルは,彼のかの処女作『悲劇の誕生』でのそれに先立つヴァーグナー礼賛——ギリシア悲劇に注目しつつオペラを「総合芸術作品」と見なし,当時そのようなものとしてのオペラ制作を目指していたヴァーグナーへの礼賛——を暗示するものとなっていた。

42 ペロプスのコレー 675番

43 サモトラケーのニーケー

ティカン美術館所蔵，挿図22）の制作年は，すでに指摘したとおり（第2章2）ヘレニズム末期に属するが，同じ期間に属する着衣像の傑作として見逃すことのできないものこそ，かの《サモトラケーのニーケー》（挿図43）にほかならない。ちなみに，この「ニーケー（勝利の女神）」の着衣の襞は，ヴィンケルマンやヘルダーの着目した「濡れ衣」（III, 225 f.）のそれならぬ風文のそれであり，しかも長年にわたる歴史的蓄積を有するギリシア彫刻の衣文表現の熟達の極をなすものにほかならない[24]。以下なおラオコーオン論争に関する概説を試みなければならないが，これまでの概説中，折に触れ，ギリシア彫刻の歴史的変遷に関する記述を加えてきた。その全体を俯瞰するため，巻末に年表を掲げておくので参照されたい。

---

[24] 《ラオコーオン》の成立年代は，たとえばイギリスの美術史家スミスでは前200年頃，澤柳では，今日の定説と同じ前50-40年頃と相当ずれが大きいが，《サモトラケーのニーケー》の成立年代はスミスでは前3世紀，澤柳では前190年頃（つまり2世紀末）で，こちらはずれが小さい。いずれにせよ，《ラオコーオン》をヘレニズム期の男性裸像の一つの極，《サモトラケーのニーケー》を同時期の女性着衣像の一つの極として並立させることは意義ある比較であろう。R. R. R. Smith, *Hellenistic Sculpture*, London 1991, pp. 91, 126 および澤柳前掲書 p. 245 参照。もっとも，このような知見は19世紀最後の四半世紀以降の今日的なものであり，ヴィンケルマンやヘルダーはむろんのこと，本書で扱うゲーテやシュレーゲルやシェリングの生きた時代の視野に収まっていないものばかりであることはここに断っておくべきであろう。

第 4 章

ヒルトのラオコーオン論と特性論

　次章ではゲーテ説を，第二部に入ればシェリング説をわれわれが検討してゆく上で，見逃せない一説が未検討のまま残されている。ヒルト説である。アロイス・ヒルトの名は一般には馴染みが薄かろうから，本章で彼の説を吟味するに先立ち，まずはマイヤーの「18世紀美術史草案」[1]の記述に拠りつつ，彼がどのような人物であったかを紹介しておきたい。当美術史によれば，18世紀最後の四半世紀（1775-1800年）の期間，作家でもなければ芸術家や専門学者でもないにもかかわらず，その教説と見解によって，芸術家や芸術愛好家たちに多大な影響を与えた人物たちがいた（S. 195）。ライフェンシュタインやヒルトたちである。ライフェンシュタインは，ヴィンケルマンの活躍した時代にローマにやって来た，ローマ在住古参の先駆者であったが，その一説は，メングス説に従って唱えられた，若い美術家たちの修練法に関する説であった。それによれば，若い美術家たちが修練の際に範とすべき順序は，カラッチ作品から始め，然るのちにヴァティカンのラファエロ労作に進み，このような準備後ようやく古代ギリシア作品に転じ，しかも，まずはヘーラクレース像から始め，徐々に剣士像，ラオコーオン像，トルソー像へと進み，最後に最高傑作としてのアポローン像で終える，というものだった（S. 196）。第1章第1節（p. 40）でも注目し，引用した何とも興味深い修練法である。ともあれ，「ローマ在住の外国人たちの指導に携わったライフェンシュタインの後継者がヒルトであっ

---

1) J. H. Meyer, Entwurf einer Kunstgeschichte des achzehnten Jahrhundert, in: J. W. Goethe (Hg.), *Winckelmann und sein Jahrhundert*, a.a.O., S. 114-207. 以下の引用では頁数のみを記す。

た」(S. 198)。マイヤーの記述によれば，ヒルトは「教養に富んだ古美術商」であり，「ヴィンケルマンやレッシングやメングスに対抗し，芸術の最高目的として，美ではなく特性を会得しようとした」(ebd.)。また，彼は美術史家たちの研究にも一役買っており，フィレンツェ派初期の傑作，フラ・アンジェリコ壁画を有する礼拝堂の再発見に道を開いてもいた (ebd.)。

ゲーテはイタリア旅行中 (1786-88年)，多くのドイツ人たちと親交を結んでいるが[2]，ヒルトもその一人であり[3]，ゲーテはイタリアから帰国後もなお彼と交流を続けている。後に見るように，ゲーテの書簡中では，彼は「宮廷顧問官ヒルト」Hofrat Hirt としてばかりか，ラオコーオン論の著者としても登場する。このように，ヒルトはラオコーオン論争の盛んな時期，そこに加わった一人にほかならなかった。

ヒルトの関連論文は最初「芸術美試論」として現れ[4]，次いで「ラオコーオ

---

2) ゲーテはイタリア旅行中ローマにて，ライフェンシュタインやヒルト以外では，この頃当地に滞在していた作家のモーリッツやスイス人画家マイヤーらと交流している。たとえばA. ビルショフスキ『ゲーテ——その生涯と作品』高橋義孝・佐藤直樹訳，岩波書店，1996年，p. 443 参照。

3) ヒルトは，シボルスキー書では「古典研究家」とされ (L. Sziborsky, a.a.O., S. 54)，ヴァルツェル書では「美術史家」とされている (O. Walzel, *Vom Geistesleben alter und neuer Zeit*, Leipzig 1922, S. 329)。これらとは異なり，前註に挙げたビルショフスキのゲーテ伝の邦訳では，ヒルトは（おそらく Archäologe の訳語であろう）「考古学者」となっている。これはおよそありえない。Archäologie の原義は，ある研究書中にも記されているように，「古代ギリシア・ローマの芸術史・文化史」だからである (R. Kahnt, *Die Bedeutung der bildenden Kunst und der Musik bei W. H. Wackenroder*, Marburg 1969, S. 30)。

 ちなみに，ヒルト自身は，ヴィンケルマンやレッシングらを Archäologist と称しており，そこではこの語は明らかに「古典学者」，「古典通」を意味するものとして用いられている。*Neue Deutsche Biographie*, Bd. 9 (Berlin 1971) 所収の項目「Hirt, Aloys」に関する記述を紹介しておけば，その冒頭に Archäologe und Kunsthistoriker とある。当項目によれば，彼は農民出自ながらギムナジウム教育を受け，さらにナンシー，フライブルク，ヴィーンの各大学で学び，1782年以降は14年もの長きにわたりイタリアに滞在し，帰国後は，ベルリーン・アカデミー会員，宮廷顧問官等として，もっぱらベルリーンで活躍している。他の情報から得た知見を一つ加えるとすれば，すでに指摘したとおり（序章4)，彼はベルリーン大学創設時，ドイツの大学で初めて設けられた古典学講座を担当した最初の教授でもあった。

4) Versuch über das Kunstschöne, in: Fr. Schiller (Hg.), *Die Horen*, 3, VII. Stück, 1797,

ン論」および「ラオコーオン論補遺」が続く[5]。これらのうち，第一のものは主としてフェルノーの形式美論に対する批判を試みたものだったし[6]，第三のものは，先行ラオコーオン論の補遺をなすものなので，以下では，『ホーレン』誌第 10 冊の巻頭に掲載された主論文での議論を紹介する（引用の際の頁数は同誌同冊でのそれ）。

　ヒルトの手になる当評論の内容の骨子は，先にマイヤーの要言にもあったとおり，ヴィンケルマン説とレッシング説双方に対して批判を加えたものであり，かつ，それらに抗して，ありうべき唯一の正しい解釈を提唱しようというものだった。「これら二つの道も唯一の道となるように思われる。それはわれわれを趣味論のある正しい理論，すなわち芸術美を見出し判定する能力の正しい発展に導きうる」(S. 5) というように。

　彼がこのように考える際にまず注目したのは，ヴィンケルマン説とレッシング説に共通する，緩和表現という見方である。すなわち，両者ともにラオコーオン像の顔面に表現されているのは「嘆息」だと判定しているが，それは彼らが顔面の造形に，ウェルギリウスによって描かれた「叫喚の瞬間」の緩和表現を見出しているからである (S. 6)。ヒルトは，例の「高貴なる単純と静謐なる偉大」という句を含むヴィンケルマン『模倣論』の有名な条（くだり）を引用しつつ，それに対して，「作者たちの意図は，はたしてラオコーオンの顔面に嘆息を造形するという緩和した表現にあったであろうか」(S. 8) という疑問を投げかける。ヒルトが彫像に認めているものは，これとは真逆の緊張表現にあったからである。

　　運動にせよ肢体の伸びにせよ，緩和どころか，頭の先からつま先まで全体

S. 1–37.

5) Laokoon, in: *Die Horen*, 3, X. Stück, 1797, S. 1–26 ; Nachtrag über Laokoon, in: *Die Horen*, 3, XII. Stück, 1797, S. 19–28. ヒルトのラオコーオン論はすでに彼のイタリア滞在時に成立していた。こうした成立事情および彼の『ホーレン』誌向けの論考に関するゲーテ（在ヴァイマール）と彼の盟友マイヤー（在ローマ）とのやり取り等については，次の研究のヒルトに関する箇所を参照。G. Schultz, *Schillers Horen. Politik und Erziehung. Analyse einer deutschen Zeitschrift*, Heidelberg 1960, S. 131–133.

6) Vgl. G. Schultz, a.a.O., S. 132.

の行為の中に広がっているのは緊張であって、それは……絶望に満ちた生と死とのせめぎあいの断末魔を思わせる。われわれが眼にするのは、逆立つ髪と髭、深く落ち込んだ眼、全面ひどくしめつけられた額、鼻と頬の痙攣であり……ラオコーオンが叫ぶことができないのはもはや叫びようがないからである。　　　　　　　　　　　　　　　　　　　　　　　　　(ebd.)

身をよじらせる力による、最高で最後の緊張、気絶寸前の頭、広がる苦痛に横一文字に伸び、色あせた唇——息も絶え絶えの高木のような胸——がんじがらめの下肢——息絶える死が即待ち受けているのである。　(S. 10)

　ラオコーオン像をこのようなものと見なすヒルトと同じ立場に立つとすれば、当然のことながら、「どこに表現の緩和、鎮静があるのか」、「どこに肢体の安定があるのか」(ebd.) という疑問が湧いてくるのも不思議ではなかろう。このような疑問を偉大な先人たち、古代芸術通たちに投げかけることで、ヒルトが批判の矛先を突きつけるのは、彼らに共通の美の原理に対してであった。すでに見たとおり、レッシングは古代美術の普遍法則を美に置いていたが、このあまりにも茫漠とした美の普遍化に対して、ヘルダーは激しく嚙みついていた。レッシングによって立てられた美の法則とは、「どんな古代人たちの間で、いつから、どれくらいの期間」有効であったのか、等々といった具合にである。ヘルダー説に一切触れないヒルトは、この点に関しては至極あっさり、ただレッシングによる美の原理の普遍化は不可能だと指摘するのみである。ヴィンケルマンによるそれ、すなわち「高貴なる単純と静謐なる偉大」なる美の原理に関しても同様で、これは「普遍原理を個別ケースに適用しているにすぎない」(S. 11, 17) ということになる。

　ヒルトに言わせれば、「古代芸術の主要原理は全く別のものであった」(S. 12)。彼の考える「古代芸術の主要原理」——これを、ヒルトは「特性」Karakteristik と名づける。その意図するところは、それによって古代芸術が表現しようとしたと彼の考える「意義の個別性」Individuellheit der Bedeutung (S. 12)、「形式の個別性」Individuellheit der Form (S. 18) を示すことにあった。これによって、「神は神として、英雄は英雄として、人間は人間として造形さ

れた。……運動,情熱,形式の各々は,芸術家にあっては個別的に各性格のためにある。これを目指して古代芸術は制作した。この点に,芸術家たちは彼らの作品の完全性と芸術美の本質を置いた」(S. 12)。つまり,「特性」によって「各々の個別的形式が全体へと合目的的に結合される」(S. 13)のである。結論として強調されるところによれば,「古代人たちが芸術の完全性,美の下で理解していたものとは,特性にほかならなかった」(S. 23)。「特性,言い換えると,諸形式の一致した特定のこの個別性が,古代人たちにあっては,造形芸術の第一法則であった」(ebd.)。

　以上見てきたとおり,ヒルトのラオコーオン論は,ヴィンケルマンやレッシングの注目する緩和表現としての「美」ではなく,それとは反対の緊張表現としての「特性」を「造形芸術の第一法則」と見なすものだった。ここで,「特性」概念そのものにコメントしておくならば,ヒルトも用いた「特性」概念は,彼固有のものであったわけではけっしてなく,18世紀の芸術論全般に共通のものにほかならなかった。たとえばそれは,建物の視覚的「性格」を特徴づける建築用語としても用いられていたし[7],あるいは文体を理解する指標となりうる「弁別」etwas Unterscheidendes と同義の「特性」das Charakteristische として,文体論においても用いられていた[8]。したがって,造形芸術論でのその使用はこうした全般的な使用の一部と見なすべきものなのだが,造形芸術論での目立った使用例の一つがヒルトによるそれであり,あるいはゲーテによるそれであった。しかも,ゲーテによる使用の特徴は,ヒルトの特性説との関連から見れば,それに対立する優美論に組み込まれたものであった点にある。イタリア旅行後のいわゆる「古典期」に記されたラオコーオン論であり,これはヒルトのラオコーオン論が機縁となって記されたものにほかならなかった[9]。

---

7) 佐々木健一『フランスを中心とする18世紀美学史の研究』1999年,岩波書店,p. 107 参照。

8) Vgl. Karl Philipp Moritz, *Grundlinie in meinen Vorlesungen über den Stil*, Berlin 1791. In: *Werke*, III, 581.

9) ゲーテはシラーに宛ててその旨を伝えている(1797年7月5日付)。Vgl. G. Schultz, *Schillers Horen. Politik und Erziehung. Analyse einer deutschen Zeitschrift*, Heidelberg 1960, S. 133. なお,たとえばW. フォスカンプの京都講演(2003年7月)でも,ゲーテの「ラオコーオン論」が「ヒルトの論文に直接応じたものである」と指摘されている。

ただこの講演の訳稿でもヒルトは「考古学者」と訳されている。ヴィルヘルム・フォスカンプ「ゲーテの『ラオコーンについて』」山本賀代訳,『モルフォロギア』第25号,2003年,p. 68.

第5章

ゲーテの古典主義

1　自然と芸術（『プロピュレーエン』「序説」）

　ゲーテのラオコーオン論が当時の一連の論争の中でも「古典主義」に立脚した論として看過することのできないものであったことは言うまでもない。本章ではこれを主題として扱うが、まずはヘルダーやヒルトとのゲーテの出会い、そして交流について触れておこう。

　これまで繰り返し語られてきたとおり、ゲーテはシュトラースブルクにてヘルダーと初めて出会う。ライプツィヒ大学での修学時に病を得て静養後、今度はシュトラースブルク大学に移って修学を再開した折である（1770年9月、時にゲーテ21歳、ヘルダー26歳）。ゲーテのヘルダーとの出会いと交流に関しては数々の「レゲンデ（伝説）」が作られ、それらが蔓延しているのが現状である[1]。ゲーテをゲーテたらしめた者こそヘルダーなり、ゲーテに建築（当地の聖堂の建築美）のみならず、文学（ホメーロス、オシアン、シェイクスピア等）、さらには芸術全般にも眼を向けさせた者こそヘルダーなり、等々。しかしながら、K. O. コンラーディも指摘するとおり、実際にはゲーテはシェイクスピアをすでに知っていたばかりか、「すでにシェイクスピアを、エーザーやヴィーラントとともに自身の師と呼んでさえいる」[2]。1770年2月10日付書簡での発言ゆえ、彼がシュトラースブルク大学に入学する二カ月前のことである。オシアンの詩についても触れておけば、ゲーテはこれをミヒャエル・デーニスのヘ

---

1)　K. O. Conrady, *Goethe. Leben und Werk*, München/Zürich 1994, S. 101.
2)　Ebd.

クサーメタ（6歩格）訳によって，ライプツィヒ時代（1765年4月〜68年9月）に知っていた[3]。いずれにせよ，シュトラースブルクにおける両者の交流・親交に関する直接資料は現在何一つ遺っておらず，交流・親交に関する伝記的記述はすべて推測によるものばかりである。ただ確かなことはと言えば，ヘルダーがシュトラースブルクの仲間うちで知られていたのがせいぜい『近代ドイツ文学断想』（1766年刊）[4]や小論『トーマス・アプトの著作について』（1766年），それに『批評の森（第一）』（1769年）[5]くらいであり，かつヘルダー本人がこれらを自作のものだと認めるのを頑なに拒んでいたことである[6]。ゲーテもこれらの著作を何一つ知らず，これらのうちの一つ『断想』を読み始めたのも，71年8月にシュトラースブルクを去った約一年後の7月頃のことだった。本書のテーマ，造形芸術に関して言えば，たとえば初期ヘルダーの美学思想を概観したH. D. イルムシャーはその結びで，「彼らがシュトラースブルクで共に過ごした間，ヘルダーが若きゲーテに自身の彫塑思想を語り聞かせなかったはずもなかろう」[7]と推測している。すでに指摘したとおり，この時期の事柄に関しては直接資料がないため，これもまた当否を問いようもなく，推測の域を出ない。後の時期に眼を移して確実に言えることは，ゲーテの著した彫塑論の代表作，かの「ラオコーオン論」（1798年）には，ヘルダーの彫塑思想の片鱗，形跡が一切認められないということである。それは，ヘルダーとの邂逅から28年も隔たったはるか後の論考だったのだから，ある意味当然と言えば当然

---

3) Vgl. ebd., S. 109. もっとも後年には，「フォルクスリート（民謡）」に詩作の一源泉を求め，オシアンの詩に感激していたヘルダーの影響もあってか，ゲーテは「セルマの歌」をドイツ語に訳し，それに手を加えた形で『ヴェルター』（1774年）に採り入れることになる。Vgl. dazu K. O. Conrady, a.a.O., S. 109.

4) *Ueber die neuere deutsche Literatur. Erste Sammlung von Fragmenten. Eine Beilage zu den Briefen* [...], 1767. ここに掲げたとおり，扉での刊行年表記は実際より一年遅い1767年となっている。濱田真前掲書『ヘルダーのビルドゥング思想』p. 216参照。

5) *Ktiritische Wälder. Oder Betrachtungen, die Wissenschaft und Kunst des Schönen betreffend* [...], 1769.

6) Vgl. K. O. Conrady, a.a.O., S. 103. ヘルダーは初期の評論をすべて匿名で公表していたのだったが，その理由については第3章註5でも触れた濱田前掲書 pp. 213-236（第六章「作家・読者論」）が興味深く，周到な考察を加えている。

7) H. D. Irmuscher, Zur Ästhetik des jungen Herder. In: G. Sauder (Hg.), a.a.O., S. 76.

かもしれないが、グンドルフの定式化を借りて言えば、その間にゲーテは、「ヘルダーの歴史的・相対的な美学をレッシングの規範的美学と融合させた」普遍的な「古典主義の綱領」を掲げ、「彼の時代の趣味に対する抗議」を試みるに至っていた[8]。

周知のとおり、ゲーテはヘルダーとの邂逅後、『ゲッツ』と『ヴェルター』の作家として名を挙げ、ヴァイマール宮廷に引き入れられながら（1775年11月、26歳以後）、一時そこから脱出を敢行していた。かのイタリア旅行である（1786年9月〜88年6月、37歳から38歳にかけて）。イタリア体験（すなわち古代芸術体験）[9]後、「シュトルム・ウント・ドランク」の作家は、「古典主義」の作家に変身する。ゲーテが時代のラオコーオン論争に参戦したかの「ラオコーオン論」は、「古典主義」推進を目指した自編雑誌『プロピュレーエン』創刊号の巻頭を飾った論考にほかならなかった（1798年、49歳）[10]。

ゲーテは、ローマで知遇を得たスイス人画家マイヤーに自身の「ラオコーオン論」を送った際に添えた手紙に（1797年7月21日付）、「宮廷顧問官ヒルト」とベルリーンで会って歓談したこと、また、ちょうどその頃、シラーも数日当地に滞在していたのだったが、「同席がすぎると溝」――「理想主義者」シラーと「この教条主義者」ヒルトとの間に溝ができかねないという危惧を記している（Br. II, 283）。むろんヒルトの「ラオコーオン」論にも触れ、それに関しては次のように記されていた。「あなたも先刻御承知かもしれませんが、彼はラオコーオンに関する小論を私どもに送ってきました。当論の功績は、美と神的な安定に関する誤解によって過度に抑制されていた特性的なもの、激情的なものを素材として芸術作品に帰すことにありました。シラーには、この面で想

---

8) グンドルフ『古典期のゲーテ』小口優訳、未來社、1957年、pp. 310-312 参照。なお D. Borchmeyer, *Weimarer Klassik. Protrait einer Epoche*, Weinheim 1994, S. 111 では、ヘルダーとゲーテとの関係が1783年にはそれまでの師弟関係からパートナー関係に転じたと指摘されている。

9) 周知のとおり、当時ギリシアはオスマン・トルコの支配下にあり、当時のドイツ人たちが古代ギリシアの美術作品に触れることができたのはイタリアの地において、ローマ時代の模像を通じてのことだった。ヴィンケルマンはむろんのこと、ヒルトやモーリッツ、マイヤーやゲーテも同様である。

10) Über Laokoon, in: J. W. Goethe (Hg.), *Die Propyräen*, 1. Band, 1 Sück.

定通りの論考は格別お気に入りでした。彼は目下，まさにこの点を言葉にする悲劇のことを考え制作しているからです」(ebd.)。微妙な物言いの綴られた興味深い書簡の一節である[11]。1797年という年はその前後の年を含め，ゲーテとシラーの友情が最も緊密だった年月であり[12]，翌98年10月にはヴァイマールの新劇場の柿落しとしてヴァレンシュタイン三部作の第一部『ヴァレンシュタインの陣営』が初演される。ほぼ一年前の10月，すでにゲーテはシラーに当てて「ヴァレンシュタインに幸あれ！」(Br. II, 314) と彼による悲劇大作制作にエールを送り，かつ，その一ヶ月後にも「ポエジーはすべてリズミカルに制作されるべきです。……あなたのヴァレンシュタインを散文で書こうとしたからといって，人々はあなたを恨むことなどできますまいが，あなたがそれを自立した作品と見なされるのであれば，それは当然リズミカルなものとならねばなりますまい」(Br. II, 316) と進言しつつ，当時のドイツ芸術の現状に対して次のようなコメントを加えている。

　　いずれにせよ，わたしどもは，確信に従って仕事をするつもりならば，わたしどもの世紀を忘却する必要があります。と申しますのも，目下蔓延しているような諸原理に基づく饒舌など，前代未聞のものだからです。何はともあれ，良質なる現代哲学の樹立されることが待望されます。　　(ebd.)

---

11) なお，当書簡中に「この点を言葉にする悲劇」とあるのは，かの『ヴァレンシュタイン』を指しており，興味深いことに，シラーは（ゲーテのマイヤー宛書簡に先立つ）同年同月7日，ゲーテに宛てて，『ヴァレンシュタイン』を，ヴィンケルマンやレッシングのギリシア芸術理解に抗するヒルトの側に立って準備中である旨を書き送っていた。Vgl. dazu O. Walzel, Schiller und die bildende Kunst (1904). In: ders., *Vom Geistesleben alter und neuer Zeit*, Leipzig 1922, S. 316–336, hier S. 329.
　　A. ビルショフスキ（前掲書 p. 761）はゲーテのマイヤー宛書簡のこの一節をヒルト説に対する「称賛」と解しているが，はたしてそうであろうか。ゲーテはそこではヒルトを「教条主義者」と特徴づけ，そこに否定的ニュアンスを含ませているばかりか，本文に引用した一節はヒルト説がシラーのお気に入りだという点を強調するためのものであるように思われる。すでに注目したとおり，ヒルトのラオコーン論はシラーの編集する雑誌『ホーレン』（第3年度第10冊）の巻頭に掲載されたものだった。

12) たとえばS. ダム『フリードリヒ・シラーの生涯』中村元保・渡邊洋子訳，2009年，同学社，p. 341 参照。

当時,ドイツ芸術が陥っていた惨状は,あるゲーテ伝作家の弁を借りて言えば,次のようなものであった。「ヴィンケルマンはただ正しいものを深く予感しながらその明確な把握にいたらず,またレッシングは明晰にして才気煥発であったが一面的で,しかも二人とも理解されるというよりは誤解されていた。たいていはメングスとバトーの亜流である皮相な美辞麗句をもてあそぶか,でなければ不明瞭な自然主義に当時新たにロマン主義的な感情の惑溺を混ぜ合わせて,事足れりとしていた」[13]。こうしたドイツ芸術を取り巻く現状を打破すべく,スイスの画家マイヤーたちの協力を得て創刊された芸術評論誌,美術雑誌,これこそ,ゲーテの編集する『プロピュレーエン』にほかならなかった。協力者の一人マイヤー自身,同誌への一寄稿論文のなかで,当時のドイツ芸術の現状について次のように述べることになる。「現代は過ぎし時代と比べ,ほとんど芸術作品を必要としていない。それだけに優れた作品も少ない。われわれはわれわれの存在を大きな公共生活から概ね小さな家庭環境に閉じ込めてしまった。……芸術が隆盛し繁栄すべきだとすれば,公衆の愛好心が支配的になり,偉大なものに向かわねばならない。芸術家は意義深い大作において,さまざまな品位ある仕事をしなければならない」[14]と。

　ここに当誌刊行の実際の事情を少々記しておけば,先に引用したシラー宛書簡の送られた時期(1797年11月末)は,ゲーテがスイス旅行(第三次)から帰ったばかりの頃だった。このスイス旅行に向かう途次,ゲーテはテュービンゲンに立ち寄り,当地にて出版を営んでいたコッタ宅に投宿する(1797年9月初旬から中旬にかけて)[15]。これによって開始された彼との交流が翌年の美術雑誌『プロピュレーエン』刊行につながることになる。折しも,ゲーテはスイス旅行中,マイヤーとともにその故郷シュテーファを訪れ,彼のイタリア時代の研究成果を検討し,それに関する著書執筆計画を立てている(同年9月22〜27

---

13) A. ビルショフスキ前掲書 p. 760.
14) Johann Heinrich Meyer, Über Lehranstalten zugunsten der bildenden Künste. In *Die Propyläen*, II, 2 (1799), Wiederausgebe (1965), S. 551.
15) H. Nicolai, Zeittafel zu Goethes Leben und Werk, in HA XIV, S. 382–535, hier S. 448.

日)[16]。翌1798年春，この計画が熟した頃，シラーがコッタにこれを伝えたところ，コッタは芸術に興味を持つ読者が少なすぎるという理由からこの出版を渋り，何らかの雑誌か，ゲーテの作品の出版を所望している（同年4月11日付シラー宛書簡）。それに応答する形でコッタに宛てて認められたのが，同年の5月27日付書簡である。ゲーテはそこに彼らの企画の趣旨を，「私どもが編纂しようと考えている著作は，「自然」と「芸術」に関して同調する友人たちの諸観察を含むものです」と説明している[17]。

ゲーテ編『プロピュレーエン』は，こうした経緯の結果，世紀転換期，「古典主義」に根ざしたドイツ美術，芸術復興を目指す美術雑誌としてコッタ社から定期刊行物としてお目見えする。その創刊号は，1798年10月刊の第1巻第1冊。当冊の劈頭には編者の「序説」が掲載されたが，編者は冒頭次のように語り出す。

> 若者は自然と芸術とに惹きつけられるや，努力次第で聖域の内奥に達すると信じて疑わないが，大人は彷徨ったあげく，相変わらず前庭にいることに気づかされる。
> (XII, 38)

見られるとおり，「序説」冒頭ではまず，コッタに知らされた企画の趣旨どおり，雑誌全体を主導するテーマが「自然と芸術との関係」であることが示唆されているばかりか，同じく暗示的に現代における芸術制作の不振，停滞が強調されている。まっしぐらに芸術の神髄に突き進み，「聖域」に達することを確信して芸術制作に励む「若者」とはおそらく古代人を指し，いわば「過去の遺産」に圧しひしがれて「聖域」，「神殿」の「門」，「入口」から先には進めず，その周辺を徘徊することしかできない「彷徨える大人」とは現代人を指すものと思われる。実際「序説」でゲーテは両者の比較を繰り返し行っており，冒頭の比較はその手始めとしてなされたものと見なしてよかろう。ちなみに，巻頭

---

16) Vgl. ebd., S. 449. ゲーテはシュテーファからヴァイマールのベッティガーに宛てて，「二，三巻の公衆向けの読みやすい八折判の書物を編纂する」つもりだという彼らの計画を伝えている（1797年10月25日）。Vgl. dazu K. O. Conrady, a.a.O., S. 691.
17) Ebd.

言に見られる「前庭」という語は,「序説」第二段落で用いられている語を先取りしつつ指示しておいたとおり,「門」や「入口」を意味しており,しかもそれは第三段落に綴られるように,端的にはアテーナイのパルテノーン神殿に通ずる入口の建物が念頭に置かれた語にほかならなかった。当時,神殿に通ずる「前門」は「プロピュライア」$προπύλαια$ と呼ばれていたのであり,これをドイツ語風に言うと「プロピュレーエン」Propyläen となる。こうした語を,ゲーテと彼の友人たち,すなわち「ヴァイマール芸術友の会（W. K. F.）」に参集する者たちは新雑誌のタイトルに掲げたのである。その目指すところは,芸術家たちが作品制作の際に従うべき「諸原理」(XII, 39, 50, 53),「諸規範」(XII, 49 f.) を示すことによって,時代が陥っている芸術の停滞からの脱出を図ろうとすることにあったのは疑いないが,彼らの考えるところによれば,当代の芸術制作に際して「諸原理」,「諸規範」となるべきものこそ,古代芸術にほかならなかった。雑誌の編者ゲーテは「序説」冒頭部分で,雑誌の「象徴的タイトル」にコメントしつつ,「われわれができる限り古典的地盤から離れないように,このタイトルが記憶に留められること」(XII, 39) を熱望している。芸術制作に際して堅持されねばならない原理原則とは,「古典的地盤」の上に立つことだというわけである。ヴァイマールの彼の周りに集う友人たち,とりわけシラーとの共同戦線が特に「ヴァイマール古典主義」[18]と呼ばれるのは故なきことではない。

　ただここでわれわれが注視すべきは次の点である。すなわち,彼らが「古典主義」を唱導するのは,彼らの生きる時代には「古典的」と言えるような作品制作,いわば「精神有機的」な作品制作が稀だったということである。この点もゲーテが「序説」で力説する強調点の一つにほかならなかった。彼は言う。「芸術家が対象の深みとともに自身の心情の深みに達することができ,作品の中に手軽で表面的な効果ではなく,自然に抗い精神有機的なもの（etwas Geist-Organisches）を産出し,芸術作品に自然的に見えつつ超自然的にも見えるよう

---

[18] 種々文献を挙げることができるが,ここでは80年代の諸研究を踏まえた前掲研究を挙げておこう。D. Borchmeyer, *Weimarer Klassik. Protrait einer Epoche*, a.a.O.　この書は,サブタイトルにもあるとおり,フランス革命期の政治史・社会史を含む時代の歴史記述をも含んでいる。

な内容と形式を賦与することは，現代ではきわめて稀である」(XII, 42) と。ゲーテは，すでに発表していた論考「様式論」[19]同様，ここでも，一方で自然研究，自然模倣の重要性を強調しながら，他方でそれを超越すること，いわば「自然そのまま自然離れ」といった天才的な名人芸を芸術家たちに要求している。

> 芸術家に突きつけられる極めつきの要求は，相変わらず，自然に即し，自然を研究し，自然を模倣し，自然らしく見えるものを産出せよということである。
> この要求がいかに大きく法外なものであるか，気づかれることは稀なばかりか，真の芸術家にしてから修行中にようやくこれに気づくほどである。自然は芸術から途方もない深淵によって隔てられ，天才ですら外部からの助け舟なしにこれを踏み越えることはできない。　　　　　　　(ebd.)

ここで注目すべきは，ゲーテによって自然と芸術との間に踏み越え難い「深淵」が横たわっていることが特筆され，かつ，これを天才に踏み越えさせるものこそ自然諸学にほかならないことが強調されている点である。ゲーテはこれを可能にさせる「外部からの助け舟」として，「博物学」や「比較解剖学」などといった当時の自然諸学を挙げていた。自然研究者，自然学者でもあったゲーテならではの発言である。ゲーテは自然諸学の重要性を強調した際，それに続けて，「知られるものこそ，はじめて見られる」(XII, 43) という格言を引いている。このような自然学的研究の重要性の強調と，格言の引用の後に掲げられるのが，次の芸術の自律性テーゼにほかならない。

> 芸術家が何らかの自然の対象を把握するとき，これはもはや自然に属してはいない。それどころか芸術家は瞬時に対象を創造するとさえ言えるが，それは，芸術家が対象から意味深いもの (das Bedeutende)，特性に富むも

---

19) Einfache Nachahmung der Natur, Manier, Stil, in: *Teutscher Merkur*, Februar 1789, S. 113-120.

の (das Charakteristische), 興味惹かれるもの (das Interessante)[20]をもぎ取ることによって, いやむしろ対象に初めてそれ以上の価値を投げ入れることによってである。 (XII, 46)

ここに引用したテーゼの基調をなす, 自然と芸術もしくは自然と超自然との鋭い対比とその融合は, 『プロピュレーエン』誌同号所収芸術論的対話「真理論」でも繰り返し強調されるが, こちらは, 同「序説」や同誌第2巻第2冊 (1799年) 所収の書簡体小説『蒐集家とその仲間たち』におけるように, 造形芸術に定位したものではなく, ヴァイマール劇場のプロデューサーとしての演劇人の立場から, 演劇 (ここでは特にオペラ) に定位してなされている点が興味深い[21]。当時 (18世紀初頭) のドイツ演劇の低俗さに呆れ, その革新を志したゴットシェートはアリストテレス『詩学』の模倣説に忠実な合理的・理性的なドラマ作りを唱導し, そこではこの基準を逸脱するオペラは排除された (『批判的詩学試論』1730年)[22]。これに対して, 『プロピュレーエン』創刊号に収められた前記対話「真理論」では, 「芸術作品の首尾一貫性から生ずる内的真理」が重視され, オペラがいかに絵空事に見えようとも, オペラにはオペラの「固有の法則」, 「固有の特性」があることが強調される (XII, 70)。オペラといえどもあくまで「一つの小世界」だというわけである (ebd.)。なお注目すべき

20) 引用末尾の立言に, B. マルクヴァルトは, シラーの「理念」概念との関連を認めるのみならず, 「意味」概念は典型概念および象徴概念を, 「特性」概念は手法概念を, 「興味」概念はガルベの古典主義構想を想起させると指摘している。傾聴に値する指摘である。ただその際, 具体的に名指されているのは最後の「興味」概念に関してのみなので, 他の概念に関して思い当たる論者の名を挙げてみるとすれば, 「象徴」概念ではモーリッツ, 「特性」概念ではヒルトを名指すことができるであろう。後者についてはすでに考察した (前章)。前者については後に考察する (第3章4)。ここではあと一つ, 上のゲーテの立言の背景にあるものとして, マルクヴァルトがモーリッツの造形的模倣論 (『美の造形的模倣』) を挙げている点を付言しておこう。Vgl. B. Markwardt, *Geshichite der deutschen Poetik, Bd. III: Klassik und Romantik*, Berlin/New York 1971, S. 89 f..
21) Vgl. B. Markwardt, a.a.O., S. 90.
22) *Versuch einer Critischen Dichtkunst* [...], 1730. 南大路振一ほか編『ドイツ市民劇研究』三修社, 1986年, 第1章「ゴットシェートとその周辺」(特に第二節の中村論考) 参照。なお, この問題は本書の姉妹篇『悲劇の哲学』第5章第3節「ドイツ市民悲劇瞥見」でも取り上げている。

ことは，当対話の最後でも『プロピュレーエン』の主導テーマをなす「自然と芸術との関係」の問題が話題にされていることである。「なぜ私のような者にも，完全な芸術作品は自然作品のように見えるのでしょうか」という「観客」の問いに対して「代弁者」は，「序説」同様の次のような答えによって応答する。「それはより良き自然と一致しているからです。それは超自然的なのであって，非自然的なのではありません。完成された芸術作品は人間精神の作品なのです。それはこの意味で自然の作品でもあります」（XII, 72）と。

　ここでもゲーテによって，いわば「自然そのまま自然離れ」といった名人芸的な離れ業のなす妙味が特筆されている。第二部第2章2（p. 190）でも注目するとおり，「芸術は，然るべき作品になるにはまず自然から離れねばならず，自然に帰るのは最後の完成の際のみだ」という「格言」に対して，シェリングも次のようにコメントする。

　　芸術家は，所産・被造物という自然から離れなければならないのだが，ただしそれは自らを創造力に高め，これを精神的に把握するためである。これによって彼は純粋な概念界に舞い上がる。もっとも彼が被造物から離れるにしても，それは，被造物を千層倍もの高利をつけて回収し，この意味で自然に帰るためである。
　　　　　　　　　　　　　　　　　　　　　　　　　　　　（VII, 301）

　ゲーテ説とシェリング説との興味深い符合である。ともあれ，「序説」に戻って付言しておくとすれば，そこでは，自然と芸術との関係の問題や古代芸術と現代芸術との相違の問題に関する発言以外にも，注目すべき指摘が多々なされているが，ここでは次の三点のみに触れておこう。人体表現の重視，それにロマン主義的傾向への懸念の表明と，ナポレオンのイタリア遠征（1796-97年）によるイタリア美術のフランスへの流出に対する危機感の表明である。

　ゲーテはイタリアに足を踏み入れるまではオランダの風景画を愛好していたのだが[23]，イタリアに滞在し，大量の古代作品に触れたのちは人体表現（「人間

---

23) Vgl. E. Boehlich, *Goethe Propyläen*, Stuttgart 1915, S. 63 f.

の形態」の表現）に芸術の粋を見出すに至っており[24]，それが「序説」では，自然学的研究の重要性と結びつけて語られる。

> 人間こそ造形芸術の最高の対象，いや本来の対象である！　人間を理解し，その構造の迷宮から抜け出すためには，有機体に関する一般的知識が不可欠である。　　　　　　　　　　　　　　　　　　　　　　（XII, 43）

ここに特筆されている「有機体に関する一般的知識」をわれわれに提供するものこそ，ゲーテにとって，博物学や比較解剖学といった自然諸学にほかならなかった。

次いで，ゲーテによるロマン主義的傾向の批判について述べるには，われわれはフリードリヒ・シュレーゲルに眼を向けねばならない。初期ロマン派の唱道者シュレーゲル（弟）は，機関誌『アテネーウム』第1巻第1冊（1798年）[25]において，来るべき文学は，その諸ジャンルを廃するばかりか，音楽や絵画といった他ジャンルの限界をも取り払った「総合文学」Universalpoesie，すなわち「一切のジャンルを包括するものであるがゆえにジャンルそのものを超えた，いわば文学そのものとも言うべき唯一のジャンル」（Fr. 116）であるような文学[26]となるべきだという主張を掲げていた。おそらくはこうした主張を捉えてのことであろう，ゲーテは「芸術退廃の格別目立つ目印の一つは，芸術の異種ジャンルの混淆である」（XII, 49）と指摘し，こうした新たに勃興してきたロ

---

24) この点も，シェリングの『芸術哲学』講義に認められる基本観点の一つであり，興味深いトピックである。当講義でシェリングは，風景画に関しては，静物画あるいは植物画や動物画等の種々の絵画に続き，人体表現の前段階（「経験的芸術領域」）として触れるのみである一方（V, 542-545），人体表現に関しては，「これ［人間の形態］こそ，絵画表現の究極にして最も完全な対象である」（V, 546）と強調している。特にこの点に関連して，ヴィンケルマンの「トルソー論」（Beschreibung des Torso im Belvedere zu Rom（1762），in: W, 57）を引用しつつなされるシェリングの素描論が興味深いのだが，これについては，第二部第3章1（pp. 203-204）で論述する。

25) *Athenaeum. Eine Zeitschrift* von August Wilhelm Schlegel und Friedrich Schlegel, Erstes Bandes Erstes Stück, Berlin 1798.

26) 酒田健一「フリードリヒ・シュレーゲルからの接近」『シェリング年報』創刊号，晃洋書房，1993年，pp. 101-112 のシュレーゲル論がすこぶる興味深い。

第5章　ゲーテの古典主義

マン主義的傾向に対する彼の懸念を表明しており，この表明は，後の編著『ヴィンケルマンとその世紀』刊行に連なるものとして看過してならないものであろう。

なお，先の人体表現への開眼もさることながら，彼の「古典主義的芸術観」の成立にとって，イタリア体験がゲーテにとっていかに大きいものであったかという点も見過ごせない。件の『プロピュレーエン』「序説」では，それを示す格好の発言が「序説」を閉じる言葉ともなっていた。ナポレオンによるイタリア遠征時の「略奪行為」に危機感を抱いたゲーテは，「序説」末尾で，イタリアを「偉大な芸術体」と見なすことが今日喫緊の課題であることを強調するばかりか，「ドイツとイギリスがこのような分散と喪失の時代に……理想的芸術体の形成に助力」すべきことをも訴えている（XII, 55）。見られるとおり，「序説」結句には，彼の時代認識と古典的理想主義が濃厚に盛り込まれている。

2 ラオコーオン論

定期刊行雑誌『プロピュレーエン』創刊号（1798年）の巻頭には，「序説」に続き，同じ編者自身の手になる美術評論「ラオコーオン論」が収められる。すでに指摘したとおり，これは直接的にはヒルトのラオコーオン論に刺激を受け，それを批判すべく執筆されたものに違いないが，「序説」で強調されるところによれば，当評論の意図するところは，「古代の優位が遍(あまね)く讃嘆されているにもかかわらず，現代人の下では……古代作品の最たる優位が奈辺にあるか誤認されている」（XII, 50）ため，古代的「諸規範が堅持されること」の必要性を改めて説くとともに，横行する誤認から身を守るべく，「ここでは一例のみを挙げて」「古代作品の綿密な吟味」を試みることにあった（ebd.）。

このような意図に基づいて試みられた，古代作品《ラオコーオン》群像（挿図22)[27]に関するゲーテによる「綿密な吟味」を見るに先立ち，ヒルトのラオ

---

[27] 『プロピュレーエン』創刊号（1. Band, 1. Stuck, 1798）には図版が掲載されているが，それは，本書では挿図22aとして掲載した，ホルニーの素描を元にミュラーによって作成された銅版画である。

コーオン論に対するゲーテの異論の骨子に触れておくとすれば，それは旗幟鮮明なものである。すなわち，ラオコーオン群像が「人体の特性と表情や激情」を表現していることについては議論の余地がないにせよ，この作品の優れた点は，「極度の肉体的・精神的苦悩が節度をもって表現されている」点にあり，「この群像が同時に優美でもある」というものであった (XII, 57)。後年におけるソンディの指摘（前記のベルリーン講義）を待つまでもなく，「高貴なる単純と静謐なる偉大」というヴィンケルマンの根本テーゼは，対立するものの矛盾的な調和を主張するものにほかならず，このテーゼ定立の際に念頭に置かれていたイメージは，荒れ狂う海面に対する深海の静けさであった。この意味で，もともとヴィンケルマンのテーゼは「激情」と「節度」との両面を含みうる懐の深さをもつものにほかならなかった。ヒルトは，結局，両者の一面のみを強調し，それを批判的にヴィンケルマンおよびレッシングにぶつけたにすぎなかった。このように見れば，ゲーテ説は単にヴィンケルマン説に先祖がえりしただけのように見えかねない[28]。しかしけっしてそうではなく，以下に見るように，ゲーテ説は「瞬間表現」に注目する彫塑論としても，「造形芸術と文学との間メディア的な比較」の「模範的な実例」[29]としてもユニークなものであるばかりか，ゲーテの提唱する形態学に基づく独特なものでもある。

　ゲーテが《ラオコーオン》群像を造形芸術上の模範的傑作と見なすのは，すでに見たとおり，そこに「極度の肉体的・精神的苦悩が節度をもって表現されている」点であり，「この群像が同時に優美でもある」からであった。古代人たちによるこうした造形は「芸術作品が自然作品となる」べく造形すべしとい

---

28) 七字慶紀前掲論文 (p. 126) も，ゲーテのヴィンケルマン説への「近接」を認め，そこに「古典期におけるゲーテの思索の一断面」を見ている。ただ，こうしたテーゼとその敷衍に先立って，このテーゼの意義がヘルダーの「超克」にあると見なされている点が気がかりであり，筆者はこの見方には疑問を抱かざるをえない。すでに注目したとおり，七字論文がヘルダーによるヴィンケルマン批判が「ドイツにおいてヴィンケルマンによりはじめて定立を見たギリシア的－ドイツ的美学の克服であるとともに，美学それ自体の止揚と破砕であった」(p. 125) という強烈な主張を含むものであるだけに，なおのことである。ちなみに，ゲーテの刊行した『プロピュレーエン』は購読者をさほど獲得できず，二年後には廃刊に追い込まれる。

29) W. フォスカンプ前掲講演 pp. 73 f.

う「近代的妄想」からかけ離れたものであって,「古代人たちは芸術作品を優美なものとして表現するために, 諸部分の端正な秩序によってそれを行った」(XII, 57 f.)。古代ギリシアの悲劇作品とも共通した「自律」と「完結」とが, ゲーテにとって, 古代の造形芸術作品の指標にほかならなかったのである (XII, 58)。もっとも, これは単なる「均斉」や「静止」を意味するものではなく,「均斉と多様, 静止と運動, 対立と段階的合成」(ebd.) によってもたらされるものであり, ゲーテにとっては, そのようなものとして,「悲劇的牧歌」(XII, 59) とでも名づけるべき「模範」(XII, 58) こそ,《ラオコーオン》群像にほかならなかった。

周知のとおり, アリストテレース『詩学』における悲劇の本質に関する有名なテーゼによれば, 悲劇は「同情と恐怖（ἔλεος καὶ φόβος）によって感情の浄化(カタルシス)（κάθαρσις）を達成するものである」(1449b27–28)。ゲーテはこのくだりを後年,「悲劇が同情と恐怖を通り抜けると, そのような激情の緩和・和解によって最終的に悲劇作品は舞台上で完結することになろう」と読み取り,「浄化(カタルシス)」を,「元来あらゆるドラマ, いやあらゆる詩作品にすら要求される和解的終結」(XII, 343) と解釈するに至っている[30]。興味深いことに, 当該の「ラオコーオン論」では, 彼は「自分や他人の苦しみに際して」抱くわれわれの抱く感情として,「恐怖と同情」のほかに, 自身の造形芸術解釈として「驚愕」を付け加える (XII, 65)。これによって,「悲劇的牧歌」(XII, 59) に準(なぞら)えうる彫像（「可視性」）を, 文学的テクスト（「可読性」）へと変換するというパラドキシカルな試み[31], 言い換えると, 瞬間的空間表現を経過的時間表現へと変換するという試みを遂行しようとする。こうした試みがパラドキシカルであるのも,「造形芸術作品がありありと眼前で動いて見えるようになるには, 経過する一瞬が選択されざるをえない」(XII, 59 f.) からである。

ゲーテが「現在」という「瞬間」に他の時間的次元を持ち込む方法は実に巧みで, それは, 群像に登場する三人の人物, 苦悩するさまを見られる者たち

---

30) J. W. Goethe, Nachlese zu Aristoteles' Poetik. Erst Druck: *Über Kunst und Altertum*, Bd. 6, Heft 1, 1827, S. 84–91.
31) W. フォスカンプ前掲講演 p. 74 参照。

（父親と年下の息子）と，それを見る観察者（年上の息子）とに分割することによって果たされる。ここで，後者は「事に臨む観察者，目撃者，関与者」となっており，そのことによって「作品は完結するに至る」(XII, 63)。悲劇の結末におけるコロスの役割に準えうる，ゲーテ的ドラマトゥルギーの発露と評してよかろう。ともあれ，登場人物の差別化はむろんこれに留まらない。それは三人の人物に即しつつ三様でもある。すなわち「一人目は蛇に巻かれて抵抗する力も失せ，二人目は抵抗しながらも傷つき，三人目には逃げる望みが残っている」(XII, 64)。当の群像から見て取れるように，「第一の場合が年下の息子，第二の場合が父親，第三の場合が年上の息子」(ebd.) ということになろうが，これら三者は人間の抱く感情の三様態，同情と驚愕と恐怖とを体現するものでもある。すなわち「持続する苦しみ，あるいは過ぎ去った苦しみへの関与」，「現在の苦しみの予期せぬ知覚」，「迫りくる災厄に対する不安な予感」(XII, 65) という三様態である。注目すべきことには，ここには感情の三様態とともに，過去と現在と未来という時間の三様態，三次元が巧みに表現されている。ここで強調すべきは，先に考察したレッシングのラオコーオン論と目下考察の只中にあるゲーテのそれとの決定的相違である。以上のように，ゲーテによって「造形芸術は時間すら可視的なものにできる」ということが明らかにされることによって，彼のラオコーオン論にあっては，「（空間的）芸術と（時間的）文学というレッシングの二分法はきっぱりと否定される。「時間の次元」は間メディア的方法によって造形芸術に奪還されるのである」[32]。

　ゲーテに言わせれば，造形芸術と文学との相違は次のように際立っている。「瞬間を目指して制作する造形芸術は，荘重な対象を選び出すや否や，驚愕を呼び覚ます瞬間を捉えるであろう。これに対し，文学は恐怖と同情とを引き起こす瞬間を目指す。ラオコーオン群像にあっては，父親の苦悩が驚愕を引き起こす。……群像は年下の息子の状態に対しては同情を，年上の息子に対しては希望を残すことで恐怖を引き起こす」(XII, 65)。これぞ，アリストテレース悲劇論の改作としてのドラマトゥルギーであり，かつ瞬間表現に止目した彫塑論であろう。けだし，群像の三人物たちが体現している三様態は，それ以外には

---

32) 同上 p. 71.

ありえない「最高の関心を惹く瞬間」(ebd.) において表現されており，人物の三様態も時間の三次元も，ともに動きのある瞬間を形成するためのものにほかならないからである。総じて，「造形芸術作品がありありと眼前で動いて見えるようになるには，経過する一瞬が選択されざるをえない。直前には全体のどの部分もこの状態になかったし，直後には各部分ともこの状態を後にせざるをえない。これによって作品は，あまたの鑑賞者たちに対して，再三再四，新たに生きたものとして現れる」(XII, 59 f.)。試しに，ラオコーオン群像を前に目を閉じて立ち，目を開けてはすぐまた目を閉じてみることを，ゲーテはわれわれに勧めている。そうすれば，「大理石全体が動くのが見えるであろう」(XII, 60) からであると。

ゲーテがこのような「瞬間」における動きを彫像に求めるのは，彼の提唱する形態学が単なる静止的な形態の観察ではなく，たえず変容する生ける有機体の観察に基づくものにほかならなかった点とも符合していた。彼は自身のラオコーオン論を展開するに先立って，「優れた芸術作品」を創造するための普遍的諸条件として，次の六つを挙げている。すなわち，(1)「自然諸物」および(2)「諸性格」——とりわけ，二つ目の条件の提示に際して，彼の彫塑論の基礎をなす「形態学的直観」が如実に示される[33]。そうして(3)「静止もしくは運動」および(4)「理想」，さらには(5)「感性的美」と(6)「精神的美」という美の両面である。以下，順次，六条件がどのようなものか見てゆくとしよう。

(1) まず第一条件たる「高度に有機化された生ける自然諸物」に関しては，特に「人体による知識」が要求されるのだが，それは「その諸分肢，大きさ，内的・外的な諸目的，総じて形態と運動」に及ぶものとされる (XII, 56)。

(2) 次いで「諸性格」に関する問題の項でも，「形態と作用におけるこれら諸分肢の偏差（Abweichen）に関する知識」が要求される (ebd.)。ここでは(1)に同じく簡潔に指示されているだけの「知識」こそ，ゲーテの形態学的知見，より具体的に言えば，骨学に基づく比較解剖学的知見にほかならない。彼は本彫

---

[33] 以下の論考の第二節「彫刻と特異性（Charakter）」がこの点を巧みに解説している。前田富士男「"重映"の眼ざし——ゲーテと近代絵画」『モルフォロギア』第27号（2005年），ナカニシヤ出版，pp. 6–9.

塑論に先立つ二年前（骨学に基づく比較解剖学に関する一論説）次のように述べていた。「有機体全体の調和は，同じような部分でありながら，ごく微細な偏差（Abweichen）をもって諸部分が変容していることによって可能となる」[34]と。こうした知見が，ここ彫塑論でも前提された上で，次のような指摘がなされる。すなわち，このような要求の下に，諸分肢の「諸特性がさまざまに分かれ，個々別々に表現されるが，これによって諸性格が成立し，さまざまな芸術作品もこれらによって意味深く関係づけられる」（XII, 56）というのである。それはちょうど，「作品が一つにまとめ上げられる場合，その諸部分が互いに意味深く関係づけられうる」（ebd.）のと同様である。見られるとおり，ここでは，有機的全体として成立する作品が，生ける有機体全体内部における諸部分の関係のあり方に準えられている。われわれはここで，ゲーテの彫塑論ひいては芸術論が，18世紀に広く見られた，彫刻を「魂」の表現と見なす彫塑論とは決定的に異なった「形態学的直観」[35]に基づくものであったことを強調しておくべきであろう。

(3) 次いで挙げられるのは静止と運動である。すなわち，「一つの作品あるいはその諸部分は単独で存立し，静かにその存在を示すものとして表現されるか，動くもの，作用するもの，激情をたたえたものとして表現される」（XII, 56 f.）。ここに見られる「激情」表現に古代芸術の普遍法則を見出したのがヒルトだったが，彼とは異なり，その先にある「理想」表現を重視するのがゲーテである。ゲーテにあっては，「激情」表現は「理想」表現へと高まらねばならない。

(4)「激情」表現が「理想」表現に到達するには，当然，「芸術家は深く徹底的で粘り強い感性を必要とする」が，なおその上に必要なものとしてゲーテの掲げるものは，ヴィンケルマンの名を挙げないものの，彼によって「理想美」のために要求されたのと同じものである。それすなわち，「対象の全体を見渡し，表現すべき最高の瞬間を見出し，対象を限られた現実から引き揚げること，および対象に，理想的な世界のうちで節度，限界，真実，威厳を与えること」

---

34) J. W. Goethe, *Die Schriften zur Naturwissenschaft* (Leopoldina Ausgabe), Weimar 1947 ff., Bd. 19, S. 208. この箇所は前掲前田論文（p. 6）に引用されている。ただし，ここでの引用では，訳文中の「違い」を「偏差」に変更した。

35) 前田前掲論文 p. 9.

(XII, 57) である。

(5) そうして「対象が優美なものに見える」条件としてゲーテが考えているのは，「秩序，明瞭，均斉，対称等」といった「感性的な芸術諸法則」（ebd.）にほかならない。

(6) その上，最後に，これら諸法則に従うことで芸術は，「精神的美という法則」に従うものにまで高まるが，こうした「美」は，またしてもヴィンケルマンがかつて強調したとおり，「節度によって生ずる」とされる（ebd.）。

ここで再びヒルトのラオコーオン論を想起するとすれば，第4点以降の諸点はすべて，ヒルトに対する反論として役立つものばかりであることにわれわれは思い至るであろう。またそれとともに，ヒルト説批判としての基調が，ヒルトの退けたヴィンケルマン説そのもの，特に「節度」にあったことにもわれわれは思い至るであろう。ゲーテは，この点に関するかぎり，先にわれわれの見たヘルダーの「ヴィンケルマン論」同様（第3章1），ヴィンケルマンに対して熱い思いを抱き，ヴィンケルマン讃歌，オマージュを歌い上げていた[36]。

3 ヴィンケルマン小伝（「われらがヴィンケルマン」）

「非凡な人物の記憶は優れた芸術作品を前にした場合と同様，しばしば考察心を呼び覚ます」（XII, 96）。先にヴィンケルマンの生涯について記そうとした際（第1章1），その冒頭にこの文言を引用したが，これは実は，ゲーテによるヴィンケルマンに対するオマージュの冒頭を飾る文言にほかならなかった。1805年にゲーテは，公爵の母后アンナ・アマーリアの所蔵していたヴィンケルマン若かりし頃の書簡（友人ベレンディス宛書簡）の数々を収載し，かつマイヤーの「18世紀美術史草案」をも掲載した編著『ヴィンケルマンとその世紀』を刊行した際，そこにマイヤー（「美術史家としてのヴィンケルマン」）やF. A. ヴォルフ（「古典文献学者としてのヴィンケルマン」）らとともに，編者自身のヴィンケ

---

[36] D. Borchmeyer, a.a.O., S. 113 では，「ヴィンケルマン論」に関して，「ヴァイマール古典主義」を代表する者たちのうちヘルダーのそれが先駆的なものであることが特筆されている。

ルマンへのオマージュ（「ヴィンケルマン描写のための素描」）をも加えていた。
　この「素描」は，ある伝記作家の弁を借りて言えば「信奉書のみならず，論争書でもあった」[37)]。ここに「素描」が「論争書」と見なされているのは，それが『プロピュレーエン』で称揚された「古典的原理」と，それに基づくヴァイマール美術展（これについては後述）に対するフリードリヒ・シュレーゲルによる強烈な異議申し立てに対する応答を含んでいるからにほかならない。すなわちフリードリヒは，「この間に初期段階のギリシア熱狂と初期ロマン派的理論に基づく知的アラベスクを超越し，はや半ばカトリック教会に帰依し，彼の雑誌『オイローパ』（1803–05 年）に発表した絵画論では，［ゲーテの原理とは］まったく異なった諸原理を告知し，聖母像や殉教者像，聖者図や受難図といった別の模範を称揚していた」[38)]からである。1802 年から翌年にかけてパリでキリスト教絵画を鑑賞し，さらに 1804 年以降にはライン河畔やネーデルラントで古ドイツ絵画に痛く打たれたフリードリヒは，「その雄弁な代弁者となっていた」[39)]。後年（1812 年）のゲーテの回想によれば，ヴァイマール美術展が終焉を迎えた 1805 年以後，「信心ぶった回帰衝動を美化する芸術」が蔓延してしまい，「心情が精神の上に置かれ，生まな自然が芸術の上に置かれ……精神が希少となり，芸術が困難となっている」[40)]ありさまであった。ゲーテが彼の盟友マイヤーとともに，このような「新カトリック的感傷主義」，「修道士もどきのシュテルンバルト的狼藉」を嘆き[41)]，自分たちの信奉する「古典主義」のために弁じたのが，「18 世紀美術史草案」であり，かの「素描」にほかならなかった。
　「素描」すなわち「ヴィンケルマン伝草稿」では，ヴィンケルマンの人となりに託しつつ，ゲーテの信奉する「古典主義」の何たるかが雄弁に語り出されている。そこでゲーテが強調して言うには，自然の与える恵みに応えて「彼ならではのもの，すなわち卓越と威厳とを人間のうちに，とりわけ人間にかかわ

---

37)　K. O. Conrady, a.a.O., S. 717.
38)　Ebd.
39)　Ebd.
40)　K. O. Conrady, a.a.O., S. 709 における Goethe, Artemis-Ausgabe, Bd. XIII, S. 456 よりの引用。
41)　Vgl. K. O. Conrady, a.a.O., S. 709.

る芸術のうちに探求すべく全生涯を捧げた」人,「われらがヴィンケルマンはこうした類の人物」だった (XII, 97)。ゲーテのヴィンケルマン伝草稿で注目すべき点の一つは，彼がヴィンケルマンのうちに「古代的なもの」を見るばかりでなく，「異教的なもの」さえ見出していることであり，この点に，われわれはフリードリヒ・シュレーゲルのカトリシズムに対するゲーテの批判を読み取ることができる[42]。

「幸福を享受するばかりでなく，不幸に耐えることにも古代人たちは生来こぶる長けていた」(XII, 99) が，ヴィンケルマンはこうした古代的本性を有していた希有な同時代人であり，「彼の本性は……30年にわたる卑賤，不如意，心痛にもめげず，道から逸れることも鈍化することもなかった」(XII, 99 f.)。彼の実生活も研究生活も，古代的精神に貫かれていた。われわれは古代精神のうちに「享楽の瞬間にあろうと没落の瞬間にあろうと不屈の健全さを認める」(XII, 101) ことができるが，彼はこうした強靭な古代精神によって,「洗い落せそうにない汚点」をものともせず，「改宗者」となった (XII, 105)。ゲーテによるヴィンケルマンの改宗論の特質は，彼のカトリックへの改宗も，強靭な古代精神が基軸となって遂行されたことが強調されているように，古代的異教世界の「不屈の健全さ」を背景にもつものだという点にあり，加えて言えば，そこには，彼の改宗がフリードリヒ・シュレーゲルに見られるような「新カトリック的感傷主義」に向かうものではけっしてないことが含意されているように思われる。こうした特質をもつ改宗が，ヴィンケルマンを「芸術の宝庫」(XII, 106) たるローマへ導くのであり，彼はそこで「党派に分かれて身の安全を図る」(XII, 105) 代わりに,「友情」のみを支えとしつつ美の「巡礼者」(XII, 108) となるのである。

瞬時に現れるにすぎない「美」をつなぎとめる芸術作品は，ゲーテの見るところ,「一つの頂点」,「人間を人間以上に高め，人間の生活圏を完結させ，過去と未来が含まれている現在のために人間を神格化する」(XII, 103) ものにほかならないが，ヴィンケルマンは「生来の感受性」を生かし，造形芸術作品を通して，かかる「美を学び，それを生きた自然の形象のうちにも認め，評価す

---

[42] Vgl. K. O. Conrady, a.a.O., S. 717.

るに至る」(ebd.)。こうした「彼の功績の記録」――それがかの『美術史』であり、これは「ただちにフランス語に翻訳され、これによって彼は広く世に知られることになった」(XII, 126)。こうしてアルプスの南で獲得した名声にもかかわらず、かつてのアルプスの北での友情と恩義を忘れぬ「誠実」の人は、「北方」への思い絶ち難く、「故国への帰途」「およそ望みうる幸福の絶頂において、この世を去った」(XII, 128)。

　ゲーテはヴィンケルマンへのオマージュを閉じるにあたり、彼の早逝ゆえに、アッキレーウス同様、勇者として「後世の人々の記憶」に残る彼の勇姿――「成功者として生き、功成り名遂げた者としてこの世を去った」彼の勇姿を、「われわれを勇気づける」ものとして称えている (XII, 129)。

　ヴィンケルマンに勇気づけられた「われわれ」のうち、その最たる者はゲーテその人であったと言ってよかろう。けだし、彼は「かつてイタリアで彼自身可能だと見なしていたあの古典的生の蘇りをヴィンケルマンに見る」[43]ことができたからである。彼のヴィンケルマンへのオマージュを収めた『ヴィンケルマンとその世紀』が刊行された1805年という年は、「ヴァイマール古典主義」をともに推進してきたシラーが世を去った年でもあった。当時を回想しつつゲーテが言うには、「われわれの願望や努力とは相反することが目につくようになり、偉ぶった人士が俗受けするやり方で活躍している。シラーを失ったために、ヴァイマール芸術の友らは大きな孤独に直面している」[44]。

　実際、七年前の1798年に彼らとともに刊行を開始した『プロピュレーエン』も不評により、たった2年余りで廃刊の憂き目を見たばかりか、当誌刊行翌年に開始した美術展も、7年後の1805年には最後の七回目をもって打ち止めに追い込まれた。ただ、『プロピュレーエン』の廃刊は「ドイツ芸術を擬古典主義の型にはめこもう」[45]とした結果であろうし、美術展の打ち止めも、美術展向けの懸賞作品募集に同様の要求を押しつけた結果と見なさざるをえない。募集に際して指定されたテーマは、ほとんどホメーロスから採られた。募集に応

---

43) エーミール・シュタイガー『ゲーテ』(中)、小松原千里ほか訳、人文書院、1981年、p. 253.
44) 同書 p. 252 より引用。
45) ビルショフスキ前掲書 p. 759.

募しながら落とされた，当時なお無名の画家ルンゲは，1802 年 2 月，父親に向けてその憤懣を次のようにぶつけている[46]。

> ヴァイマール美術展およびそのやり方全体は完全に誤った道を次第に取るようになっている。こんな道をゆく限り，良いものは生まれない。主催者側が与えている《スキュロス島のアッキレーウス》という課題は，およそ果たしがたいものである。……《アッキレーウスとスカマンドロース》というテーマはこれに付随するテーマともども……結局のところ見果てぬ夢でしかない。われわれはもはや古代ギリシア人ではないし，彼らの完璧な芸術作品を見ても，もはやすべてを彼らと同じように感じることはできない。ましてや彼らの創造したような作品をわれわれは生み出せるわけがない。……本末を転倒するとはこのことだ。——いわく，テイレシアースは構図上の新しい発見である，と。そこで人々は主題を追い求める，まるで芸術の本質が主題にあるかのように。自分自身の内部に生き生きしたものが存しないかのように。一体そのようなものは外部からくると決まっているのであろうか。見事な芸術作品をなおも生み出し得た芸術家たちは皆始めにまず何らかの感情を抱き，それからこの感情にふさわしい主題を選んだのではなかったか。

ここに表明されている憤懣には，後年のヘーゲル美学における芸術終焉テーゼ[47]と類似の方向性，すなわち「古典主義」と袂を分かつ新たな芸術創造への方向性が打ち出されている。実際，ルンゲ自身，こうした憤懣を綴った翌年，朝に始まり夜に終わる連作素描 *Zeiten*（一日の 4 時）を描き，1805 年および

---

46) Ph. O. Runge, *Schriften, Fragmente, Briefe*, Berlin 1938, S. 12. シュタイガー『ゲーテ』（中），p. 252 に引用されている訳文より，人名表記をギリシア語表記に置き換えて引用する。
47) ヘーゲルの芸術終焉テーゼは古代ギリシア以後の芸術制作の不可能性もしくは水準の低さを主張するものではなく，キリスト教世界にあっては絶対者の把握は古代のように芸術によっては不可能であり，これを担うのは哲学であることを主張するものであって，彼はロマン派芸術を古典的芸術より「高次」（XIV, 128）のものと見なしている。この点，小田部胤久『西洋美学史』東京大学出版会，2009 年，pp. 193-195 参照。

1807年（第2版）になるとそれらを銅版画として発表し（挿図44, 45, 46, 47）[48]，さらにはそれらの油彩化をも試みながら，《朝》のみ大小二作の習作を遺したまま，33歳の若さで他界する。1810年のことである[49]。彼はこれらの作品によって，今日，ドイツ・ロマン派絵画の代表者としてフリードリヒと並び称されるに至っているが，周知のとおり，フリードリヒも19世紀初頭より独特な風景画を描き続けている。たとえば最初期の作の一つが，彼の尊敬するデューラーの一思想——「魂の窓」としての眼という思想——をモチーフとして描いた《画家のアトリエからの眺め》（1805-06年頃）であり，あるいは初期の代表作《山中の十字架（テッチェン祭壇画）》（1807/08年）や，《海辺の僧侶》（1810年）および《樫の木の修道院》（同年）である[50]。前記ルンゲの油彩習作やフリードリヒの初期代表作のみならず，後の他の数々の代表作は，いずれもシェリングのミュンヘン講演以降に制作されたものばかりである。講演後，美術に関して彼が発言するに至るのはその10年後（1817年）のことだが，これは，古代ギリシア彫刻（アイギーナのアファイアー神殿破風彫刻）発見に対する美術史的注釈[51]であって，ロマン派絵画に関連するものではなかった。後に見るように，講演時に彼が期待を寄せたのは，デューラーの偉業に倣った，いわば「ドイツ芸術」[52]の再生なのだが，これはむろん，ロマン派絵画到来に対する期待

---

48) Vgl. J. Traeger, Philipp Otto Runge und Casper David Friedrich, in: *Runge. Fragen und Antworten. Ein Symposium der Hamburger Kunsthalle*, hrsg. von Hamburger Kunsthalle, München 1979, S. 99. なお，興味深いことに，今参照を指示したTraeger論考同頁に，すぐ後に本文で挙げるフリードリヒの《テッチェン祭壇画》でのルンゲの連作 Zeiten からの構図受容が指摘されている。

49) Vgl. U. Blaich, *Philipp Otto Runge: Die Hülsenbeckschen Kinder*, Hamburg 1995, S. 62. 同書同頁の指摘によれば，ロマン派嫌いのゲーテでさえ，ルンゲの連作 Zeiten には興味を覚えていた模様である。

50) Vgl. Yuko Nakama, *Casper David Friedrich und die Romantische Tradition*, Berlin 2011, S. 29-32; S. 123-129. なお，ドイツ・ロマン派芸術全般に関して特筆すべきは，筆者もミュンヘンの Haus der Kunst にて観ることのできた特別展（会期1995年2月4日〜5月1日）である。次の図録参照。Ernste Spiele, *Der Geist der Romantik in der deutschen Kunst 1790-1990*, München 1995）.

51) 第二部第6章1冒頭（pp. 261-263）参照。

52) 後に注目するように，講演末尾では，シェリングは，デューラーなどの偉業を称えつつ，「わが民族は固有の美術を成就させるに違いない」（VII, 328）と，いわば来たるべ

44 ルンゲ 朝
45 ルンゲ 昼

46 ルンゲ 夕
47 ルンゲ 夜

でもなければ，メングスに代表されるような新古典主義的絵画に対する期待でもなかったのである。

き「ドイツ美術」への期待を語るに至る。もっとも，第二次大戦後に生きるわれわれにとっては，「ドイツ音楽」や「ドイツ文学」とは異なり，「ドイツ美術」はテーマとしてタブー視されるほどに厄介な問題となっている。この点，ハンス・ベルティング『ドイツ人とドイツ美術——やっかいな遺産』仲間裕子訳，晃洋書房，1998年参照。

第6章

初期ロマン派の芸術論

1　フリードリヒ・シュレーゲルの文学論

　ヴィンケルマンが後年に与えたインパクトの強さと息の長さは、これまで見てきたとおりである。なおこの上さらにというのは、屋上屋を架す感なきにしもあらずだが、本書の考察の中心問題の一つ、特性概念をさらに吟味する上でも、またそのゲーテ説（先述）やシェリング説（後述）との関連という点からも、われわれの考察から外せないのが初期ロマン派の旗頭フリードリヒ・シュレーゲルの文学論である。
　プロテスタント牧師家の優良児である兄アウグスト・ヴィルヘルムとは違った問題児、「不平家」、「浪費家」で、そのくせ「ふさぎ屋」のフリードリヒがようやく自身の目標を見出し、かの「無限者への憧憬」を抱き始め、間もなく「文学のヴィンケルマン」となるべく巣立つことになるきっかけとなったのは、1789年、17歳の折の古典愛読と初のドレースデン訪問だった。後年（1822年）、当時を振り返りつつ、彼が述懐するところによれば、

> およそ17歳の青年時代に私の精神世界、環境を形成したのは、プラトーンの諸著作やギリシアの悲劇詩人たちとヴィンケルマンの感激的諸著作であった。私の体験したこのような環境にあって、私はいかにも青年らしくひとり詩人的瞑想に耽り、古代の神々や英雄たちの思想や姿を思い浮かべようとした。私がはじめてかの芸術の都［ドレースデン］に詣でる気になったのは、1789年のことだった。その折、幸運にも、また驚くべきことにも、私は長らく憧れてきた古代の神々の姿をまぢかに見ることができた。私は

しばしば何時間もあたりをうろつき，特に当時ブリュール庭園にあった，メングスの未整理ながら比類なき彫像コレクションでは，誰にも邪魔されぬよう，しばしばそこに閉じこもったものだった。それらの形態の具える高度な美は，私の密かな期待に応えるどころかそれ以上のものであって，オリュンピアーの神々の大理石像に見られる生命と躍動はなおさら私を感動させた。というのも，これは，私の孤独な黙想では思いもよらず，想像を絶するものだったからである。この忘れがたい第一印象は，後年における私の古典的な古代研究に対して，確実で持続的な基礎を提供し続けた。

(IV, 4)

フリードリヒの「古典的な古代研究」の成果は，最初のドレースデン訪問5年後（1794年）に開始された，当地の大学在学時における研鑽によるもので，翌年の95年に執筆され，97年に『ギリシア人とローマ人』第一巻として刊行された『ギリシア文学研究論』[1]に盛り込まれる。おそらくは，ヴィンケルマンが『美術史』の様式論で立てた例の成長モデル——「萌芽，成長，開花，衰退，枯死」といった成長モデル——に倣ったのであろう，シュレーゲルは，ギリシア文学の発展を，西欧近代における「人為的形成」とは根本的に異なった「自然的形成」と見なし，ヴィンケルマンの『模倣論』冒頭部分を彷彿とさせる筆致で，それを描き出す。

ギリシアでは，美は人為的な育成によらず，いわば野生のままに成長した。この幸運な空の下では，美の表現術も習得した熟練ではなく，根源的自然のなせる業だった。ギリシアでの芸術形成は，最たる幸運に恵まれた素質を最も自由に発展させることにほかならなかった。

(IV, 276)

ヴィンケルマン顔負けの「グレコマニア」ぶりとでも称すべきであろうか。このように自生するギリシア芸術の発展，ひいては「ギリシア文学の歴史」を，

---

1) *Das Studium über die geriechische Poesie*. In: *Die Griechen und Römer. Historische und kritische Versuche über das klassische Altertum*, Erster Band, Neustrelitz 1797.

シュレーゲルは「文学の普遍的自然史」(ebd.) と規定する[2]。彼の見るところ，ギリシア文学の発展は，あたかも「自然史」のごとく，「野生的に」「自然の後見の下にあって」「単純質実にして素朴」な最古の段階に始まり，「理想性という最高の頂点」に到達するまで続く (ebd.)。周知の叙事詩に始まり，抒情詩を経て，悲劇に至るという発展である。シュレーゲルは，ホメーロスの叙事詩にさえ，「最も美しい開花」(IV, 278) を見出し，そこにもギリシア彫刻の特性たる「最も幸運な均斉」(IV, 279) を認めている。彼が注目するのはアッキレーウスの「過度の怒り」(IV, 282) ではなく，ディオメーデースの「静謐なる偉大」(IV, 280) のほうである。ヴィンケルマンの有名な語を借用しつつ，シュレーゲルがギリシア勢の勇将の一人ディオメーデースに注目するのは，そこに「詩人自身の平安なる精神が最も晴朗で最も純粋に反映されている」(ebd.) からにほかならない。シュレーゲルは，出たばかりの『ホメーロス序説』(1795年)[3]におけるフリードリヒ・アウグスト・ヴォルフの新説をすでに知っていたのであろう，ホメーロスのうちに「全民衆の精神」，いわば「公共的趣味の共有財産」(IV, 282) を見ている。これぞ，「ギリシア文学の一貫した客観性」(IV, 283) だというわけである。「えり抜きの天才」たちによる「オリジナリティー」追求という近代文学 (ebd.) との，決定的相違である[4]。

ここで『研究論』の記述の仕方にコメントしておくとすれば，それは三様の記述，すなわち古代文学の歴史的発展に関する歴史的記述，その本質規定に関する理論的記述，また折々の批評的記述といった三様の記述が入り混じった，いわば「ラプソディー」のようなものとなっている。三種混合という点では，後年，兄ヴィルヘルムがベルリーンで行うことになる美学・文学講義における講義方式も同種のものながら，それが与える印象は整然としたものであり，こ

---

2) ここでの「自然史」の含意については，Cl. Becher, »*Naturgeschichte der Kunst*«: *A. W. Schlegels ästhetischer Ansatz im Schnittpunkt zwischen Aufklärung, Klassik und Frühromantik*, München 1998, S. 19–27 参照.
3) Friedrich August Wolff, *Prolegomena ad Homerum*, 1795.
4) シェリングも『芸術哲学』講義でヴォルフの新説に言及し，シュレーゲルに類似した議論を行っている。この点，前掲拙著『科学・芸術・神話』p. 182（＝増補改訂版 p. 194）参照。

の点に注目すれば，それはいわば「トリオ」に類するものと言ってよいかもしれない。他方，当講義の草稿を借用，活用しつつシェリングが行った講義（『芸術哲学』）は，同一のトリアーデ（実在と観念と両者の無差別というトリアーデ）が装いを変えて繰り返されるため，さしずめ「フーガ」とでも称すべきであろうか。シェリングのそれは，シュレーゲル兄弟の方法とは異なり，当時彼が樹立していた主客無差別を体系構成原理とする同一哲学の立場，すなわち，特定の理論的立場から各芸術ジャンルを体系的に位置づけるものとなっていたからである[5]。なお，ここで三者の相違点ではなく，一致点に眼を向けるとすれば，それは悲劇論なのであり，興味深いことに，そこでは三者の見解は一致するものとなっていた。その先鞭をつけたもの，それこそ，フリードリヒの『研究論』における悲劇論にほかならなかった。そこでは，アッティカ悲劇がギリシア文学の精華と見なされ，かつその頂点にソフォクレース悲劇が据えられている。

　端的に指摘されるところによれば，「ギリシア文学のうちで最も卓越したものはアッティカ悲劇である」（IV, 296）。それは，「神話時代の叙事詩」と「抒情詩時代のさまざまな流派」とが統合された総合芸術にほかならなかったばかりでなく（IV, 296），「ドーリス調やイオニア調の一面的特徴」を包括する「完全な言語形成」を達成したものでもあった，すなわち，「ギリシア語の完成は，アテーナイにおいてのみ可能であった」（IV, 299）。シュレーゲルの見るところによれば，この歩みはアイスキュロスが開始し，ソフォクレースが完成したものである。彼が強調して言うには，

　　巨人的な威力において，ソフォクレースは，アイスキュロスにもアリストファネースにも引けを取らず，完全と安定において，ホメーロスやピンダロスに匹敵し，優雅において，あらゆる先人，あらゆる追従者に勝る。
　　　　　　　　　　　　　　　　　　　　　　　　　　　　　　（IV, 297）

　ソフォクレースの全作品およびその個々の部分をすみずみまで支配してい

---

[5] 同一哲学の基本原理およびそれに基づく芸術哲学体系の概要については本書の姉妹篇，前掲拙著『悲劇の哲学』pp. 125–129 参照。

る美の理想はすっかり完成されている。美を形成する個々の基本要素の力は均斉であり，合一された基本要素の秩序はぴったり法則に合致している。彼の様式は完全なのである。　　　　　　　　　　　　　　　　　(IV, 300)

　ソフォクレース悲劇がこのように「理想的」で「規範的」であるのは，見られるとおり，その「優雅」や「均斉」にあるが，シュレーゲルは，これをポリュクレイトスの作風に準(なぞら)えている（ebd.）。ちなみに，ポリュクレイトスは「シュンメトリアー（均斉）」を理想として彫像を制作し，その原理を著書『カノーン（規範）』に著したクラシック盛期を代表する彫刻家だったのだが，兄アウグスト・ヴィルヘルムも，かのベルリーン講義で同様の発言を行っている。この点も注目して然るべきことであろう。いやそれどころか，われわれがより注目すべきことは，兄が，弟の『研究論』における見解を踏襲するものであることを明記しつつ，アイスキュロス悲劇とソフォクレース悲劇からエウリーピデース悲劇を峻別し，それを酷評していることであろう。「彼の書法は，一括して言えば，薄っぺらで冗長である。……彼はアイスキュロスの文体に特徴的な威厳も迫力も持ち合わせていないばかりか，ソフォクレースの文体に特徴的な穢れなき優雅さをも持ち合わせていない」(I, 751) というように[6]。弟の弁によれば，「アッティカの民衆」に「自身の没落」を感じさせた張本人は，エウリーピデースにほかならなかった (IV, 323)。「ギリシア人たちがエウリーピデースを非難するのは正しかったであろう。溢れんばかりの感情の一時的な吐露や満腔の幸福の静かな享受であるはずのものさえ，醜悪で不道徳的で空想的な尾ひれによってはじめて悲劇の激情へと引きずり込まれうる」(IV, 319 f.) からである。シェリングの悲劇詩人論（『芸術哲学』講義）や，とりわけニーチェの『悲劇の誕生』*Die Geburt der Tragädie* が追い打ちをかけることになるエウリーピデース酷評はいささか加熱ぎみであって，実際には熱さましが必要である。エウリーピデース悲劇が上演された悲劇の時代の只中にあっても賛否両論，その評価も分かれていたばかりか，彼の悲劇はソフォクレース悲劇と並んで人気を二分したものにほかならなかった。ちなみに，他の機会に紹介したように，

---

6)　同書『悲劇の哲学』pp. 169–170 でもこの点に注目した。

われわれはアリストテレース『詩学』におけるエウリーピデース悲劇に対する冷静でバランスの取れた評価を看過すべきではない[7]。

ともあれ，シュレーゲルの古代文学論に戻るとすれば，彼はギリシア文学の発展を一種の「自然史」と見なしていた。彼はこの見解を折々に繰り返しており，ある箇所ではその「完結的循環」を強調してさえいる。「芸術と趣味の完全な自然史は，漸次的発展が完結する循環のなかで，初期段階の不完全ばかりか，後期段階の退廃をも包括する」（IV, 318）と。このような立場に立てば，「ギリシア文学が完成という最高の頂点から最深の退廃へと沈下したのは，自然であるどころか当然だった」（IV, 316）ことになろう。

『研究論』「序言」で開陳される彼の歴史哲学的美学もしくは美学的歴史哲学の要諦によれば，近代に特有と彼の見る「美の人為的形成」は，古代に特有と彼の見る「自然的形成」が「完全に解消された後にのみ」可能となる，すなわち，「美の人為的形成」は「自然的形成が終わったところで始まる」（ebd.）。見られるとおり，シュレーゲル美学にあっては，古代と近代との間に決定的な溝，断絶が設定される。その上また，両者の発展パターンも異なり，前者が「循環」であるのに対して，後者は「直線的」である[8]。古代においてホメーロスに始まり，ソフォクレースにおいて頂点に達するように，近代においても，ダンテに始まり，シェイクスピアにおいて頂点に達するという発展を遂げはするものの[9]，古代のように終極に至ることがない。「特性，個性，関心」（I, 226）が優位を占めると見なされる近代文学は，「結局のところ，新奇なもの，辛辣なもの，奇抜なものを飽くことなく求めながら，その渇望は満たされずじま

---

[7] 同書 pp. 175–178 参照。
[8] この点，境一三「初期フリードリヒ・シュレーゲルにおける時間意識と神話」『シェリング年報』第2号（1994年），pp. 94–102 参照。
[9] 近代文学の始まりをダンテに見るのは，「かの厳格な時代の暗い夜の中にあって，ダンテの巨大な作品，この崇高な現象が近代文学最古の人為的性格に対する新たな記録となっている」（I, 233）からである。彼の作品における「韻律そのものがわれわれの美的教養のこうした根源的人為性の兆候を呼び覚ます」（ebd.）。近代文学の頂点をシェイクスピアに見るのは，「全芸術家のうちで，シェイクスピアが近代文学の精神一般を最も完全にかつ最も優れた形で性格づけている」（I, 249）からである。「彼の内にロマン的空想の最も魅力的な精華，ゴシック的英雄時代の巨人的偉大さが近代的社交の最も繊細な特質，最も深く最も豊かな詩的哲学と一つにされている」（ebd.）。

い」(ebd.) だからである。

　目下その内容の考察を進め，吟味を加えている『ギリシア文学研究論』は，タイトルを見る限り，古代文学に特化した研究論に見えはするが，外見とは異なり，その内実は近代文学論を含んでいた。しかも，論述の順序からすれば，古代文学の考察に先立って近代文学に関する考察がなされていた。『研究論』がこうした構成をもつことになった所以は，刊行時に付された「序言」によれば，近代文学の特性が考察された後になってようやく「古代文学と近代文学との関係を確定すること，総じて古代文学研究の目的，とりわけ現代に対するその目的を確定することが可能となった」(I, 207) からである。ここに鮮明に態度表明がなされているとおり，彼の古代文学論は現代という時代の文学に対する彼の評価すなわち彼固有の近代文学論との対比によってのみ成立していた。それによれば，近代文学で優位を占めているのは，先に触れたとおり，「特性，個性，関心」(I, 226) である。

　すでに見たとおり (第4章)，ほぼ同時期 (1797年) に「古代芸術の主要原理」，「造形芸術の第一法則」を「特性」Karakteristik と見なしていたヒルトは，芸術家たちが制作の際に目指していたものは制作すべきものの「個別的性格」，つまり「個別性」にあると考えた。「特性」を「古代芸術の主要原理」と見なすか，それとも近代文学の根本性格と見なすかという決定的な相違はあるものの，この点をここでは不問に付すことにすれば，シュレーゲルにあっても，「特性」と「個性」とは同義のものとして並置されており，概念把握において両者は共通していると言えるであろう。だとすると，シュレーゲルに特徴的な点は，これにさらに「関心」が並置されている点だということになろう。周知のとおり，カントによって，美は「関心なき満足」(V, 204) と定義された。シュレーゲルによる「関心の演繹」(I, 213) は，カント的な美の普遍的規範 (シュレーゲル美学の用語で言えば「美と芸術の純粋法則」I, 208) を逸脱することによってはじめて成立する。

　「関心を惹くものが支配的となると，趣味は一時的に危機に陥るほかない」(I, 254)。そうなると，「趣味はたちまち辛辣と驚愕へと移行する」ばかりか，「無味乾燥」なものとなり，あげくの果てには，「死にゆく趣味の最後の痙攣」たる「吐き気を催し，身の毛もよだつ」ような「不快」das *Choquante* にまで

至りつく (ebd.)。フランス革命後の惨状を目のあたりにしたシラー(『人類の美的教育書簡』)が徳の涵養を美的教育・美的革命に求めた先蹤[10]を彷彿とさせる筆致で，シュレーゲルは「自壊」しかねない現代芸術の惨状からの脱却の道を探し求める。そこで浮上してくるのが，「芸術の春」としての古代ギリシア芸術である。彼は言う。「人類は一度だけ開花したが，二度とそれは訪れて来ない。この開花・精華こそ，美しい芸術だった。厳冬の只中にあっては芸術の春はどうあがこうと得られるものではない」(I, 257)。

シュレーゲルは，このように現代を万物が枯死する「厳冬」に見立てている。彼の見るところ，「時代精神は疲弊して眠りこけ，徳を喪失している」(ebd.)。イギリスやフランスの場合と異なり，特にドイツにあっては最悪で，「ドイツ文学の運命は絶望の極にある」(ebd.)。むろん，こうした惨状からの脱出は古代模倣(かつてヴィンケルマンが推奨したのはこれだった)によって図れるものでもなければ，「ほかの諸国の手法に長けた性格」(I, 259)に追随することによって可能となるものでもない。どちらにも偏することのない現代における新たな創造的文学，その予兆を，シュレーゲルはゲーテの文学の内に見出す。「現代およびわが国の美的形成の性格［ドイツのいわゆる無性格］は目立った大きな兆候によって裏切られている。ゲーテの文学は真正な芸術，純粋な美の曙光である」(I, 259 f.) というように。彼はゲーテの後期作品とりわけ『ファウスト』に，シェイクスピアの『ハムレット』に匹敵する「哲学的内容と特性的真実」(I, 260) を見出している。

すでに注目したとおり，シュレーゲルの評価によれば，シェイクスピアは近代文学の頂点をなす。これだと，ゲーテはシェイクスピアとともに「特性」もしくは「手法」を根本性格とする近代文学の枠内に収まるのみで，近代文学が陥っている「美的無政府状態」(IV, 224) を克服する救世主ということにはならない。そのためであろう，彼はゲーテ文学が具えていると彼の見なす別の側面を持ち出し，強調する。「客観的美」の側面である。「ドイツのシェイクスピア」の「特性的文学の内にも手法に長けたイギリス人に勝る優位が主張できるかもしれない。つまり，ドイツ人の目的は客観なのである。美が彼の愛すべき

---

10) 前掲拙著『悲劇の哲学』pp. 95–103 参照。

詩を正当に評価する真の尺度なのである」(I, 260 f.)。彼のゲーテ評価の結論は，彼がいわば近代文学と古代文学の中間に位置するというもの，すなわち「彼は関心と美，手法と客観との中間に立っている」(I, 261) というものだったが，だとすると，ゲーテ文学をシェイクスピア文学と区別するために持ち出された「客観性」と齟齬をきたすことになろう。しかのみならず，こうした「客観性」が「生得的な才能」によって，つまりは「自然的形成」によってもたらされるものだということをシュレーゲルは示唆してもおり，だとすると，彼はゲーテ文学を「あたかも古代ギリシアの文学の再来であるかのように語っている」[11]ことになろうが，そうなると，今度は『研究論』における根本的区別すなわち「自然的形成」と「人為的形成」との区別とも齟齬をきたすことになろう[12]。

しかるに，『研究論』「序言」に記された抱負によれば，シュレーゲルの目指すところは，「古代詩人と近代詩人のどちらか一方を愛好する者たちの長きにわたる論争を調停しようとする試み」(IV, 207) にあった。H. J. ヤウスも指摘するとおり，ここでは，ペロー (17世紀) に端を発する，かの古代か近代かをめぐる「新旧論争」Querelle des anciens et des modernes における，論争当事者たちの立場の「一面性」が強調されている[13]。「序言」では，この「一面性」を克服するために必須のものとして古代文学研究の重要性が強調されたのだが，本文の記述に戻れば，その克服のために期待を寄せられていたのは，どちらの立場にも偏ることなく中庸な位置に立つとされるゲーテ文学にほかならなかった。しかしながら，以下に見るように，後の『マイスター』批評において注目されるのは，再び，ゲーテ『マイスター』の「自然的形成」の側面にほかならず，そこからさらに独特の批評概念すら導き出されることになる。

周知のとおり，『ギリシア人とローマ人』第一巻刊行の翌年1798年，初期ロマン派の機関誌『アテネーウム』が発刊され，1800年まで続く同誌には，兄たちとともに共同執筆された「断片集」が掲載される。同誌第1巻第2冊 (98年) に掲載されたフリードリヒ筆と推定される有名な断片の一つ (Fr. 216)

---

11) 田中均『ドイツ・ロマン主義美学——フリードリヒ・シュレーゲルにおける芸術と共同体』御茶の水書房，2010年，p. 43.
12) 同上。
13) H. R. Jauß, *Literaturgeschichte als Provokation*, Frankfurt a. M. 1970, S. 75.

には，「時代の最大の傾向」として，「フランス革命，フィヒテの知識学」とともに，ゲーテの『マイスター』が挙げられる（II, 198）。『アテネーウム』誌に対する「難解」だという悪評，あるいは件の断片に対する誤解に対して，フリードリヒは同誌の最終冊（第3巻第2冊，1800年）末尾で抗弁し，「難解さの大部分はイロニーにある」（II, 368）としながらも，件の断片にイロニーを見るのは「誤解」であって，当断片は，いたって「真面目に書いた」（II, 356）と彼は述懐している。その述懐によれば，彼は「芸術を人類の核心と見なし，フランス革命を超越論的観念論の体系に対するこの上ない寓意と考え」，「ゲーテの精神の全貌を『マイスター』に見出」していた（ebd.）。彼が強調するには，「文学と観念論はドイツの芸術と教養の中心なのである」（ebd.）。実際，断片集の掲載された同誌第1巻第2冊には「ゲーテの『マイスター』について」と題された独立の批評まで掲載されており，そこでは，『マイスター』に対する独特な批評が試みられていた。

　フリードリヒはかつて『ギリシア文学研究論』において，ギリシア文学を，ヴィンケルマンの美術史に倣い，一種の「自然史」として記述したのだったが[14]，『アテネーウム』でのゲーテ批評にあっては，『マイスター』のうちに同種の「美の自然史」（I, 132）を見出している。「すべてが演劇，演技，芸術，文学をめぐって回転する」『マイスター』での「文学に関する詩的自然学の陳述には」「あらゆる自然史と形成論の生ける階梯」が見出されるからである（ebd.）。それゆえ，ゲーテの傑作は「最高の諸概念とのみかかわるのであって，これをありふれた社会生活の立場で受け取り，登場人物と事件を描くのが究極目的となるような小説と見なされてはならない」（I, 133）。この意味で，それは「ひとが自己自身を理解することを学びうる正真正銘の新しいユニークな書」（ebd.）にほかならない。このように『マイスター』を最大限に高く評価するシュレーゲルは，これを「神々しい作物」（ebd.）とさえ呼び，これに対

---

[14]　この点は本節冒頭ですでに注目したところだが，コルフもこれに注目している。「ギリシア文学の「ヴィンケルマン」になること，これがフリードリヒ・シュレーゲルの若い頃の野心だった。彼はヴィンケルマンがギリシア美術の「自然史」を書いたのと同じ意味で，ギリシア文学の「自然史」を書こうとした」（H. A. Korff, *Geist der Goethezeit*, Bd. III, S. 304）。

する「杓子定規な芸術判定」(ebd.) を拒否する。近代的芸術批評の典型は，ゴットシェートの啓蒙的詩学に認められるような古典的規則を規範に仰ぐものであり[15]，このような批評は作品を外部から批評するにすぎず，この場合，判定の基準は作品の外部にあることになる。シュレーゲルが判定の基準とするものは作品の外部ではなく，作品そのものの内部にあった。ベンヤミンも指摘するとおり，シュレーゲルの目指す芸術批評はヘルダーやモーリッツの「調和や有機的構成」に基づく批評ですらなく (I, 132)，彼にとってそもそも「批評とは作品を判定するよりむしろ作品を完成する方法」(I, 130) にほかならなかった。『リュツェーウム』断片117でも強調されているとおり，「文学は文学によってのみ批評されうる。それ自身芸術作品でないような芸術判定は……芸術の王国に市民権をもたない」(II, 162) のである。

シュレーゲルの見るところ，このような「新たな批評原理」，ベンヤミン(『ドイツ・ロマン主義における芸術批評の概念』1919年) も強調する「近代的批評概念と根本的に異なった」ロマン主義的批評概念を体現している作品こそ，『マイスター』にほかならなかった (I, 128)。シュレーゲルの独特の言い回しによれば，「この作品は判定すべきであるとともに判定すべきでないものかもしれない。……それは自己自身を判定している書物の一つなのである」(I, 133)。すでに見たとおり，シュレーゲルは『ギリシア文学研究論』において，その議論に曖昧さを抱え込みながら，古代文学と近代文学との対立の彼岸に立つ新たな文学の可能性をゲーテ文学に見出していたが，『アテネーウム』のゲーテ批評にあっては，文学批評の領域においても新機軸を打ち出し，近代的批評概念を乗り越える新たな批評概念を樹立するに至っている。

以上，われわれは，シュレーゲルの文学論において特性概念が近代文学の核心の一つをなすものと見なされていたこと，またゲーテ文学が古代文学と近代文学との対立の彼岸に立つ新たな文学の可能性を秘めたものであること，さらには『マイスター』批評によって文学批評の領域でも新機軸を打ち出していたことを確認した。次いで，われわれはゲーテがシュレーゲルの「新カトリック的感傷主義」への傾斜に対して嫌悪を示した際に評した「修道士もどきのシュ

---

[15] 第5章註22参照。

テルンバルト風狼藉」そのものの中身を見届け，その上で最後に，ゲーテの嫌悪の元ともなった『オイローパ』誌上に掲載されたシュレーゲル絵画論の特徴を見ることにしよう。

2 ヴァッケンローダー（『心情吐露』）とティーク（『シュテルンバルト』）

1805年にゲーテがマイヤーとともに作り出した標語——「新カトリック的感傷主義」および「修道士もどきのシュテルンバルト風狼藉」——がヴァッケンローダーの『芸術を愛する一修道僧の心情吐露』（1797年）[16]およびティークの『フランツ・シュテルンバルトの遍歴』（1798年）[17]に由来するものであろうことは想像に難くない[18]。周知のとおり，ティークの『シュテルンバルト』は，芸術家小説としてはゲーテの『マイスター』に倣いつつも，中世キリスト教世界への讃歌としては『マイスター』に抗い，今は亡き親友ヴァッケンローダーに対する追悼書となっていた。『心情吐露』にはすでに，「ローマ在住の若きドイツ人画家の手紙」と題された『シュテルンバルト』のトルソーに相当する小品が収められており，そこでは，ニュルンベルクの師匠の下に残っている友ゼバスティアンに宛てて，彼らがともに満腔の尊敬を寄せる師匠について，「われらが偉大なデューラーにはなお地上的なものが見て取れる」と批評しつつ，ラファエロ作品では「天上的ながら人間味あふれる人物」が描かれていることが報告されるばかりでなく（S. 91），ノトンダ訪問時のカトリックの祭典体験についても熱く語られていた（S. 92 f.）。

すでに見たとおり，かつてヴィンケルマンは，ローマで古代世界を体験した。これに対し，『心情吐露』に登場する若きドイツ人画家は，そこでカトリック世界を体験したことになる。これに関連して，ヴァッケンローダーの芸術享受のあり方を見ておくとすれば，それは，過去の作品とそれが成立した世界への没入という点ではヴィンケルマンにおけるそれと一致しながら，没入作品の相違

---

16)　*Herzensergießungen eines kunstliebenden Klosterbruders*, Berlin 1797.
17)　*Franz Sternbard's Wanderungen*, Berlin 1798.
18)　Vgl K. O. Conrady, a.a.O., S. 709.

が両者を隔てたことになろう。ヘルダーやゲーテの評したとおり，ヴィンケルマンはいわば「古代人」そのものだった[19]。彼は古代作品に没入することによって，さながら「古代人」と見紛う者となったのだったが，ヴァッケンローダーは宗教作品に没入することによって，さながら「聖人」のごとき者となったと言ってよかろう。フランスのあるロマン派研究では，ヴァッケンローダーの美学は「聖なるものの美学」aesthétique du sacré と評されることになる[20]。まさしく，彼にとって芸術の享受は「祈り」にほかならず，芸術の傑作は「魂の救済に役立つ」ものにほかならなかった（S. 79 f.）。彼に言わせれば，「芸術は天に由来するもの」であり，「それは宗教的愛もしくは愛に満ちた宗教にならねばならない」（S. 33）。見られるとおり，ヴィンケルマンは古代の異教世界に生きたのに対して，ヴァッケンローダーは中世のキリスト教世界に生きたことになる。

『心情吐露』は，「芸術に生涯と全才能を捧げること」を願う修道僧が，芸術に寄せる自身の熱き心情を，同好の士，とりわけ「過ぎ去った時代に対する畏敬の念」を抱く若き芸術家たちに語りかける（S. 10）というスタイルで綴られた告白書である。このように，若き芸術家たちに語りかけるというスタイルが採られた最大の理由は，著者が当時のドイツ芸術が置かれていた状況，古典模倣に邁進することが「時代の盲目的信念」（ebd.）となってしまっていた現状を嘆いていたからである。著者の見るところ，「ラファエロの構図（Ausdruck），ヴェネツィア派の彩色，ネーデルラント人たちの写実，コレッジョの魔術的明暗，これらすべてを総合的に模倣し続ければ，すべてを凌駕する完全性に到達できるはずだ」（S. 63）というのが，時代を代表する信念となっていた。一説に従えば，これは，メングスと彼の領導したアカデミズム画壇における古典主義の潮流に相当するものということになろうが[21]，こうした古典的作品の折衷

---

19) 第3章2（p. 93）および第5章3（p. 128）参照。
20) M. Barion, *L'Allemagne romantique. Kleist-Brentano-Wackenroder-Tieck-Carorine von Günderode*, Paris 1962, p. 204. Zit. aus Bollacher, *Wackenroder und die Kunstauffassung der frühen Romantik*, Darmstadt 1983, S. 61.
21) 神林恒道前掲書『シェリングとその時代』p. 110 参照。『『心情吐露』を聖なる啓示とみなしてローマの聖イシドロ寺院で修道僧さながらの生活を送ったオーヴァーベックを

的模倣という「時代の盲目的信念」を，ヴァッケンローダーは「ドイツ芸術」の「堅固なドイツ的性格」が喪失してしまった結果だと見なしている。彼の眼前には，ニュルンベルクの巨星たちの勇姿がありありと浮かんでいた。「かつては世界に名だたる都市」だったニュルンベルク，そこでは「巨匠ハンス・ザックス，彫刻家アダム・クラフト，そうしてとりわけアルブレヒト・デューラーとその友人ヴィリバルドゥス・ピルクハイマーほか多くの尊敬すべき人々が生きていた」[22] (S. 57)。それだけに，ヴァッケンローダーは「いかにしばしばかの時代に戻りたいと思ったことか」(ebd.) という自身の願望を口にしている。

ここで宗教問題に触れるとすれば，宗教改革期，ニュルンベルクは「ドイツ帝国の首都」同然だったにもかかわらず，そこでは大半の住民がルターの教義を信奉するに至り，デューラーもその一人になっていた[23]。興味深いことに，ヴァッケンローダーは先に特筆した彼らのほか，ルターについても言及し，「われらがアルブレヒトによって高く評価され擁護されたマルティン・ルター」と，デューラーのルター信奉を強調するばかりか，そうしたルターの諸著作の中に「芸術の重要性に関する注目すべき個所」すら見つけ出していた。その箇所とは，「この御仁が，神学ともども，人間精神のあらゆる学問，芸術の内で音楽が第一の位置を占めるとあからさまに主張している」箇所にほかならない (S. 60)。さらに興味深いことは，『心情吐露』の末尾に「作曲家ヨーゼフ・ベ

はじめとするナザレ派のグループが反発したのもこのアカデミズムに対してである」(同頁)。

22) アダム・クラフトやピルクハイマーについては次の紹介が興味深い。梅津忠雄『デューラーとその故郷』慶應義塾大学出版会，2006年，pp. 15-20; pp. 10-11, 72-75.

23) ニュルンベルクは神聖ローマ帝国の中心都市であったばかりでなく，宗教改革の火蓋を切ることになったルターによるかの提題が出されて間もない1517年11月にその独訳が最初に公刊された都市でもあり，1525年ともなるとカトリックの典礼が廃止され，ミサにおけるドイツ語使用も開始されるに至っている。この点，F. アンツェレフスキー『デューラー――人と作品』前川誠郎・勝國興訳，岩波書店，1982年，pp. 206, 234 参照。宗教改革期のニュルンベルクとデューラーについては，同書 pp. 227-239 の記述が興味深い。ちなみに，かの木版画《最後の晩餐》はデューラーの「宗教改革的信条の証し」として制作されたものだったし，かの油彩大作《四人の使徒》もこれと無縁ではなく，当時，改革を推進していたニュルンベルク市のために制作され，献呈されたものだった (同書 pp. 234, 236)。なお，デューラーの生涯と当時のニュルンベルクの市史全般については，梅津前掲書が周到な記述を提供している。

ルクリンガーの注目すべき音楽的生涯」と題された物語が収められ，そこに，「芸術と宗教との同一化」のいわば「頂点」[24]をなすとも言える音楽論が盛り込まれていることである。それによれば，音楽によって，人間の「内面は魂の輝きに覆われた塵同然の地上の些事から純化」（S. 114）され，「魂が肉体から解き放たれ，より自由に揺らめくかのように……存在全体は美しいハーモニーによって自由に軽やかに包み込まれ，音響の繊細この上ない襞とたわみが柔らかな魂に刻印」（S. 116）される。ここにはたとえば，「音楽の守護神として称えられる」「聖チェチーリア」（S. 120）に通ずる宗教性[25]と「この上なく調和的なシンフォニー」への「偏愛」（ebd.）が認められるが[26]，これはそのまま，ベルリーンのジングアカデミーの創始者ファッシェの薫陶を受け，成長途上では過去の教会音楽から，長じて後は同時代の器楽曲から強い影響を受けたとされるヴァッケンローダーその人の体験を反映していた[27]。先の引用では，「彼」という語を意図的に削除したため，その文言は一般的な音楽論のように見えるが，実際の文言には「彼の」という所有形容詞が冠されており，それらはみな，物語の主人公ヨーゼフ・ベルクリンガーの体験として語られたものであった。しかしながら，『心情吐露』末尾に収められたベルクリンガー物語は，ヴァッケンローダーその人の生涯を彷彿させ，彼の生涯を知るわれわれには痛々しいも

---

24) M. Bollacher, a.a.O., S. 61.
25) ヴァッケンローダーは，ベルクリンガー挿話中に，「自分は卓越した音楽家になるために神によってこの世に送られた」と確信するようになったベルクリンガーが，「わが心を奪い去る／歌に私を溶けさせよ」という詩句を含む「聖チェチーリア」に呼びかける抒情詩を作り，これに曲を付けるという仕方で音楽を賛美する行を書き入れている。また他の箇所では，ラファエロがフランチェスコ・フランチャ（ロンバルディア派の祖）に，ボローニャの聖ヨハネ教会のために仕上げた聖チェチーリア祭壇画の手直しを依頼するといったエピソードをも記している（S. 21 f.）。ちなみに，この絵についてフリードリヒ・シュレーゲルもコメントを加えているので，この点，次節で後述する。
26) ここに認められるヴァッケンローダーによる「シンフォニー」への「偏愛」は，後年のE. T. A. ホフマンによるベートーヴェンのシンフォニー（特に第五）に対する高い評価——「言語で語りえないものに没頭する」音楽（後のいわゆる「絶対音楽」）重視に先立つ，器楽音楽重視を意味する。この点，三浦信一郎『西洋音楽思想の近代』三元社，2005年，pp. 271-273参照。
27) Vgl. Sulger-Gebing, Wackenroder, in: *Allgemeine Deutsche Biographie*, Bd. 40, Berlin 1846, S. 444-447. 三浦前掲書 pp. 170 f.

のとなっている。「天空的な熱狂と生活への地上的な関与との惨憺たる不一致」(S. 115) に起因する苦悩と孤独といい，「神経衰弱」による「発熱」によって「間もなく人生の盛りに」病没したことといい，何から何まで。実際にヴァッケンローダーは，音楽ひいては芸術に対する心酔にもかかわらず，プロイセンの高級官吏たる厳格な父親の強制によって法学の習得，さらには司法官としての法務に縛られ，あげくの果て，24歳の若さで，神経熱によって落命するに至る。「作曲家ヨーゼフ・ベルクリンガーの注目すべき音楽的生涯」で，ヴァッケンローダーは自身の末路をも予示する「自画像」を描いたことになろう。

　1773年，ベルリーンの司法長官の父親の下に生を享けたヴィルヘルム・ハインリッヒ・ヴァッケンローダーは，同地でも最高水準のギムナージウム，フリードリヒヴェルダーで教育を受け（この折，同校で同い年のティークと親交を結ぶことになる），1793年よりエアランゲン大学で法学を学んだ後，翌年，司法官試補としてベルリーンに戻り，1798年に夭折。短い生涯のうちに見られる父親との確執はさまざまで，たとえば，親友ティークとともにローマで生活するという計画（ティークは詩人として，ヴァッケンローダーは音楽家として）も，父親によるベルリーンへの帰還命令のため断念せざるをえなかったことはその一例である[28]。もっとも，それに先立って1793年夏（エアランゲン大学の学生時代）になされたフランケン旅行が殊のほか実り多いものとなったことは周知のとおりである。それは，われわれにロマン主義的芸術論という新たな世界を開示してくれる結果をもたらした。しばしば指摘されるとおり，ドイツ啓蒙の中心地にしてプロテスタントの北ドイツに生まれ育ったヴァッケンローダーとティークが，南ドイツのカトリック文化・芸術に触れる機会を得たことから，ドイツ・ロマン主義は巣立ってきた[29]。その記録こそ，1797年，匿名で刊行さ

---

28) Vgl. Sulger-Gebing, Wackenroder, in: a.a.O., S. 445.
29) 「ヴァッケンローダーは，みずからそれと名づけることなしにロマン派を創始したと言われ（例，Richard Benz: *Die deutsche Romantik*, Leipzig 1937, S. 13），いまや典型的になりつつある意味での最初のロマン派詩人は，ティークであるといわれる」（石井靖夫『ドイツ・ロマン派運動の本質』南江堂，1978年，p. 48）。先に何度か注目したボラッハーの研究（M. Bollacher, a.a.O., S. 60）でも，両者は「初期ロマン派的芸術把握の先駆的主唱者にして告知者」と呼ばれている。

れた『芸術を愛する一修道僧の心情吐露』にほかならない。

　当著作および書簡からフランケン体験を復元するならば，ヴァッケンローダーはまずニュルンベルクを訪れている。そこで，彼はデューラーの傑作の数々，『受難図』や『ヨハネ黙示録』に収められた木版画のほか，銅版画や素描を直に眼にしたばかりか，説教師シュトローベルの書斎では，彼所蔵のメランヒトン蔵書よりデューラーの若干の自画像を，さらにその上，市庁舎では彼の有名な2人の使徒像まで実際に鑑賞しており，使徒像については両親宛書簡（1793年8月24日）に，それらは「私が知っている絵画のうちで最も美しい」，彼に「天才という称号，ドイツのラファエロという称号」(S. 575) を与えたいという賛辞まで記されている。彼の見るところ，「一切がイタリア派の手本に倣っており，特に全体における単純性とまばゆい色彩の除去はラファエロの性格そのものにほかならない」(ebd.)[30]。

　見られるとおり，これらの文面からもヴァッケンローダーがイタリアの画家たちのうち，ラファエロに殊のほか高い評価を与えていたことが分かる。『心情吐露』がラファエロ賛美から始められていることもその顕れの一つにほかならない。こうしたラファエロ評価の由来を，R. カーントは，ベルリーン・アカデミーでのモーリッツによる薫陶，およびヴィンケルマンの『模倣論』における古代美術論に求め，かつラファエロとデューラーとの比較の機縁を，フランケン旅行中のボンマースフェルデンでのラファエロ体験に求めている[31]。当地でヴァッケンローダーは，ラファエロの聖母像（模像）を見る機会を得，そこに彼は「ギリシア的理想美の天上的・普遍的形式」(S. 569) を見出していた。フランケン旅行に関してなお注目すべきは，ニュルンベルク詣でとボンマースフェルデン詣でとの間に挟まれたバンベルク詣でである。そこで彼は，カトリックの行列に初めて遭遇している。バンベルク詣での印象を，彼は両親に宛てて，「私にとって全く新たな世界，カトリックの世界を知った」(S. 521) と報告している（1793年7月23日）。いずれにせよ，ヴァッケンローダーのフラン

---

30)　Vgl. R. Kahnt, *Die Bedeutung der bildenden Kunst und der Musik bei W. H. Wackenroder*, a.a.O., S. 53.
31)　R. Kaht, a.a.O., S. 54, 57.

第6章　初期ロマン派の芸術論　　149

ケン巡礼は，カトリック世界との出会いをもたらしたばかりでなく，ラファエロとデューラーの比較論の素地まで用意するものとなった。

彼はイタリア・ルネサンス絵画に関してはヴァザーリから文献的に知見を得ており，そこからもラファエロに対する高い評価を導き出しているのだが，『心情吐露』冒頭の「ラファエロ論」では，ラファエロ聖母像の「比較を絶する美しさ」を称えつつ，彼が「幼児期より常に聖母に対する聖なる特別な感情を抱いていた」(S. 14) ことを特筆している。『心情吐露』半ばでデューラーについて論じられる段になっても，他の箇所（S. 20, 25, 46, et pass.）同様，ラファエロが「神々しい」，「神的な者」(S. 65) と形容されるほどに格別高く評価されることに変わりはないが，そこでは，デューラーがラファエロとほぼ同位置にまで高められ，讃嘆される。『心情吐露』での「デューラー追想」は，これに宛てられる。ために，そこには，次のような「常套句」——「アルブレヒト・デューラーがたとえしばらくの間でもローマに住み，ラファエロの真正の美と理想を習い覚えていさえすれば，彼は偉大な画家になれたであろう」という「常套句」[32]——に対する，強い反発の弁が記される。

> 私はここに何一つ惜しいものを見出さない。それどころか，私はドイツの地にこの人物のような真に祖国的な画家を与えてくれたことを喜ばしく思う。彼はかの人ではなかろう。彼の血はイタリアの血ではなかった。彼はラファエロの理想や崇高のために生まれついたわけではなかった。彼は彼の芸術を有していた。彼は人々を自分の周りに現にいたとおりに描き，これに見事に成功していた。
> (S. 63 f.)

---

32) ここでは誰の見解か名指しされていないが，これはヴァザーリによる次の弁のパラフレーズであろうと思われる。「もしこの稀にみる勤勉で多方面な才をもつ人が，フランドルではなく［ヴァザーリはデューラーをフランドル人だと思っていた］トスカーナの地に生まれていたならば，そしてわれわれと同じようにローマの作品を研究することができたならば，彼はかつてフランドル人が生んだ最も卓越した美術家であったように，われらの国の最良の画家になっていたであろう」。Girogio Vasali, *The Lives of the Painters, Sculptors and Atchitecs*, translated by A. B. Hinds, Vol. 3, London 1996, p. 70. 下村耕史『アルブレヒト・デューラーの芸術』中央公論美術出版，1997年，p. 113 参照。

「われらが尊父」とデューラーを崇めるヴァッケンローダーが，当の「尊父」のヴェネツィア滞在を知っていたことはおそらく間違いない[33]。にもかかわらず，彼はこれに触れることも注目することもなく，『心情吐露』における「デューラー追想」を閉じるにあたり，次の点を強調している。「イタリアの青空と荘厳な丸天井とコリントス式列柱の下ばかりではなく——尖塔聳える天井と波形装飾を施された建物とゴシック式櫓の下でも真の芸術は生い立つものである」(S. 66) と。ここでもまた，かのニュルンベルク讃歌が高らかに謳われる。「祝福あれ，汝の黄金時代，ニュルンベルクよ！　ドイツが自前の祖国的芸術をもつことを誇りえた唯一の時代」(ebd.) と。

　こうしたデューラーと彼の生きた時代と古のニュルンベルクに対するヴァッケンローダーの熱き思いはティークに引き継がれ，親友の夭折後まもなく，それへのレクイエムが奏でられる。『フランツ・シュテルンバルトの遍歴』(1798年) である。副題に「古いドイツ話」Eine altdeutsche Geschichte とあるとおり，この「遍歴話」の最初の舞台はデューラーの生きた時代のニュルンベルクに設定され，物語冒頭，将来親方となるべく遍歴修業に出る彼の弟子フランツがともに修行に励んできた親友ゼバスティアンと別れる場面が生き生きと描き出される (IV, 3 f.)。この場面でのゼバスティアンの姿に，今は亡き親友ヴァッケンローダーへの追慕の情が注ぎ込まれていることは一目瞭然である。著者ティークの親友に対する追慕の情は物語中いたるところに散りばめられるが，たとえば遍歴途上，オランダの画家ルーカス・ファン・ライデン訪問時における「祖国の芸術」に対する思いが綴られる場合もその一つである。そこでは，親友の吐露していた見解が復唱されている。「ついには祖国の芸術の最高の卓越性が感じ取られる。われわれは一度たりともイタリア人ではありえない」

---

[33]　後に見るように，ティークは『シュテルンバルト』のなかでデューラーのヴェネツィア滞在に言及しており，ヴァッケンローダーもこうした知識を共有していたであろうことは疑いなかろう。なお，デューラーのヴェネツィア滞在，一度目は1494年の晩秋から翌年春にかけての半年間，二度目は1505年秋から1507年初めまでの一年半余の間のことであった。その時期の体験内容ならびに作品については，F. アンツェレフスキー前掲書 pp. 50-59, 125-132，あるいは前川誠郎『デューラー——人と作品』講談社，1990年，pp. 35-47, 81-99，越宏一『デューラーの芸術』岩波書店，2012年，pp. 34-48, 133-154 などを参照。

(XVI, 95)と語られ、デューラーの「卓越性」が持ち出される。「イタリア人たちもアルブレヒト・デューラーの威力と卓越性を金輪際認識できないであろう」(ebd.)と。興味深いことに、ティークがデューラーのイタリア(ヴェネツィア)滞在を知らなかったわけではないにもかかわらず、一連のイタリア談義のなかでそれに触れる際、「彼[デューラー]の短いヴェネツィア滞在は取るに足りないことである」と、ティークはその意義を否定するばかりか、ネーデルラントの画家たちにも言及し、「ネーデルラントのわれらが最善の巨匠たちもイタリアを眼にしなかった。彼らを引きつけたのは、むしろ秘められた自然と芸術だった」(XVI, 96)ことを強調している。

「緩やかに結ばれた物語の糸は縺れながら、城、修道院、山城、川辺の草原、森など、その後のロマン派小説でさまざまに変化する舞台装置を貫く。そこには炭焼き、騎士、伯爵夫人、隠者、修道士などが登場し、郵便馬車のラッパ、猟笛、牧人の笛の音が絶え間なく響く。その合間に芸術の師匠たちの教えや芸術談義が挟まれる」[34]。こうした芸術談義の中身も、遍歴の末辿り着いたイタリアでは急変し、主人公シュテルンバルトはそこでラファエロ芸術に目覚めることになる。『シュテルンバルト』は未完に終わったため、実際には書かれることがなかったものの、執筆計画では、主人公は再び故郷のニュルンベルクに帰還し、師匠デューラーの墓所に詣で、友人ゼバスティアンと再会することになっており、最終的には件のイタリア体験も相対化され、「原点に回帰する」ことになっていた。『シュテルンバルト』は、いわば「ラファエロとデューラーに象徴されるアルプスの南と北の絵画の両極の間に揺れ動きながら、自らのアイデンティティを尋ねようとする芸術家の物語」であるとともに、「原点回帰」、「中世回顧」という点では、「きわめつきのロマン的な小説」ということになろう[35]。

---

34) R. ザフランスキー『ロマン主義』津山拓也訳、法政大学出版局、2010年、p. 105.
35) 神林恒道「中世回顧の原点——ヴァッケンローダーとティーク」、同氏編『ドイツ・ロマン主義の世界——フリードリヒからヴァーグナーへ』法律文化社、1990年、pp. 102-109参照。なお、触れる機会を見出せなかった『シュテルンバルト』期のティークのフリードリヒ・シュレーゲル等、ヴァッケンローダー以外のロマン派の面々との関連については次の伝記を参照。R. Paulin, *Ludwig Tieck. Eine literalische Biographie*, München 1988, S. 75-92.

3　フリードリヒ・シュレーゲルの絵画論

『シュテルンバルト』の刊行された1798年は，ちょうどシュレーゲル兄弟が自分たちの機関誌『アテネーウム』を公刊し始めた年に当たっていた。周知のとおり，彼らはそこで「前進的普遍文学」としての「ロマン派文学」という新たな文学のために論陣を張ったばかりか，えてして新たな試みに対して生じがちな「誤解」や「軽蔑」に対しても反論を試みていた。たとえば，ティークは『シュテルンバルト』に先立って，幻想に富んだ一青年の放浪を書簡体で綴った小説『ウィリアム・ラヴル』(1795年) を世に出していたが，これは「文学通にさえ誤解され，感傷的なものとして軽蔑される」ありさまであった。これに対して，フリードリヒは，「本能と意図の間を揺れ動き」，ために「繰り返しが多くなる」といった初期作品に共通の「欠陥」を認めながらも，「小説全体」に「散文と韻文の闘争」を見出すばかりか，「ティークは以後，これ〔『ラヴル』〕ほど登場人物を奥深く委曲を尽くして描いたことはない」と著者の功績を称え，『シュテルンバルト』に説き及んでいる（断片418）。

> 『シュテルンバルト』は『ラヴル』における厳しさと昂揚とを，『修道僧』の芸術的宗教性および彼が古い童話から作り出した文学的アラベスクのなかで，総じて最美のもののすべてと合一させている。最美のものとは，すなわち空想的な充溢と軽さ，イロニー感覚，とりわけ色彩の意図的な多様と統一のことだが，ここではすべてが透明であり，ロマン的精神が心地良く自分自身を幻想と化しているように思われる。　　　　　　（II, 245.）

『アテネーウム』はイェーナ・ロマン派を象徴する雑誌となっていたが，その廃刊 (1800年)，それにノヴァーリスの死 (1801年) を含めたメンバーの四散に伴い，フリードリヒはドロテーアとともに新天地を求めてパリに赴き (1802年)，二年近く過ごした後，ひとまずケルンに落ち着く。その間に，彼はパリやケルンでの絵画鑑賞記を自編の雑誌『オイローパ』(1803-05年) に掲載

し続ける[36]。後年，これらを全集の一冊に収め，解説を寄せた H. アイヒナーは，当時のフリードリヒの画論・芸術論の特徴を次のように要言している。「シュレーゲルはティークやヴァッケンローダーに負けず劣らず新芸術の第一人者として首尾一貫した理論的基礎を生み出したばかりでなく，そのような理論をゲーテの『プロピュレーエン』の古典主義に自覚的に対置し，公然と古典主義に反対の論陣を張った」[37]と。すでに見たとおり，ゲーテは『プロピュレーエン』創刊号に寄せた「序言」で，ジャンルの混淆というロマン派の新傾向に対して懸念を表明していた。シュレーゲルは『アテネーウム』ですでに主張していたジャンルの融合を，『オイローパ』の絵画論でも積極的に主張し，「画家は詩人であるべきだ」(IV, 76) とまで言う。むろん「言葉における詩人ではなく，色彩における詩人ではあるものの」(ebd.)。彼に言わせれば，

> 昔の画家の詩情はペルジーノやフラ・バルトロメオほか多くの先人の場合のように半ば宗教であったし，深遠なレオナルドあるいは底知れぬほど深遠なデューラーといった両人の場合のように，半ば哲学であった。(ebd.)

このように彼が詩情を強調するのは，画家にとって芸術とは，文学者の場合同様，「彫刻とか音楽とかいうように制限された芸術でなく，包括的で普遍的な芸術」(ebd.) にほかならないからであった。興味深いことに，このような立場から，彼は同じく『プロピュレーエン』「序言」で推奨された「自然研究」にも彼独特のバイアスをかける。「通常，画家は自然を学ぶべしと言われる。然り，画家は自然を学び研究すべし。だが私の付言したいことは，画家が研究すべきは自然における神性だということである」(IV, 77) と。彼はここに，パリ時代以降に特有の宗教色を盛り込むだけでなく，画家が描くべき絵画は「完全な絵画」としての「象徴的絵画」(IV, 72) でなければならないという，特有の画論をも持ち込んでいる。ここでシュレーゲルの言う「自然における神性」と

---

36) 『アテネーウム』誌と『オイローパ』誌との立場の相違，転換については E. Behler, *Die Zeitschriften der Brüder Schlegel*, Darmstadt 1983, S. 59 ff. 参照。

37) H. Eichner, Einleitung zum Bd. IV der *Kritischen Friedrich-Schlegel-Ausgabe*, S. XXVII.

は，単に「生命や力ばかりではなく，一者，捉え難いもの，精神，象徴的意味 (das *Bedeutende*)，固有性」であり，彼はここに「絵画の本来の領域」を見出していた (ebd.)。

シュレーゲルが当時の自編雑誌『オイローパ』に掲載した絵画論は，「パリにおける絵画に関する報告」Nachricht von den Gemälden in Paris (第1巻第1冊，1803年) やそれに続く三つの補遺，それに「ラファエロ論」Vom Raffael 等の各論である。今見た絵画論は，三つの補遺中最初のそれに相当する「イタリア絵画に関する補遺」Nachtrag italienischer Gemälde (第2巻第1冊，1805年) 末尾に記されたものである。彼はパリ時代に当然，ルーヴル等を訪れており，この「新しい世界都市」(ボワスレー) で，世界の名画を鑑賞している。それはゲーテも嘆いていたとおり，時あたかもナポレオンによってイタリアの名画が大量にパリに運び込まれた折のことであった。われわれが今日もなお世界の名画が一堂に会する様をパリで眼にすることができるのは，皮肉にもこのおかげと言わざるをえないが，今日ルーヴル美術館で耳目を集める名画の一つは，言うまでもなくレオナルド・ダ・ヴィンチの《モナ・リザ》(挿図48) である。シュレーゲルはこの絵の最大の特徴を，その象徴性に見出していた。彼の持論「象徴的絵画」論の具体例となりうるので，その弁をパリ報告中から引用しておこう。

> 自然を忠実に模倣した肖像画に，レオナルドのモナ・リザ肖像画の場合のように，たとえば海，山，大気からなる風景を背景として描き加えるならば，それだけで肖像画は，長らく制限され続けているジャンル圏から直ちに脱出する。おのずと理解されるのは，このように特別な意義を帯びることになる周囲［背景画］が，描かれた顔［肖像画］の与える印象を強めるということ，いわば顔の印象を倍加した，高められた反映にほかならないということである。それだけでは未だ完全に明らかになっていないものだけが，あらゆる種類の象徴によって可能な限り多様に暗示されねばならないし，暗示されて然るべきである。これこそ，人間の顔における高邁な精神，隠された魂である。　　　　　　　　　　　　　　　　　　　　(IV, 36)

今日であれば，顔の表情が描かれる際に発揮されたスフマート（ぼかし）技法，それに背景画が描かれる際に発揮された空気遠近法の巧みさが強調されるところだが，シュレーゲルの解読にあっては，見られるとおり，二様の描写の織りなすいわば「象徴的」な効果が特筆されていた。彼は後者に関して「空気遠近法」という語を用いはしないものの，その描法の内実，すなわち海や山や岩といった背景が「はるか彼方の大気や天空に消えゆく」(IV, 34) ように描かれるという内実を的確に捉えていたばかりか，前者に関しても，一方でそれを忠実な模倣と捉えながら，他方でそれを象徴的描写と捉えてもおり，この点で，レオナルドの顔の描写は，たとえばホルバインやティツィアーノのような写実的肖像画におけるそれ（たとえば挿図 25，挿図 7 参照）とは区別されたのだった (IV, 36)。なぜなら，細密な客観的描写は，「象徴的絵画」の求める「理想化」(IV, 35) に到達できないと考えられたためである。

　ともあれ，ルーヴル所蔵作品の他の絵画，たとえばフランスの，とりわけ「新古典主義」絵画の先駆けとなったプッサン絵画に関して，シュレーゲルはどのような評価を与えていたであろうか。彼はプッサンその人については，「カラッチ一族の追随者」としてメングスとともに名を挙げ (IV, 50)，かつ「硬直したアカデミックなペダントリー」(IV, 102) と酷評している。シュレーゲルがかつての（17 世紀末）王立絵画彫刻アカデミーでの論争（いわゆる「色彩論争」）に関する知見を有していたか否かは定かでないが，彼の評価は，プッサンが「古代ギリシア・ローマの浮彫りや彫刻の奴隷」でしかなく，彼の絵画の大部分には「大理石の生硬さ」が認められるといった色彩派（ルーベンス派）の主張と軌を一にしている[38]。ともあれ，以前に引用したコンラーディの指摘を借りつつ再度言えば，シュレーゲルはこの頃には「初期段階のギリシア熱狂と初期ロマン派的理論に基づく知的アラベスクを超越し，はや半ばカトリック教会に帰依し，彼の雑誌『オイローパ』(1803–05 年) に発表した絵画論では，［ゲーテの原理とは］まったく異なった諸原理を告知し，聖母像や殉教者像，聖者図や受難図といった別の模範を称揚」[39]する立場に立っていた。

---

38)　序章註 44 参照。
39)　H. Eichner, Einleitug, a.a.O., S. XXVII.

「古絵画に関する第二補遺」Zweiter Nachtrag alter Gemälde の冒頭での弁によれば，当時の彼にとって，芸術の根源的使命とは，「宗教を賛美し，その秘密を言葉によってなされうる以上に美しく明瞭に打ち明ける」(IV, 79) ことにほかならなかった。したがって，言葉によって「宗教を賛美し，その秘密を打ち明け」ようとするのは，「芸術の根源的使命」を裏切ることになりかねないはずだが，にもかかわらず，このような自家撞着をものともせず，彼がそれをあえて試みようとするのは，おそらく，今は亡き盟友ヴァッケンローダーがかつて試みた宗教的心情の吐露に似た信仰告白を自ら行おうとしたためではなかったかと思われる。実際，初稿と異なるテクストでは，先ほど引用した箇所での「宗教」という語は「教会とカトリック信仰」と書き換えられていた (ebd., FN. Nr. 3)。彼はこうした自身の意図の明瞭な表明を，たとえばラファエロの《聖チェチーリアの法悦》（挿図49）批評のなかでも行っている。当画には「ラファエロ自身ならびにカトリック的芸術一般の高度な使命がはじめて正しくわれわれに示されている。彼が完成を期し完成の頂点に導こうと招き寄せ，送り届けてくれたものはこれだった」(IV, 101) と。むろん彼はその絵画批評の特徴の一つともなっている音楽の比喩をふんだんに活用しながら，ラファエロ絵画のもつ宗教的意義を浮き彫りにしている。注文主の求めに応じて描かれた当の絵画の主題――天上の音楽を聴いたとされる音楽の守護神チェチーリア神話――が宗教と音楽に関連するものなのだから，当然と言えば当然のことだが，シュレーゲルがこの絵画の「支配的原理」と見なしているのは，「敬虔という心の奥底に潜む感情」(IV, 100) であり[40]，そこでは，この感情が「地上の世界にはもはや居所がなく思わず歌声となって迸り出る」(IV, 100) ものとして描かれていると彼は解説する。そうした上で，剣をもつパウロにはあるメロディ

---

[40] 「敬虔」に関する発言として注目すべき他の発言をここに引用しておこう。それが芸術と宗教との関係に関するシュレーゲルの根本的態度を端的に示す格好のものだからである。「第二補遺」に曰く。「芸術の本来の目標はむろん美のみであり，芸術は常にこれを目指し続けはするものの，造形芸術は一面では敬虔という聖なるものに奉仕するようこれに結びつけられている」(IV, 112)。芸術の自律性を重視するモーリッツやゲーテたちがこうした発言に対してどのような反応を示すかは火を見るより明らかであろう。もっとも，この頃，モーリッツはすでに他界していたが。

ーが，マグダレーナにはあるハーモニーが，雲に漂う天使たちには大コーラスがあてがわれる。

　ここで指摘しておくべきことは，補遺でのラファエロ論とそれに先立つパリ報告でのそれとの間には相違がある点である。補遺ではラファエロは「完成の手本」(IV, 113) とさえ見なされているのに対して，報告での評価では他の作品，コレッジョの諸作品がラファエロ作品を凌いでいた。それがパリでの絵画鑑賞報告であるにもかかわらず，シュレーゲルはその冒頭部分で，「パリの美術館に居ながら，ドレースデン画廊のことを思い出すこと稀ではなかった」(I, 12) とかつての体験に思いを馳せ，その筆頭にコレッジョの諸作品を挙げ，次いでラファエロの聖母に言及している。「思い出，然り。私には特にコレッジョに関するものがひと際重要だったという思い出である。……私の前にはないにもかかわらず，あたかも私の眼前にあるかのように新鮮に心に浮かぶ作品の数々。とはいうものの，ドレースデン画廊での知見ではラファエロに関するものも私には重要だった。というのも，そこにあるこの巨匠の聖母がここで鑑賞できるすべての絵画のうちでも唯一格別のものであり続けるからである」(ebd.)。「聖母」とあるのがかの《サンシストの聖母》であることは言うまでもないが，ここで目を留めておくべきことは，シュレーゲルにとってのドレースデン画廊での絵画鑑賞体験の筆頭に挙げられているのが，ラファエロ絵画ではなくコレッジョ絵画だという点である。この点は，実は，今日われわれの訪れるツヴィンガー宮の絵画館，いわゆる「ゼンパー画廊」での展示法とシュレーゲルたちが訪れた当時の画廊，すなわちノイマルクトのシュタルゲボイデに設えられた「王室画廊」での展示法との相違に関連している。今日訪れることのできる「ゼンパー画廊」ではわれわれに馴染みの歴史的展示法に基づいて作品が掲げられているのに対して，かつての「王室画廊」では，ルネサンスの展示法に由来する「対照・並置展覧」paragone という独特の展示法に基づいて作品が展示されていた。当時はこうした展示法に基づいて，コレッジョ絵画に焦点が合わされ，その脇に新しく購入されたラファエロの《サンシストの聖母》が展示されていた。したがって，パリ報告で記されたシュレーゲルのドレースデン画廊での印象は，当時の展示法に対応したごく自然なものにほかならかった。すでに序章で強調したとおり，当時のドレースデン画廊での展示法は，

シュレーゲル（弟）のみならず，ゲーテやシュレーゲル（兄）夫妻，あるいはシェリングやヘーゲルたちのドレースデン画廊展示絵画に関する批評をわれわれが吟味する上できわめて重要である。

ともあれ，パリ報告に続く「古絵画」に関する二つの補遺の際立った特徴は，「古ドイツ絵画」に対するイタリア絵画に勝るきわめて高い評価である。「古絵画に関する第三補遺」Dritter Nachtrag alter Gemälde の末尾に曰く。

> 古ドイツ絵画は制作技術においてたいていのイタリア絵画以上に入念で徹底しているばかりか，最古希少で深遠なキリスト教的カトリック的象徴に久しく忠実であり続けた。　　　　　　　　　　　　　　　　　(I, 151 f.)

伝記的事実に照らしてみれば明らかなとおり，シュレーゲルはパリ時代はじめの 1803 年に，ボワスレー兄弟とともにパリで開催された展覧会でファン・エイク，デューラー，ホルバイン，メムリンク等の絵画を鑑賞したばかりか[41]，翌年にはケルンに移り，当地の聖堂にて昔のドイツ絵画に触れるさらなる機会をもっている[42]。つとにパリ報告でも，ドイツ絵画の歴史的発展に議論を広げ，そこでは，「ドイツ絵画の構成はエイク，デューラー，ホルバインといったいわゆる三大画家の特性によって過不足なく仕上げられる」(IV, 44) というよう

---

[41] 最後の補遺すなわち「第三補遺」での絵画批評について少々付言しておけば，前記の展覧会でシュレーゲルの見たとおり，そこではまずファン・エイク，デューラー，ホルバイン，メムリンクについて語られるが，それと関連して興味深い点の一つは，ミュンヘンから運び込まれたアルトドルファーの《アレクサンダーの戦い》(1529 年) に関する次のような鑑賞記である。「それは率直，厳密で，古い様式の線条描法と言おうと思えば言えるが，性格と品質は，人物たちの細密描写において，デューラーのような人でさえ恥じることはないであろうほどに驚嘆すべきものである」(IV, 119)。実際，今日，われわれもミュンヘンのアルテ・ピナコテークを訪れた際，その前に立つたびに度胆を抜かれる所蔵作品の一つが，イッソスの正確な地勢図を背景に犇めく両大軍（ダーレイオス 3 世のペルシャ軍とアレクサンドロス大王のギリシア軍）の激突，イッソス会戦の様を細密に描いたアルトドルファーの大作である。デューラーはむろんのこと，アルトドルファー等の美術については，たとえば勝國興「北方ルネサンスの美術」，土肥美夫編『北方ヨーロッパの美術』岩波書店，1994 年所収参照。

[42] H. Eichner, Einleitug zum Bd. IV der *Kritischen Friedrich-Schlegel-Ausgabe*, S. XXI f.

48 レオナルド・ダ・ヴィンチ
モナ・リザ

49 ラファエロ 聖チェチーリアの法悦

50 エイク兄弟 ヘントの祭壇画(部分)

51 ペートルス・クリーストゥス
　書斎の聖ヒエロニムス
　（ヤン・ファン・エイクによる）

52　デューラー　書斎の聖ヒエロニムス

に，かつて彼が文学論で駆使した「特性」概念を用いて定式化される。個々の諸作品が「威厳に満ちたもの」だと言われるくらいで，「特性」の何たるかはそれ以上明らかにされてはいないが，ここでの定式化の特徴は，ファン・エイクが「ドイツ派」に加えられ，「芸術発展の最古で最初の段階」（IV, 45）に位置づけられていることである。周知のとおり，彼もしくは彼らファン・エイク兄弟は15世紀のネーデルラント絵画を代表する画家たちであり，とりわけ兄フーベルトが手がけ，弟ヤンが仕上げた《ヘントの祭壇画》（1432年，挿図50）は今日もなお北方美術の最大傑作の一つである。デューラーが徒弟修業を終えてライン地方を旅した際（1490-94年，19歳から23歳までの4年間），ネーデルラント絵画の洗礼を受け，それによって自然の細密描写に向かい，また木版画家としてヤン・ファン・エイクの油彩に基づくペートルス・クリーストゥスの《書斎の聖ヒエロニムス》（挿図51）と同一主題の木版に取り込んだことも分かっている[43]。ちなみに，この初期の木版作品は後年の彼の銅版画三大傑作の一

---

43) 堀宏一『デューラーの芸術──ヨーロッパ美術史講義』岩波書店，2012年，pp. 186 f.

つ《書斎の聖ヒエロニムス》(挿図52)につながる木版習作に相当する。

　今日われわれに馴染みの伝記的事実に触れることなく，シュレーゲルはファン・エイクに始まり，ホルバインによって終極に至る「ドイツ派」の「中間」にデューラーを位置づけていた。「この上なく不可解で逃れようもなく引きずり込まれる深淵」(IV, 45) として。シュレーゲルがこのように格別な評価を与えてデューラーを位置づけた際，念頭に置いていた作品は「磔刑絵画」[44]であり，彼はそこに「これ以上完璧なものがないほどに完璧な」(ebd.) 作品を見出していた。またこれ以外に，シュレーゲルはデューラーに関するもう一つ別の位置づけにも言及しており（第三補遺），そこではデューラーは南ドイツ派とネーデルラント派の中間段階に位置づけられる。すなわち，

> デューラーが絵画術としては南ドイツ派とネーデルラント派の合一点，中間段階と見なされたとすれば，それに対し，ホルバインは比較的出来の良い作品では上部ドイツ様式のより純粋に純化したものをわれわれに見せてくれている。　　　　　　　　　　　　　　　　　　　　　　　　(IV, 129)

　ここには「南ドイツ派」とあるが，そのようなものとしてはアルトドルファ

参照。

44) 宗教画の中心画題の一つであるゆえ，当然のことながら，デューラーは数々の磔刑図（十字架上のキリスト）を制作している。それらは，ヴォールゲムート工房での修業時代最後の頃のペン画（1489年）やコールマールのションガウアーの感化が認められる遍歴時代の銅版画（1490年頃）あるいは最初のヴェネツィア滞在期に制作が開始され，イタリア様式が色濃く刻印されている大判木版画（1494-95年）はじめ，大小二種の木版画集《受難伝》(1496-99年，1509-11年) 中のもの，および銅版画集《受難伝》中のもの (1511年) はむろんのこと，ドレスデン画廊の所蔵する油彩（1500年あるいは1509年）等々である。シュレーゲルは，自身念頭に置いている作品を「絵画」と称し，かつそれに対して「キリストの足元では使徒ヨハネが悲痛な面持ちでキリストを眺め，他面では母が首を傾げ，お供の者に支えられている」(IV, 45) というコメントを加えているが，これを鑑みるかぎり，その絵画が最後に挙げた油彩でないことは間違いない。そこには十字架上のキリスト以外の人物が描かれていないからである。今挙げたうち，彼のコメントに対応したものがないわけではないが，それはいずれも油彩以外のものばかりであり，管見のかぎりでは，シュレーゲルが念頭に置いていた磔刑絵画を特定できず仕舞いとなった。

53 ロホナー
三連祭壇画（ケルン大聖堂）

ーなどのドナウ画派が念頭に置かれているのかもしれない。しかし伝記的事実としても作風としても決定的に重要なのは，デューラーのイタリア体験（二度に及ぶヴェネツィア滞在）であり，いまさら言うまでもなく，彼の偉業は北方（ドイツ）出自でありながら，中世的西方絵画（ネーデルラント絵画）とルネサンス的南方絵画（イタリア絵画，特にヴェネツィア派）の双方を貪欲に吸収しながら，それらを一つに統合したことによって達成されたものにほかならない。ただシュレーゲルによる位置づけの最大の特徴は，デューラーを件の「ドイツ派」の一角に位置づけるものであり，ある祭壇画に関する興味深い批評に眼を向けてみると，そこにも同種の見解が認められる。第三補遺の末尾にケルン体験を綴った際，シュレーゲルは当時なお建設中であったドーム（ケルン大聖堂）に移設されていたトリプティック（中央画に三博士の礼拝，右翼画に聖ゲレオンと従士たち，左翼画に聖ウルスラと若き婦人たちほかが描かれた三連祭壇画，**挿図53**）の内に「三大ドイツ巨匠の最も意義深い諸特質の合一」（IV, 139）を見出し，のちに「ケルン派」と呼ばれる派に属する北ドイツの画家たちの再発見に道を開いている。ちなみに，当トリプティックは今日では，ケルン派の画家シュテファン・ロホナーによって1444年頃制作されたものと推定されている。

ともあれ，彼言うところの三巨匠のうちでも，彼がひときわ強調するのはデューラーの卓越性であり，われわれにとって重要なのはむしろこちらである。

けだし，デューラーに対する高い評価は今日馴染みのものではあれ，当時はそれが開始されてまだ間もなかったからである。画家カールステンス[45]（1792年）にその先蹤が見られるものの，それが本格化するには，かのヴァッケンローダーの『心情吐露』（1797年）やティークの『シュテルンバルト』（1798年），あるいはルンゲの師匠フェルディナント・ハルトマンによるゲーテに対する公然たる批判（例のヴァイマール美術展向け公募文に対する批判，1802年）等の出現を待たねばならなかった[46]。シェリングが，芸術の「春」の「偉大な巨匠」としてラファエロとともにデューラーの名を挙げることになるのも，ちょうど『オイローパ』誌が刊行された時期とほぼ重なっている（『芸術哲学』講義1802-03年，1804-05年）。シェリングはその後も両巨匠に言及するが，それはミュンヘン講演末尾でのことである。第二部第6章で，われわれはそれに耳を傾けることになろう。

---

45) シュレースヴィヒ近郊で生まれた（1754年）カールステンスは，コペンハーゲン・アカデミーで学び，ベルリーンで活躍（1788-92年）後，ローマに移り，客死（1798年）。Vgl. Wilckens/Nardi-Rainer, *Grundriß der abendländischen Kunstgeschichte*, Stuttgart 2000, S. 431.
46) H. Eichner, a.a.O., S. XXV.

第二部

シェリングのミュンヘン講演

Ueber
das Verhältniß
der bildenden Künste
zu
der Natur.

Eine Rede
zur Feier des 12ten Oktobers als des
Allerhöchsten Namensfestes
Seiner Königlichen Majestät
von Baiern

gehalten
in der öffentlichen Versammlung der Königlichen
Akademie der Wissenschaften zu München

von
F. W. J. Schelling.

München
und verlegt bei Philipp Krüll
Universitäts-Buchhändler in Landshut.
1807.

フリードリヒ・ヴィルヘルム・ヨーゼフ・シェリング
1775–1854
ゲーテの肖像画（1828年）を手がけた画家
ヨーゼフ・シュティーラーによる油彩肖像画（1835年）
ゲーテ肖像画ともどもミュンヘンのノイエ・ピナコテーク所蔵

第1章

時代の中のミュンヘン講演

1 バイエルンの王都ミュンヘン

　バイエルンおよびミュンヘンの歴史を遡ると，他の古い諸都市同様，ケルト人の先住やローマ人の植民に行き着く。アルプスの北，ドーナウ河流域に位置するバイエルンは，古くからローマ植民が行われた地域であったし，その中心都市ミュンヘンにはケルト人が先住していた。今日もこの町を南北に流れるイーザル川の流域にケルト人たちが住みついたのが，この都市の始まりをなし（前5世紀），Isar の名も「荒々しい」，「激（流）」を意味するケルト語の Isaria に由来している。ミュンヘンの都市創設は，1185年1月14日，ヴェルフ家のハインリヒ獅子王が時の権力，ミュンヘンの北東40キロに位置するイーザル流域の司教座都市フライジングのオットー司教に抗して「市場」Markt を開いたことによる。ために今日でも，1月14日はミュンヘンの創立記念日となっている。

　当時の富の源泉は「白金」Weißes Gold と呼ばれた塩の取引と通行税，渡橋税さらには開市税等の税収で，獅子王によるミュンヘンの創設後は，司教と王とで富を奪い合う形になっている。ただ「ミュンヘン」München という名は「メンヒ（僧侶）」Mönch の住むところを意味し，市の紋章も僧侶，しかも黒と金の僧服をまとった子供のように小柄で肥え太った僧侶が左手に聖書を掲げ，右手で宣誓している図柄である（Münchner Kindl）。こうした紋章にも象徴されるように，今日でもなおカトリック色の強いミュンヘンは，宗教改革期以降はカトリックの防壁・牙城の役割を果たし，宗教心，敬虔が重んじられたばかりでなく，異端，魔女狩り等も猖獗を極めた。また他の都市同様，繰り返しペス

トにも見舞われており，1634年などは人口の3分の1に当たる約7000人もの犠牲者を出している。ミュンヘンのマルクトプラッツは今日「マリーエンプラッツ」Marienplatz と呼ばれているが，それは，1638年，この市場・広場に「マリーエンゾイレ」Mariensäule が立てられたからである。これはスウェーデン軍による占領からの解放を記念して建立された記念柱なのだが，その裾を飾る四子像がそれぞれ，ペスト，戦禍，飢饉，異端を象徴していることからも，当時の人々の苦難が偲ばれる。

　ちなみに，魔女狩りが禁止されるに至ったのはようやく1808年のこと，プファルツ＝ヴィッテルスバッハ家のマックス・ヨーゼフ王の治下，さまざまな政治改革を断行した宰相モンジュラによってである。時あたかもフランス革命とその後の対ナポレオン戦争の時期，彼は諸改革を断行したばかりでなく（バイエルンをドイツ最初の立憲国家にしたのも彼である），フランスとオーストリアとの間で翻弄されるバイエルンを見事に守り抜いている。当初彼はナポレオンに付きながら（ナポレオンは1805年に二度，1809年に一度ミュンヘンに凱旋している），彼のロシア遠征の挫折を目の当たりにし，巨星落つと見るやフランスと手を切り（1813年），1815年のヴィーン会議後はミュンヘンをドイツ同盟第三の大都市として存続せしめている[1]。

　ミュンヘン市史に関し，なお特記すべきことは，1825年にはモンジュラの仕えたヨーゼフ王が没し，その跡を継いだルートヴィヒ（在位1825-48年）がミュンヘンを古代のアテーナイに匹敵する芸術の都「イーザル・アテーン」Isar-Athen とする夢を抱き，それを実行したことである。彼は国費を投入して，レジデンツを完成させ，現在も都心を貫く中央大通りルートヴィヒシュトラーセに居並ぶ大建築を建造させたほか，市街地西方の一角にて建造され始めていた「彫刻館」Glyptothek をも完成させ（1830年），さらには「美術館」Kunsthalle（1838-45年，今日の Antikensammlung）をはじめ，アテーナイのパルテノーン神殿の前門（西門）を模した「プロピュレーエン」Propyläen（1846-62年）

---

[1] 以上の記述は，筆者によるシェリング協会誌『シェリング年報』第11号（2003年）掲載グラビア解説「バイエルンの都ミュンヘンと壮年シェリング」に少々字句修正や修辞変更を加えたもの。なお，解説執筆時に主として参照した歴史書は以下のもの。G. Reichlmayer u. R. Ites, *München. Eine kurze Stadtgeschichte*, Erfurt 2001.

まで建造させており，シンケルと並ぶ当時のドイツを代表する建築家だったクレンツェによって設計された，これらの建造物に取り囲まれた「ケーニヒスプラッツ」Königsplatz の景観は，今日でもなお，さながらギリシア神殿を取り巻く神域の雰囲気を漂わせている[2]。

　その一方，前世紀の先々代テオドール侯によって充実し始めた絵画コレクションも，ルートヴィヒがケーニヒスプラッツ近傍に建設した巨大な「絵画館」Pinakothek に収蔵・展示される（1826-36 年）。その後（1826 年以降）さらにもう一つの同じく巨大な「絵画館」も建設され，こちらには「新」という形容詞が冠されて Neue Pinakothek と称されたが，それに伴い，かつてのそれは Alte Pinakothek と称され，今日に至っている。1826-36 年の絵画館建築は独立した美術館建設として先駆的で，管見のかぎりでは，今日の美術館建設の最初期のページを開いたものと言える。なぜなら，パリ，ルーヴル宮の美術館（改造前）や序章で触れたドレースデン，シュタルゲボイデの王室画廊やツヴィンガー宮のゼンパー画廊等々に見られるように，宮殿が画廊として利用されるのが通例だったからである。ちなみに，現在ユネスコの世界遺産に指定されているベルリーン「博物館島」Museumsinsel のナツィオナールガラリーの創立は 1861 年。破風に「ドイツ美術に　1871」Der Deutschen Kunst MDCCCLXXI という銘をもつギリシア神殿を模した建物での展示開始が 76 年[3]，つまりミュンヘンのピナコテーク開設 40 年後のことである。

---

2) 同前「バイエルンの都ミュンヘンと壮年シェリング」および H. Droste / I. Lauffer, *Kleine Kunstgeschichte Deutschlands*, a.a.O., S. 132 f., 135-139 参照。なお，ルートヴィヒ 1 世治下でのギリシア愛好のほどは建造物の命名にもよく現れており，Glyptothek は $\gamma\lambda\acute{\upsilon}\pi\tau\varepsilon\iota\nu + \theta\acute{\eta}\kappa\eta$（= glypto-thēkē「彫像（の）容器・保管所」）の，また後に触れる Pinakothek は $\pi\acute{\iota}\nu\alpha\xi + \theta\acute{\eta}\kappa\eta$（= pinako-thēkē「絵・板絵（の）容器・保管所」）のドイツ語表記である（これらは図書館 Bibliothek が $\theta\acute{\eta}\kappa\eta$（=thēkē「容器・保管所」）に，そこに収められる $\beta\acute{\iota}\beta\lambda o\varsigma$（= biblos「書物」）が加えられた古代ギリシア語の合成語 $\beta\iota\beta\lambda\iota o\theta\acute{\eta}\kappa\eta$（= biblio-thēkē）に由来するのと同じ）。さらに Propyläen に至っては，ほぼ神殿の「入り口」，「前門」を意味するギリシア語 $\pi\rho o\pi\acute{\upsilon}\lambda\alpha\iota\alpha$ のままである。Vgl. Bayerische Staatsgemäldesammlungen (Hg.), *Alte Pinakothek. Ausgewählte Werke*, München / Köln, S. 3; Cl. Schmidlin u. S. Hojer, *Beusch in der Glyptothek München*, München 2007, S. 7.

3) ベルリーンのナツィオナールガラリーについては H. ベルティング『ドイツ人とドイツ美術』仲間裕子訳，晃洋書房，1998 年，pp. 45-47 参照。

2 ミュンヘン講演の歴史的問題点

とまれ,話をシェリングの記念講演に戻すとすれば,その際,題目として選ばれたのが「造形芸術の自然との関係について」[4]だった。シェリング夫人カロリーネの弁によれば,講演には稀なことに500名を超える聴衆が集い,講演「数週間後も宮廷内と市中でシェリングの講演の話題で持ちきりだった」[5]模様である。もっとも,このアカデミー講演は好評を博したばかりではなく,酷評をも引き出していた。ヤコービである。当時アカデミー会長であった彼は,シェリングの講演に関する自身の次のような評価をゲーテに宛てて書き送っている(1809年2月19日付)。彼の講演には「本性上互いに異なった二つの哲学のみがある。わたしはそれらをここにプラトーン主義とスピノザ主義と呼びたい」[6]と。周知のとおり,こうしたシェリング評が,後の彼によるシェリング『自由論』批判およびそれに対するシェリングの反論(1812年)につながってゆく。

なお,講演に対する反応として他に注目すべきものはゲーテのそれであろう。講演数日後,シェリングの講演原稿を受け取ったゲーテは,当初,直接彼に宛てたものではないものの,その講演に賛同の意を表明しながら(Br. III, 62),先のヤコービによる酷評に対しては,「シェリングの講演について私がその着想と形式の点で一体どの程度違っているか,自分でもはっきり分かりません」と応じ,ただし,「全体においてその内容は,ヴァイマール芸術友の会が……

---

[4] ミュンヘン講演のフルタイトルを本書第二部の扉 (p. 165) に掲げておいた。参照されたい。

なお,ミュンヘン講演には次の翻訳があり,本書での引用に際しては逐次参照し,益するところ大であった。シェリング「造形芸術の自然との関係について」神林恒道訳,薗田宗人・深見茂編『無限への憧憬』(ドイツ・ロマン派全集第9巻)国書刊行会,1984年,pp. 263-318.

[5] Carolines Brief an Luise Gotter am 11. 10. 1807. In: L. Sziborsky (Hg.), F. W. J. Schelling: *Über das Verhältnis der bildenden Künste zu der Natur* (PhB 344), Hamburg 1983, S. 69-70.

[6] L. Sziborsky, a.a.O., S. 73.

真実と見なし，何度もじっくり語り尽くしたことと一致」していることを伝えている（Br. III, 66）。ところが，シェリングが実際に返事を受け取ることになるのは，講演原稿送付のほぼ5年後のことだったばかりでなく，署名もゲーテ本人のものではなく，W. K. F.（＝Weimarer Kunstfreunde「ヴァイマール芸術友の会」）でしかなかった[7]。こうした反応を垣間見るだけでも，講演が問題含み，波乱含みのものであったことが窺えるが，講演が行われた時期とその時代に眼を向けた場合にも，その際に選ばれたテーマが当時ないがしろにできないさまざまな問題点を孕んでいたことが分かる。シェリング講演の内容を見る前に，あらかじめ他の問題点にも眼を向けておこう。

まず最初に，シェリングの記念講演がなされた1800年頃という時期に注目しておこう。けだし，この時期に古典的理想美の消失や造形芸術上のある「危機」を見る向きがあるからである。この「危機」は，ゴヤ絵画の登場によって招来された古典的理想美の消失と，醜悪や卑俗の強調によるものなのだが[8]，

---

[7] 山本惇二『カール・フィリップ・モーリッツ――美意識の諸相と展開』鳥影社，2009年，p. 335以下参照。

[8] D. Jähnig, *Der Weltbezug der Künste. Schelling, Nietzsche, Kant*, Freiburg 2011, S. 41.
　D. イェーニヒが参照を指示する Theodor Hetzer, Franzisko Goya und die Krise der Kunst um 1800. In: *Zur Geschichte des Bildes von der Antike bis Cézanne* (Schriften Theodor Hetzers,, hg. v. G. Berhold, Bd. 9). Stuttgart 1998, S. 141–162 の説くところによれば，ジョット以後18世紀末まで全ヨーロッパの伝統となっていた絵画の基礎が，「1800年前後」，ゴヤ絵画の登場に象徴されるように根底から揺るがされる。ここに招来された「危機から19世紀絵画に対して諸々の新たな可能性と結果が生じた」（S. 143）。ここに生じた「転換」は，かつてのカラヴァッジョの時代（17世紀）同様，「創造された形式の転換，破壊」を引き起こした（S. 145）。たとえばゴヤの《マハ》においては，ジョルジョーネの《ヴィーナス》（後掲挿図70）とは対蹠的に，「古代的理想化のすべてが消失し，卑俗さが強調され，詩的魔力のすべてに嘲笑が浴びせられる」（S. 149）。「ゴヤは古代様式を模倣したあらゆる身体リズム，古代様式を模倣した快い響きと輪郭とを片付けてしまった」（S. 150）。かくして「醜悪，卑俗，挑発が際立たせられる」（ebd.）。
　もっとも，「醜悪，卑俗」等はゴヤに始まるばかりではなく，ヘルダーも注目する古代絵画における醜悪表現にもすでに認められたものであった。この点，さらに付言すれば，たとえばウンベルト・エーコが『美の歴史』（植松靖夫監訳，東洋書林，2006年）とともに，『醜の歴史』（川原美也子訳，東洋書林，2009年）をも編んでいる。醜への注目，表現も美へのそれとともに古代以来の長き歴史を有するということである。ただ問題は，それが「危機」として意識されたか否かということである。現代を含めて歴史を

こうした波紋は未だシェリングには及んでおらず，講演のどこにもその痕跡は見受けられない。講演の冒頭部分でシェリングが頻繁に名を挙げるのはむしろ，古典的理想美を高々と称揚したヴィンケルマンである。
　周知のとおり，彼こそ，前世紀（18世紀）半ばに古代作品の模倣を推奨したばかりか，古代美術史を世に送り出し，ドイツに古代美術，ギリシア芸術熱を吹き込んだ第一人者にほかならなかった。『ギリシア美術模倣論』（1755年）で提示されたラオコーオン批評すなわち美の要諦としての緊張の緩和表現説（「高貴なる単純と静謐なる偉大」）はさまざまな議論を呼び起こした。本書第一部の第2章から第5章にかけて見たとおり，レッシング，ヘルダー，ヒルト，ゲーテたちによって繰り広げられたラオコーオン論争である。ここでその一部を復唱すれば，あえてヴィンケルマン説に対抗し，緊張表現こそ「古代芸術の主要原理」だと見なして「特性」を強調するヒルト説（『ホーレン』第10冊，1797年）に刺激され，これを批判すべく著されたのが緩和表現，節度ある表現としての「優美」を強調するゲーテの「ラオコーオン論」（『プロピュレーエン』創刊号，1798年）であった。両説に対するシェリングの対応はすこぶる微妙で，一方では「古典主義的」なゲーテ説に追随しながらも，他方ではヒルト説（特性説）に近い主張もなされ，こちらがシェリング持前の悲劇論とも絡み，さらには後年のニーチェ悲劇論の先駆的議論に連なるものともなっている。こうした諸点は，後の第4章および終章での考察の課題である。
　ともあれ，われわれはここで，かの「古典主義」対「ロマン主義」あるいは「古代異教」対「中世カトリシズム」の対抗の世界に足を踏み入れている。ゲーテは自編雑誌『プロピュレーエン』「序説」ですでに，ジャンルの混淆を試みるロマン派的傾向に苦言を呈していたが，『アテネーウム』（1798–1800年）を拠点にロマン主義的心情を吐露し続けていたフリードリヒ・シュレーゲルなどはカトリック信仰に傾斜し，他の自編雑誌『オイローパ』（1803–05年）の絵

　　　総覧して言えば，「芸術が危機の切迫を感知する」に至るのは，ベンヤミンも指摘するとおり（『複製技術時代における芸術』1935–36年），「実際に最初の革命的な複製手段，写真撮影の登場」による。芸術はこれによって，古代以来の宗教儀式における崇拝対象，あるいはルネサンス以降のように世俗化されたものではあれ，美の礼拝における崇拝対象の近づき難い「唯一現象」という「アウラ」を消失するに至る。

画論や『パリ，オランダ絵画鑑賞記』に至っては，ゲーテの嫌悪するドイツ古芸術の代弁者（「修道士もどきのシュテルンバルト風狼藉」の推奨者）へと変身する。ゲーテはこれに対抗し，『プロピュレーエン』の廃刊（1800年）や，スイスの画家マイヤーの助力もあって七回にわたって開催し続けたヴァイマール美術展の挫折（1805年）にもめげることなく，「古典主義」の狼煙を再び挙げる。『ヴィンケルマンとその世紀』（同年）の編集刊行である。シェリングが記念講演を行う二年前のことである。時代のさまざまな声（「ポリフォニー」）に耳傾けつつ，主題とするテクストの発言の含意を汲み取ることを心がけてきた筆者は，今回主題とするシェリングの講演発言に関しても同様の方法をとりたい。それゆえ，今挙げたゲーテの編著も本書の扱う重要テクストの一つである。

3 『芸術哲学』講義とミュンヘン講演

　ミュンヘン講演の内容に関する考察に先立ち，さしあたり，その前提となるイェーナ＝ヴュルツブルク講義（『芸術哲学』）[9]での造形芸術論について要点を確認しておこう。そこで講釈された芸術哲学体系では，その全体は「造形芸術」（実在系列）と「言語芸術」（観念系列）という一対の系列から構成され，かつ，各系列はそれぞれ，音楽，絵画，彫刻および抒情詩，叙事詩，戯曲に分かたれていたが[10]，これらのうち各系列の最後に位置する彫刻と戯曲はそれぞ

---

9) *Philosophie der Kunst* (Aus dem handschriftlichen Nachlaß). Erstmals vorgetragen zu Jena im Winter 1802 bis 1803, wiederholt 1804 und 1805 in Würzburg.
10) 音楽が「造形芸術（実在系列）」に分類されているのは奇異ではあるが，この分類の下に，シェリングは音楽の「音響」という実在的側面に焦点をあてた独特な音楽論を展開している。この点に関する考察としては次のものが興味深い。F. Frank, *Einführung in die frühromantische Ästhetik* (es 1563), Frankfurt a. M. 1989, S. 208-219. またメロディとハーモニーとを対立させる等「風変わり」な説を数々含む特異なシェリングの「音楽哲学」の基本性格と問題点を，三浦信一郎『西洋音楽思想の近代』三元社，2005年の第3章が的確に分析かつ批評している。この方面での注目すべき考察の一つである。
　なお他に，抒情詩と叙事詩とが「言語芸術（観念系列）」に分類されることは当然としても，配列の仕方が実際の歴史的順序とは逆になっていることに対しても疑問が生じるのがふつうである。この疑問に対して，シェリングは「歴史的順序に従う」のではなく，「学問的秩序」（すなわち彼の考案する芸術哲学体系の秩序）に従っていると答えて

れ先行する二つのジャンルを総合したジャンルとして各系列の頂点(「最高のポテンツ」[11])に据えられていた。ミュンヘン講演冒頭で持ち出される,「造形芸術は沈黙の詩芸術なり」(VII, 292)という古の格言も,両系列が並行しつつ合致するという同一哲学体系の枠に収まる格好のテーゼにほかならなかった。彼がここで引き合いに出す古の格言を借りて言えば,「沈黙の詩」としての造形芸術に語らせるというのが当講演の課題ということになろうが,彼がそこで主として語らせるのは,先に挙げた造形芸術の諸ジャンルのうち,彫刻(特に古代ギリシア彫刻)と絵画(特にルネサンス絵画)である。

なお,ここで当講演を前記講義と比較した場合の全体としての印象を記しておけば,それは,講演では,講義においては目立っていた体系化のためのステレオタイプな講述が背後に退き,自在な講釈が繰り広げられる場面が多く見られることであろう。講演,講話というスタイルがもたらした好結果の一つである。難解晦渋な文章に辟易させられるわれわれにとって,当講演のテクストはシェリングのテクストの中では比較的接しやすいものとなっている。もっとも,「哲学における雄弁術が発展を遂げた代表例」[12]という賛辞が呈される向きもあるが,これは少々褒めすぎで,贔屓の引き倒しと言わざるをえない。シェリングはどこまでもシェリング。講演においてさえ,彼固有の思弁的語りは鳴りを潜めてはいない。彼による語りの工夫,レトリックはむしろ「後に述べる思いつきを絶えずほのめかし繰り返し,[聴衆にそれを]予感させ喚起することで,情に訴えるリズムを演出する」[13]点にあったように思われる。

いる(V, 639)。

11) ポテンツ概念はシェリングの哲学体系(自然哲学のそれであれ,芸術哲学のそれであれ,宗教哲学のそれであれ)を構成するための根幹をなす方法概念となったものである。シェリングにおけるポテンツ概念の成立および最初の活用のありようについては拙著『人間と自然』(叢書シェリング入門2)萌書房,2004年,pp. 48-58,芸術哲学体系における用法については拙著『悲劇の哲学——シェリング芸術哲学の光芒』(同入門6)萌書房,2014年,第3章第2節参照。

12) P. L. Oesterreich, "Die Gewalt der Schönheit". Schellings konnaturale Ästhetik in seiner Rede *Ueber das Verhältnis der bildenden Künste zur Natur*, in: H. M. Baumgartner u. W. G. Jacobs (Hg.), *Schellings Weg zur Freiheitsschrift: Legende und Wirklichkeit* (Schelligiana Bd. 5), Stuttgart-Bad Cannstatt 1996, S. 95.

13) D. Z. Shaw, *Freedom and Nature in Schelling's Philosophy of Art*, London/New York

ともあれ，当講演でわれわれが注目すべきはむろん内容面であって，この点に関して何よりもまず指摘しておくべきことは，そこに彼のそれまでの自然哲学と芸術哲学に関する哲学的営為のエッセンスが盛り込まれていることである。だがそれのみならず，興味深いことに，そこにはさらに講演に先立つ講義（『芸術哲学』講義）に際して披露された彼独特の悲劇論のエッセンスまでが盛り込まれている。シェリングの芸術哲学体系にあっては，悲劇が戯曲の典型として，造形芸術の典型としての傑作彫刻に準えられていたからである。以下の考察では，この方面にも眼を向けることになろう[14]。

もっとも，悲劇に関連した話は講演全体の中では挿話的な部分であり，われわれの考察を始めるにあたって，核心部分に再度眼を向けておこう。講演の冒頭箇所でシェリング自身が強調するところによれば，「造形芸術の自然との関係」が講演のテーマとして立てられるのは，「自然」が「造形芸術の正真正銘の手本にして源泉」(VII, 293) と見なされたからであった。演題の造形芸術論に「寄与する」ところがあるとすれば，それは特にこの点であり，かつ彼に言わせれば，それは「未だ認知されていない事柄」にほかならなかった（ebd.）。併せて，彼の抱負は「諸概念に関して，より厳密な規定と解明を提供する」(ebd.) という点に加え，「芸術の体系全体の連関をより高い必然性の下に明示する」(ebd.) という点にあった。このような彼の抱負が語られる全文は以下のとおりである。

　それゆえ，造形芸術をその正真正銘の手本にして源泉たる自然との関係において考察することによって，われわれは以下の諸点に期待する。すなわち，[1] 未だ認知されていない事柄に関して，理論面でいくばくか寄与すること，[2] 諸概念に関して，より厳密な規定と解明を種々提供すること，[3] とりわけ，芸術体系 (Gebäude der Kunst)[15] 全体の連関をより高い必然

2003, p. 114 f.
14) 筆者年来の関心の一つはギリシア悲劇にあり，このような事情から，筆者はシェリングの悲劇論にも関心を寄せ，その思いを近年一書にまとめてみた。前掲拙著『悲劇の哲学』である。
15) 日常語としては建物を意味するGebäudeという語は，筆者の文献渉猟経験に照らして

性の下に明示すること，これらである。　　　　　　　　　　　　　(VII, 293)

　見られるとおり，ここには，自身の自然哲学と芸術哲学（特にその同一哲学的体系）に対するシェリングの並々ならぬ自信が迸り出ている。ここで，本書での以下の論述と関連づけておくならば，引用文中に挿入した数字を用いて言うと，[1]に関連する箇所が次章「芸術哲学と自然哲学」，[2]に関連する箇所が第3章「象徴と寓意」および第4章「特性と悲劇」ということになろうし，[3]に関しては関連する箇所は第5章「彫刻と絵画」になろうが，最後の点に関しては事情が異なる。けだし，芸術体系の相違として眼につくのは，せいぜい講義では「造形芸術系列」の一角を占めていた音楽が，講演では一般公衆向けのゆえか，話題からはずされていることぐらいだからである。講演冒頭で「とりわけ」とわざわざ強調されて語られるほどに，先行の講義と異なった見解として目立つものを強いて挙げるとすれば，それは，講義でのラファエロ絵画に対する最高の評価（ミケランジェロの線描とコレッジョの明暗とティツィアーノの彩色との総合）が，講演では，一方でそうしたラファエロ高評価が維持されながらも，他方で，レーニの《聖母被昇天》が彫刻作品の「極北」たる《ニオベー》像に比定され，絵画作品の「極北」に位置づけられる点であろう。この点に関する吟味・考察が第6章の論述をなす。

　コメントしておけば，学術語としては，18世紀の多くの体系的著作のタイトルおよび本文で「体系」を意味する語として多用された語である。そのため，Gebäude der Kunst を「芸術体系」と訳出した。

第2章

芸術哲学と自然哲学

1 ドイツ美学と自然哲学

　さて，シェリングのミュンヘン講演は，それが国王の聖名祝日を寿ぐためのものであったため，当然のことながら，国王に対する祝辞から始まる。その上で，直ちに主要テーマである「造形芸術」の問題が俎上に乗せられ，この問題を取り上げることの利点が二つ挙げられる。その一つは，講演テーマの「受け入れやすさ」である。ことこのテーマに関しては他のテーマの場合とは異なり，講演者が「巧みな弁舌」を振るうことなど不要であるばかりか，「崇高な完全性」さえ提示できる。なぜなら，「観念では捉えようのなかったものが，この領域では，具象として眼に見えるからである」(VII, 292)。いま一つの利点は，自然哲学にかかわる。

　シェリングの見るところによれば，従来の造形芸術説のうち「どれ一つ未だ芸術の根源に遡れていない」(ebd.)。先にわれわれの注目した彼の並々ならぬ自信も，この問題点に関連していた。先に見たとおり，彼にあっては，「自然」こそ，造形芸術の「源泉」をなすものにほかならなかった (VII, 293)。われわれは，ここ，シェリングによる従来の造形芸術批判において，伝統的な自然模倣説の問題に直面する。周知のとおり，芸術家の修練・修業は通常，「手本」の模倣に始まる。造形芸術家にとって「手本」となるものの一つは「自然」にほかならず，シェリングも指摘するとおり，「近代における芸術理論のすべて」は，「芸術は自然の模倣者」だという自然模倣説を出発点としていた (ebd.)[1]。

---

1) ここに言及されている近代芸術論とは，小田部胤久によって，18世紀中葉までのドイ

彼が批判の矛先を向けるのは，こうした自然模倣説に対してである。彼がそれを批判して言うには，「芸術家たちはみな自然を模倣すべしとされながら，彼らはたいてい自然とは何かを理解するに到っていない」(ebd.)。彼の見立てによれば，そこでは「自然とは何か」という肝心な問題が等閑に付されたままに留まっている。講演でのこうした見立ては，自然の本質理解に迫る「思弁的自然学」[2]としての自然哲学を樹立した立役者その人による当然の主張にほかならないが，こうした自然哲学者にとって嘆かわしいことには，当時の「専門家たちや思想家たちは自然の近づき難さにおじけづき，たいてい，自分たちの理論を自然学から導き出すよりは安易に魂の観察から導き出そうとしている」(ebd.) としか見えなかった[3]。

　このような主張には，芸術理論をめぐる現状認識とともに，現状批判も籠められていた。講演では，「魂の観察」に基づく安易な芸術理論がどのようなものか，具体的に名指されてはいないものの，先に触れた例の講義（『芸術哲学』講義）の関連個所（「序説」）に眼を止めるならば，そのようなものとしてシェリングの念頭に置かれていたものが「バウムガルテン美学」以降の感性的美学

　　　ツ美学と推測されている。「芸術・自然・歴史──ヴィンケルマンとシェリング」，西川富雄監修『シェリング読本』法政大学出版局，1994年，p. 156. また，同氏の論考「可能的世界と創造の類比──ライプニッツ‐ヴォルフ学派の美学」(『思想』826号，1993年，pp. 114-136) では，18世紀から19世紀の初頭にかけてのドイツ美学（それにスイス派をも含め）の展開が概念史的に跡づけられている。

　　　なお，ドイツでの自然模倣説に関する概説としてはたとえば次のものがある。Hans-Georg Gadamer, Kunst und Nachahmung. In: ders. *Kleine Schriften II*, Tübingen 1967, S. 1-25; Hans Blumenberg, "Nachahmung der Natur" Zur Vorgeschichte der Idee des schöpferischen Menschen. In: *Studium Generale*, 10. Jahrgang (1957), 5. Heft, S. 266-283. シェリング，ヘーゲルを含む「観念論美学」の概説は Dieter Henrich, Kunst und Natur in der idealistischen Menschen. In: H. R. Jauß (Hg.), *Poetik und Hermeneutik I: Nachahmung und Illusion*, München 1969, S. 128-134.

2)　拙著『ドイツ自然哲学と近代科学』北樹出版，1972年（増補改訂版1979年），終章「自然哲学のアクチュアリティ」および付論第4節「形而上学的研究」参照。

3)　シェリングのミュンヘン講演に特徴的な自然学重視の主張はすでにゲーテによってもなされていた。すでに見たとおり（第一部第5章1），彼は自編雑誌『プロピュレーエン』「序説」(1798年) において，自然と芸術との間に天才によってさえ越え難い「深淵」を認め，これを超えるための「外部からの助け舟」として，博物学や比較解剖学など当時の自然諸学を挙げていた。

やカントの趣味批判に連なる主観的「美学」だということが分かる。これらにコメントしてシェリングが言うには，前者は「美を経験的心理学から説明しようとした」にすぎなかったし，後者には「趣味の欠如しか期待できなかった」(V, 362)。このように，これらはどれも彼の期待に応えるものではなかった。彼の期待に沿うような客観的美学，いわば「内実美学」Gehaltsästhetik[4]は実在的な自然哲学を介してはじめて成立する。ミュンヘン講演に際して立てられたテーマである造形芸術論の真の狙いは，すでに注目したとおり，自然哲学に基づきつつ「造形芸術の自然との関係」の問題に対して「理論面でいくばくか寄与すること」にあったが，この点，講演2年後に加えられた注記では[5]，芸術作品を「自然の深みから」規定しようとする点にあったとまず言い換えられる。そしてこうした課題に対する応答として，講演の狙いが「芸術ひいては美の基礎が自然の活性にあることを証示する」(VII, 321)点にあったことが強調される。ともあれ，こうした課題に立ち向かうことのできる者は，シェリングの立場にあっては，真の自然探求者のみである。それゆえ，彼は言う。

> 自然は，ある者にとっては不特定多数の諸対象の死せる集合体……以外の何物でもなく，他の者にとっては自身の育成と維持を引き出す地盤にほかならない。霊感に打たれた探究者にとってのみ，自然は万物を自己自身から生み出し，世界を永遠に創造する，世界の聖なる根源力にほかならない。
> (VII, 293)

見られるとおり，ここでは，機械論的自然観および自然支配思想に対して有機的自然観もしくは創造的自然観が対置されている。周知のとおり，近代初頭(17世紀)，新たな自然研究の進むべき方向をデカルトはかの物心二元論によっ

---

4) K. Düsing, Schellings Genieästhetik. In: A. Gethmann-Siefert (Hg.), *Philosophie und Poesie. Otto Pöggeler zum 60. Geburtstag*, Stuttgart-Bad Cannstatt 1988, S. 193.

5) 講演2年後の1809年，シェリング自選による『哲学著作集』第1巻 (*Philosophische Schriften*, erster Band, Landshut 1809) に講演原稿を再録する際に注記が加えられた。講演注記はすべてその折のものである。Vgl. *Schellings Werke*, hg.v. M. Schröter, Erg. Bd. 3, S. 391.

て指し示した。ある科学史家の弁を借りて言えば，「デカルトの二元論の結果は……物質的自然から霊魂的なもののあらゆる痕跡を外科手術の正確さをもって切除し，それを不活性な物質の塊の非情な衝撃のみを識別する生命のない領域としたことであった。それは荒涼のあまり驚倒すべき自然概念であった。——だが，それは，近代科学の目的のためにみごとに考案された自然概念であった」[6]。今日に至る爾後の歩みは，かつてデカルトが示唆したとおりに，自然から「霊魂的なもの」，「生命的なもの」，総じて「精神的なもの」を徹底的に排除することによって数理を駆使した精密で機械的な自然把握，さらにはそれによって人間生活に役立つ自然利用・自然支配さえ可能となった[7]。しかしながら，このような自然を人間生活のための単なる手段，道具と見なすような自然観は，他の論考でシェリングの強調するところによれば，「自然殺戮」の思想にほかならない。ミュンヘン講演前年のある批判文で，すでにシェリングは，当代の機械的・道具的自然観に対して次のような警鐘を鳴らしていた。「自然は人間の諸目的に奉仕するだけでは殺される」。「自然が生けるものとしてわれわれに現れるという直観を欠く」とすれば，遅かれ早かれ，われわれの「全精神と全感覚の鈍麻・無関心と無生命・死を生み出す」(VII, 181)と[8]。翌年の講演でも，シェリングは当代の学問の趨勢が「自然の全生命を否認する」(VIII, 293) ものであることを指摘し，このような時代状況，学問状況の中にあって模倣を唱えることの奇妙さに鉄槌を下すべく，自身共感を寄せる，ある「賢人」の言葉を引き合いに出す。

---

6) R. S. Westfall, *The Construction of Modern Science. Mechanism and Mechanics*, Cambridge 1977, p. 31. デカルトの物心二元論および機械論については前掲拙著『ドイツ自然哲学と近代科学』第2章「機械論と目的論」参照。

7) デカルトの「自然支配」思想にはベーコンのそれが先行している。この点を含め拙論「近代科学と自然支配の理念（ベーコンとデカルト）」，拙著『科学・芸術・神話』（晃洋書房，1994年，増補改訂版1997年）所収を参照。

8) シェリングのこの発言は，ベーコンやデカルトの「自然支配」思想と同工の「道具的自然観」を表明しつつ，シェリングの自然哲学を「自然を絶対化し，自然を神化しようとする」(Fichte, III, 694) ものと批判したフィヒテ（『学者の本質について』1805年）に対して反批判を加えた書評（「反フィヒテ論」）の中に見出される。この点，詳しくは拙著『人間と自然』（叢書シェリング入門2）萌書房，2004年，第1章第4節「シェリング自然哲学のアクチュアリティ——自然の殺戮に抗して」参照。

人を欺く諸君の哲学は自然を始末した。なのになぜ諸君は自然を模倣すべしとわれわれに迫るのか。自然の弟子に対して同じ暴行を加える愉悦をまたしても味わわせようとでもいうのか。　　　　　　　　　　　　　　　(ebd.)

　シェリングが講演で「賢人」と呼ぶ，寸鉄人を刺す警句家ハーマンは，当時台頭してきた新たな聖書解釈学「ネオロギー」[9]に対して批判を試み，その「カバラー的散文による狂詩曲」(『美学提要』1762年)[10]のなかで，「バッカス［ディオニュソス］よ，ケレース［デーメーテル］よ，疾く来たりて助けたまえ」(II, 206)と，酒神や豊穣神に乞い願い奉っている。「自然は感覚と激情によって働く」からであり，「自然という道具を毀損する者」が「感じる」ことなどありえないからである（ebd.)。「北方の賢者」Magus in Norden[11]に言わせれば，「哲学者の見解は自然読解であり，神学者の教義は聖書読解に違いないが，著者こそ，自らの言葉の最良の解釈者である」(II, 230 f.)。
　ここにいう「著者」とは，言うまでもなく「創造者としての神」のことである。「創造者（神）こそが自身の作品の最良の解釈者である」というこのテーゼを，シェリングの芸術論に引き移して言い換えれば，それは，「神のうちなる人間としての天才こそが芸術作品を創作しうる」というシェリングの「天才」思想に通ずるものとなろうが，この点については後に考察する。ここで取り上げるべきは，講演でシェリングが問題視している「自然模倣説」如何である。講演の冒頭で議論される問題の全体を見通す上で恰好のものは，ここでも『芸術哲学』講義「序説」中の発言である。そこでは，自分たちの時代である現代が，創造の時代（デューラーとラファエロの時代，セルバンテスやカルデロン

---

9) 「ネオロギー」については，拙著『人間と悪』(叢書シェリング入門 1) 萌書房，2004 年，pp. 125–127 参照。
10) Johann Georg Haman, *Ästhetik in nuce*, Tübingen 1762. ハーマンのこの書は，「ネオロギー」(新しい啓蒙的・歴史的な聖書解釈）を唱え実践したパイオニアの一人ミヒャエリス批判を意図して書き下ろされたものである。この点，川中子義勝『北方の博士・ハーマン著作選』下，沖積舎，2000 年，pp. 379 f. 参照。
11) この語の由来ならびにシェリングによるハーマン思想への言及・注目については，礒江景孜『ハーマンの理性批判——18 世紀ドイツ哲学の転換』世界思想社，1999 年，pp. 265–267, pp. 5 f. 参照。

とシェイクスピアの時代）の終焉した混迷の時代，「文学上の農民戦争」の時代と見なされていた（V, 360 f.）。「自然模倣」を奉ずる側と，「作品模倣」（=「古代模倣」）を奉ずる側とが相争っている「戦争」である。一方は「内容を欠いた形式」を「空虚」と見なし，「素材」を重視する実在の立場であるのに対し，他方は「形式という空ろな外的残滓」にこだわる観念の立場であり，両者ともに「形式と素材とが不可分に流れ出る芸術の真の源泉に還帰していない」（V, 360）。こうした源泉にわれわれを連れ戻すものこそ，すでに見たとおり，自然哲学にほかならなかった。講義では，彼の打ち出す「芸術哲学」が，自然現象という込み入った「カオス」を選り分けた「自然哲学の方法」を芸術の領域に適用することによって，「芸術世界というさらに込み入った迷宮のような混沌を通り抜け，その世界の諸対象に新たな光を当てる」（V, 363）ものと見なされた。講義においても講演においてもともに，混乱した時代状況から脱出するためのいわば「アリアドネーの糸」を彼は自然哲学に求めたことになる。「自然模倣」と「古代模倣」とをめぐって争う「農民戦争の時代」に生きるシェリングの上げた軍配がどのようなものであったかは，これによってすでに明らかであろう。すなわち，自然哲学の立場に立った両面批判である。

2　自然模倣と古代模倣

　自然の有機的性格，生命，創造性を「見通す」specto「思弁的自然学」spekulative Physik としての自然哲学を樹立したシェリングにあっては，生命や創造性を欠いた「経験主義」に留まるかぎりの「自然模倣」など許容できるはずもなかった。自身固有の「思弁的」な自然哲学を築き上げてきた者として，シェリングは，先に引いた何とも毒々しいハーマンの警句を[12]，当代の自然学（いわゆる「近代科学」）にぶつけている。「自然の全生命を否認する当代の学問が

---

[12]　「騙し討ちする諸君の哲学は自然を始末した。なのになぜ諸君は自然を模倣すべしとわれわれに迫るのか。——自然の弟子たちに対して殺害者になる愉悦をまたしても味わわせようとでもいうのか」（II, 206）。『美学提要』（1762年）に記されたハーマンのこの言葉を，シェリングは自己流にアレンジしつつ，前頁に掲げたように引用している。また出典名も『美学提要』ではなく，『三つ葉のクローバ，古代ギリシア書簡第二』とされている。

芸術においては生命を模倣すべしと主張することほど奇妙なこともなかろう」(VIII, 293) と。一方返す刀で，シェリングは，「美と完全のみを模倣すべし」と，古代作品の模倣を奨励するヴィンケルマン説のその後の展開に眼を向ける。確かに「彼は芸術魂を芸術活動全体に再び吹き込み，芸術をそれに不相応な依存状態から精神の自由な国へ高めた」(VII, 295)。また「古代の造形における形式美に痛く感動したヴィンケルマンは，精神的諸概念もろとも現実を超えた理想的自然を生み出すことが芸術の最高の目的であることを教えた」(ebd.)。——ここに定式化されているヴィンケルマン説は，「古典芸術の自然主義的な解釈」[13] と銘打つことができようが，こうした点に彼の功績を認めざるをえないものの，それにもかかわらず，その後の展開はというと，「何の変化も生じなかった」ばかりか，「単なる所産としての自然，生命を欠いた現存としての事物という見解が維持され続けたのであり，生ける創造的自然という理念がこの説によって呼び覚まされることは金輪際なかった」(ebd.)[14]。シェリングが皮肉な口調で語るには，「模倣の対象は変わったが，模倣は存続した。自然に代わって古代の崇高な作品が歩み出ただけなのだ」(ebd.)。

ここで看過できないことは，講演冒頭でのシェリングによる批判の舌鋒がヴ

---

13) ヒュー・オナー前掲書『新古典主義』p. 120. なお，こうした解釈は先に（第一部第1章）特筆したヴィンケルマンの指南役メングスも唱えていたものであった。たとえば，かの美論（『絵画における美と趣味に関する考察』*Gedanken über die Schönheit und über den Geschmak in der Malerey*, Zürich 1762）では次のように言われていた。「いずれの不可視の完全性も眼では見えず，魂で感ずるものである。なぜなら，それはいわば至高の完全性によって創造されており，それを出自とするものだからである。……美はあらゆる事物の内にある。というのも，自然は無駄なものを何一つ作らなかったからである」(W. Voßkamp (Hg.), *Theorie der Klassik*, a.a.O., S. 92–94)。メングスのこの美論は匿名のままヴィンケルマンに捧げられた書にほかならなかった。なお，当書のタイトル中の Geschmak は誤植ではなく，18世紀にはよく見られる表記である。

14) 芸術論におけるヴィンケルマン説とシェリング説との関連を丹念に追跡したアラーの好研究は，『芸術哲学』講義（特にその絵画論）におけるヴィンケルマン受容とアカデミー講演冒頭 (VII, 294-298) でのヴィンケルマン批判とを対比させ，かつ批判点を「所産的自然」natura naturata と「能産的自然」natura naturans という自然観の相違に集約させている。J. Aler, Winckelmann bei Schelling oder Zur Frage nach der Wahrheit der Kunst. In: B. Hüppauf/D. Sternberger (Hg.), *Über Literatur und Geschichte*, Frankfurt a. M. 1973, S. 205.

ィンケルマン説登場以後の現状に向けられるだけでなく，勢いヴィンケルマン説そのものにまで及んでいることである。今われわれの見た現状批判に続けて，シェリングはヴィンケルマン説そのものに対しても，次のような憤懣をぶつけている。ヴィンケルマン説はわれわれをして「物質を超えた崇高な美」に遭遇させ，「魂の神秘だけは教えてくれたものの，肉体の神秘については教えてくれなかった」(ebd.) と。彼の理論にあっては，「至高の美」としての美は，一面では「概念における美」として，他面では「形式の美」として分裂して現れ，肝心の両者（魂と肉体）を結合する「活動的な紐帯」，「生ける中項」[15]は提示されぬままに終わった。これでは「芸術は何も生み出せない」(VII, 296)。いやそれどころか，その後の「芸術は逆行と呼びたくなるような，かの方法へ移行した」。元来，芸術は「形式から本質を目指す」べきだというのに，実際に制作される作品は，形式を巧みになぞるだけの本質を欠いた抜け殻，「埋めようのない空虚」を示すばかりである (ebd.)。それだけに一層，シェリングは語気を強めることになる。これでは「制約者が無制約者に高められ，人間的なものが神的なものになるはずの奇跡は生まれず，魔法陣は描かれるものの，そこに把捉されるはずの精霊は現れない」(ebd.) と。ヴィンケルマン批判とともにその後の展開をめぐるこのような現状批判は，講演の末尾で強調される，現代芸術に停滞をもたらしたと彼の見なす元凶たち（イタリアのカラッチ一族，フランスのプッサン，ドイツのメングス）に対する批判に連なるものである（この点，第6章で後述する）。

　ともあれ，講演の出だしだというのに，シェリングはこれまで見てきたように痛烈な批判，過激発言を連発する。現状批判という点に関連して他の点に眼

---

15) シェリングの紐帯思想は，彼の『ティーマイオス注釈』(1794年) 以降，自然哲学的諸著作で繰り返し語られることになるのだが，同じ思想がここでは芸術哲学に即して語られている。紐帯思想については以下の拙論参照。Die Vereinigung des Entgegengesetzten. Zur Bedeutung Platons für Schellings Naturphilosophie. In: R. Adorfi/J. Jantzen (Hg.), Das *antike Denken in der Philosophie Schellings* (Schellingianer Bd. 11), Stuttgart-Bad Cannstatt 2004, S. 51–76, insb. S. 55 ff.; Mechanisch versus dynamisch. Zur Bedeutung des dynamischen Naturverständnisses und zum Vergleich der Materiekonstruktion bei Kant und Schelling. In: J. Matsuyama u. H. J. Sandkühler (Hg.), *Natur, Kunst und Geschichte der Freiheit*, Frankfurt a. M., S. 41–70, insb. S. 56 ff.

を向ければ，すでに見たとおり（前節），シェリングの講演のなされた1800年頃は，造形芸術上のある「危機」がドイツを含めヨーロッパ全体を揺るがした時期に当たっており，この「危機」は，美術史的に振り返ってみれば，ゴヤ絵画の登場によって招来された古典的理想美の消失と醜悪や卑俗の強調によるものだったとされるが[16]，すでに指摘したとおり，こうした動向に対するリアクションは講演のどこにも見当たらない。むしろ講演冒頭のヴィンケルマン批判ならびに現状批判の指し示す方向は，ヴィンケルマンの目指していた古典的理想美再現の奨励にあったように思われる。われわれはシェリングによるヴィンケルマン批判のうちに，ヴィンケルマンに名を借りた痛烈な時代批判を見ることができるが，しかし彼にとって，ヴィンケルマンは時代批判のための単なるよすがとして済ませられる存在ではけっしてなかった。『芸術哲学』講義では，シェリングは彼を「芸術学全体の父」(V, 557) とまで称えていた[17]。これに加え，ヘルダーやゲーテといった名だたる先人たちがヴィンケルマンの早逝後，彼に対する讃歌，讃辞(エロージュ)を捧げていた。とりわけ，ゲーテ自編の書『ヴィンケルマンとその世紀』[18]が刊行されたのは，アカデミー講演に先立つこと2年前（1805年）のことだった。これは講演者にはむろんのこと，その聴衆たちにも周知のことであったろう。そのためであろうか，先の批判に続けて，シェリングは彼なりの讃辞(エロージュ)を講演に加えることになる。

---

16) 註13参照。
17) 浩瀚なヴィンケルマン伝を著したユスティはその序論に，ヴィンケルマンを古代芸術についてドイツ語で語り，解釈した第一人者と見なしたゲーテ，F. A. ヴォルフ，ヘルダーの名とともにシェリングの名をも挙げ，さらにスタール夫人，ルーモア，シュレーゲルの名を挙げている。C. Justi, *Winckelmann und seine Zeitgenossen*, Bd. 1, a.a.O., S. 2.
18) Johann Wolfgang Goethe, *Winckelmann und sein Jahrhundert. In Briefen und Aufsätzen*, Tübingen 1805. 本書は冒頭にザクセン-ヴァイマール，アイゼナハ侯爵夫人アンナ・アマーリエへの「献辞」および編者ゲーテの「序言」を掲げた後に，ヴィンケルマンの初期の書簡（特に彼の友人ベレンディス宛書簡）を収め，さらに解説としてマイヤーによる「18世紀美術史草案」ならびに「ヴィンケルマンを描写するための素描」という表題のもと，編者ゲーテによるもののみならず，マイヤーやヴォルフによるヴィンケルマン論が収められ，末尾に89に及ぶ図版まで収められている。今日われわれはこれをH. Holzhauerの「序論」が付された新版（Neueasugabe, Leipzig 1969）あるいはGoethe, Berliner Ausgabe, Bd. 19 (1973), S. 471-520によってその全容を見ることができる。ただし，後者では書簡とマイヤーの「美術史草案」や図版は割愛されている。

彼はヴィンケルマンのような「完全な人間の精神を非難しようとなどという気はさらさらない」と断りの言葉を添えるばかりか，祈りとしての賛辞さえ口にする。「美に関するその永遠の教えと啓示は芸術をこのような方向に進ませる原因となる以上に，それを促す誘因となった！　恩人たちの記憶同様，彼の追憶もわれわれのもとで神聖であり続けんことを！」(Ⅶ, 296) と。先人による追悼の辞に唱和するかのように，シェリングはヴィンケルマンについて聴衆に語りかける[19]。

　　彼は彼の時代全体を通じて山の如く崇高な孤独のうちに屹立していた。広い学問の世界のどこにも彼の努力を受け入れる応答も生動も脈動もなかった。ようやく彼と真に意見を同じくする人が現れた途端，偉人は身罷った！　ヴィンケルマンは感性や精神のゆえに彼の時代の人でなく，古代の人か，あるいは現代という時代を創造した時の人である。彼はその説によって古代学という後代が築き始めた普遍的な建物に最初の基礎を与えたのである。
　　　　　　　　　　　　　　　　　　　　　　　　　　　　（Ⅶ, 297 f.）

　興味深いことに，先に企てた批判とは逆に，シェリングはここに新たな可能性を，しかもヴィンケルマンその人によって切り開かれたと彼の見なす可能性を見出すに至っている。「彼において初めて芸術作品を永遠なる自然作品の諸方法と諸法則に従って観察しようという思想が生じた」(Ⅶ, 298) と。というのも，シェリングが注目するところによれば，最晩年にヴィンケルマンは自説の欠点に気づき，親友たちに対して「自分の究極の観察は芸術から自然に向かうことになろう」と繰り返し述懐していたからである。シェリングに言わせれば，「彼は神の中に見出した至高の美を万物の調和の中にも認めるべきだった」(ebd.) のである。若くして自然哲学に打ち込んでいたシェリングならではの立言である。

---

19)　以下に引用する発言の冒頭に見られるヴィンケルマンの「孤高」に，J. アラーはシェリングの「孤高」を重ね合わせている。彼らはともに主観主義旺盛な時代の中にあって「観察法全体の客観性」(Ⅶ, 296) を唱えたからである。Vgl. J. Aler, Winckelmann bei Schelling. In: a.a.O., S. 207.

3　自然哲学と天才美学

　周知のとおり，シェリングは 22 歳から 24 歳という若さで，自然哲学に関する著書を立て続けに三冊も出していた。『自然哲学考案』(1797 年)，『宇宙霊』(1798 年)，『自然哲学体系の第一草案』(1799 年) である[20]。以下，かいつまんで要点のみを見ておくとすれば，シェリング自然哲学の根本構想はデカルトに端を発する近代的な物心二元論とそれに基づく自然機械論の双方を克服して，統一的な自然概念を確立することにあった。シェリングはこれを，自然と精神との類比的同一という同一思想および，機械論と有機体論との間に立てられていたカント的関係の転倒という逆転の発想によって果たしている。「自然は見える精神であり，精神は見えない自然であるはずだ」(II, 56)。これが最初の作の「序説」に掲げられたシェリング自然哲学の根本テーゼにほかならなかったし，「機械論のないところに有機体論が存在するのではなく，有機体のないところに機械論が存在する」(II, 349) というテーゼは，「宇宙霊」という理念——「世界［宇宙］を体系へと形成し有機化する原理」(II, 381)——によって自然における対立する諸力を統一し，自然全体を「普遍的有機体」(副題) として構成する第二作で表明される。第三作では，前作での理念・根本原理が「絶対的活動」(III, 13 ff.) と呼びかえられて，今度はその「進展」Evolution によって自然の有機的発展が説かれる[21]。

　シェリングの自然哲学はその後の同一哲学体系（とりわけ 1801 年の「わが哲学体系の叙述」[22]さらには 1804 年のヴュルツブルク講義『全哲学の体系と自然哲学

---

[20]　(1) *Ideen zu einer Philosophie der Natur*, Leipzig 1797;　(2) *Von der Weltseele, eine Hypothese der höheren Physik zur Erklärung des allgemeinen Organismus*, Hamburg 1798;　(3) *Erster Entwurf eines Systems der Philosophie*. Für Vorlesungen, 1799.

[21]　この点の意義については以下の拙論を参照。「無制約者としての自然」(前掲拙著『人間と自然』pp. 38–45)，「見える精神としての自然——シェリング自然哲学の根本性格」(拙編著『シェリング自然哲学への誘い』晃洋書房，2004 年，pp. 3–35)，「シェリングの自然哲学」(拙編訳『自然哲学』シェリング著作集第 1b 巻，燈影舎，2009 年，pp. 337–366)。

[22]　Darstellung meines Systems der Philosophie. In: *Zeitschrift für speculative Physik*. Hg. von

特論』[23]）にも盛り込まれ，練り直されることになるのだが，こうした成果を蓄えとして持つシェリングは，1807年のミュンヘン講演でも自身の自然哲学的識見を活かし，「芸術作品を永遠の自然作品の在り方と諸法則に即して観察しようとする」(VII, 298)。その上で，それを1800年の別の体系，すなわち『超越論的観念論の体系』[24]で培い，1802年以降の『芸術哲学』講義でも復唱した天才論とも結びつけて，芸術家の創造力を自然の根源力としての創造力に匹敵するものと見なす。周知のとおり，ルネサンス（フィチーノ）において芸術家はいわば「自然における神」Deus in natura もしくは「地上における神」Deus in terris[25]とされたが，シェリングの創造力思想もこうしたルネサンス思想と軌を一にすると見なしてよかろう[26]。まさしくこの点に符合する発言が彼の講演中に見出される。それは次のようなものであった。

　神々によって創造的精神を授けられた芸術家が幸運と呼ばれ，称賛の的となるのだとすれば，芸術作品はわれわれに自然の創造と活動という生粋の力を一つの外形の内で見せつければ見せつけるほど優れたものに見えるであろう。
(VII, 300)

はるか遠き昔，ヘリコーン山の麓で羊を追っていたヘーシオドスに「麗しい

　　　Schelling, Zweiten Bandes, zweites Heft, Jena und Leipzig 1801, S. III-XIV, S. 1-127.
23)　*System der gesammten Philosophie und der Naturphilosophie insbesondere*（Aus der handschriftlichen Nachlaß) 1804.
24)　*System der transzendentalen Idealismus*, Tübingen 1800.
25)　A. シャステル『ルネサンス思想の深層——フィチーノと芸術』桂芳樹訳，平凡社，1989年，p. 108. この点，前掲拙著『科学・芸術・神話』pp. 154-155（増補改訂版 pp. 140-141）参照。
26)　「自然模倣」を不可能なものとして拒否する自然哲学的なシェリングの造形芸術論を，「自然の芸術は——自然に倣って産出してはならず，自然のままに産出しなければならない」という立場から，パウル・クレーの創作原理と結びつけるのがD. イェーニヒ年来の主張である。まことに興味深い見解である。Vgl. D. Jähnig, a.a.O., S. 57. なお，R. クナッツもシェリングの芸術哲学におけるポエジー論（職人的修練と無意識的直観からなる「ポエジー」）とクレーの現代的芸術論とを関連づけている。拙監訳『シェリング哲学——入門と研究の手引き』昭和堂，2006年，p. 165 および p. 179 の田中均による訳註3参照。

歌を教え」，神々への讃歌を歌わせたのは「ムーサイ（詩神たち）」だった。かつて，詩人は神々の歌を人々に語り聞かせる歌人にほかならなかったが（『神統記』v. 1, 22 f.），今なお，優れた芸術家たちは「神々によって創造精神を授けられた」者であるがゆえに，芸術作品の産出者となりうる。講演に先行する『超越論的観念論の体系』や『芸術哲学』講義では，シェリングは彼らのうちに「天才」を見出していた。後者（講義）での定義によれば，「人間の産出作用の直接因としての神のうちなる人間という永遠の理念が，「天才」と呼ばれるものである」（V, 460）。シェリングにあっては，「神のうちなる人間」こそが「芸術作品の直接の産出者」にほかならなかった（V. 458 f.）。前者（『体系』）での芸術作品論によれば，「芸術を産み出すことができるのは天才だけ」なのだが，それは，彼らによってはじめて，通常では解決しようのない「無限の矛盾」が解消されるからである（III, 623）。ここに矛盾の解消とは，「無意識的活動と意識的活動との合一」（ebd.），もしくは「無意識的活動と意識的活動との予期せぬ出会い」（III, 624）を意味しており，これが「天才の行為」（ebd.）の成果にほかならなかった[27]。

　当然のことながら，後年のミュンヘン講演でも，両活動の稀有な結合が優れた芸術作品産出の必須の条件であることが再度強調される。当講演から引用した先の文言を受けてシェリングが語り始めるところによれば，「先刻お見通しのとおり，芸術においてはすべてが意識を用いて設えられるわけではなく，意識的活動と無意識的活動とが結合されなければならず，両者の完全な合一と相互浸透が芸術という最高のものを産み出す」（VII, 300）。われわれがしばしば体験するとおり，意識過剰，作者の制作意図が見え見えの作品は「わざとらしさ」が眼につき，興ざめだが，シェリングはこの類の作品に「生の欠如」を認め，これらの対極をなす優れた作品として「自然作品」と見紛うような作品を挙げているのである。ただし，彼が鋭く洞察するところによれば，そのような作品を生み出すためには，いわば「自然そのまま自然離れ」とでも称すべき絶

---

[27] シェリング天才論に関しては種々論じられているが，全体に対する目配せの利いた好論は前掲のデュージング論文である。Vgl. K. Düsing, Schellings Genieästhetik. In: A. Gethmann-Siefert (Hg.), a.a.O., S. 193–213. なお，前掲拙著『悲劇の哲学』pp. 109, 123f. をも参照されたい。

妙の「離れ業」が要求される。けだし，一方で，「全自然物にあっては生動感が発揮されるにしても，それは盲目的にすぎない」からだし，他方で，「芸術家が意識的に」実物を忠実に再現模倣しようとも，「彼が産み出すものは紛い物ではあれ，芸術作品ではないであろう」からである（VII, 301）。「芸術は，然るべき作品になるにはまず自然から離れねばならず，自然に帰るのは最後の完成の際のみだ」という「格言」に対してコメントしつつ，彼は言う。

> 芸術家は，所産・被造物という自然から離れなければならないのだが，ただしそれは自らを創造力に高め，これを精神的に把握するためである。これによって，彼は純粋な概念界に舞い上がる。もっとも彼が被造物から離れるにしても，それは，被造物を千層倍もの高利をつけて回収し，この意味で自然に帰るためである。　　　　　　　　　　　　　　　（ebd.）

見られるとおり，ここでは，芸術家に要請される自然離れがかえって自然還帰のためだという逆説的な主張がなされている[28]。先に確認したとおり，デカルトの物心二元論においては自然から「霊魂的なもの」，「生命的なもの」，総じて「精神的なもの」を徹底的に排除し，自然と精神とが分裂・対立させられ

---

[28]　上の本文での引用文中「概念界に舞い上がる」という思想のみならず，自然と芸術に対して「最後（最終目的）」から接近すべしという思想に関連して，興味深いのは，註26でも注目したD. イェーニヒが，これらをパウル・クレーの思想，制作態度と結びつけていることである。Vgl. D. Jähnig, a.a.O., S. 58.
　なおここで芸術と自然との関係や特性と非特性との関係に関するシェリングの基本思想について付言すれば，後に述べるとおり（第4章4），それがゲーテの基本思想（特に様式論やラオコーオン論における優美の尊重）と一致しながらも，特性の独特の役割を強調する点ではゲーテ説に背を向けたロマン主義的なものだというのが筆者の理解である。後者の点では次の解釈と一致するものではあるが，それが引き出されるテクスト読解には，筆者は異論を差し挟まざるえない。そのテクスト読解（山本前掲書 p. 337）によれば，本文に引用したシェリングのコメント冒頭における「自然離れ」という要請のみが注目され，これに対して，「きわめてロマン的であり，ゲーテの考えと同質であるとは認めがたい」という断定が下される。こうした断定は，テクストの読みとして二重の読み過ごしを犯している。すなわち，それは，「自然離れ」という要請が「自然還帰」を目的とするものだという結論部分を無視しているばかりか，ここでのシェリングの発言が本文に引用した「格言」の敷衍としてなされていることをも読み飛ばしている。

た。シェリングは彼の最初の体系構想の提示（『自然哲学考案』「序言」1797 年）以来，両者の分裂・対立を克服し，統合しようと試み，その結果，主体と客体との「絶対的同一性」（IV, 117-119）を根本思想とする同一哲学体系を樹立するに至る。こうした思想樹立時の哲学論文「わが哲学体系の叙述」（1801 年）では，これを抽象的に「主客総無差別」（IV, 114）という独特な哲学用語によって言い表していた彼は，当講演（1807 年）では，客体（自然）即主体（精神）として，そのまま具体的に「自然精神」Naturgeist と呼んで，芸術家に対して，これを範とすべきことを提言する。ここで，先に触れた講演冒頭でのシェリングの気の利いた発言を引き合いに出すことにしよう。彼は講演冒頭，古の格言に言及していた。シモニデースである。われわれはすでに（第一部第 2 章の 1），レッシングがかの『ラオコーオン』において，文学と絵画との境界を際立たせるために詩人シモニデース（「ギリシアのヴォルテール」）の対句――「絵は沈黙の詩，詩は語る絵」（V-2, 14）――を引き合いに出していたのを見ているが，シェリングは，その対句の内の一つ「絵は沈黙の詩」のみに着目し，これを「造形芸術は沈黙する詩芸術」（VII, 292）だとパラフレーズしつつ，これに自身の自然哲学的持論を活かした独特のコメントを加えている。

　　造形芸術は，詩芸術のように，魂を起源とする精神的諸思想・諸概念を言語によってではなく，沈黙する自然のように，形態や形式によって，すなわち言語から独立した感性的諸作品によって表現する。したがって，造形芸術は魂と自然との活動的紐帯（ein tätiges Band）として開示され，両者の生ける中心の中でのみ把握されうる。　　　　　　　　　　　　　　（ebd.）

シェリングにとって（筆者の命名によれば）「紐帯思想」Band-Gedanke は，彼の最初期以来，対立者を合一するものとして万物の根底に置かれ続けてきたものであり[29]，ミュンヘン講演前年のある論考中[30]に「万物の形成，自然の生ける

---

29) 1794 年，シェリング 19 歳の折に書き留められた『ティーマイオス注釈』。この注釈の意義については次の拙稿参照。前掲 Die Vereinigung des Entgegengesetzten. In: R. Adorph u. J. Jantzen (Hg.), a. a.O., S. 51-76.
30) 『宇宙霊』第 2 版（1806 年）に追加された論考「実在と観念の関係について」。この論

現象が高揚出現してくる大本」,「理念が現実と媒介される紐帯」(II, 359) として特筆されていたものでもあった。ここに「紐帯」と見なされていたのは自然の根源としての「物質」なのだが,これは,彼に言わせれば,「万物の内で最も暗い闇」,「未知の根」(ebd.) とでも言うべきものであり,彼といえども,これについて語ること,ましてやこれに語らせることは容易ではなかった。自然は総じて「沈黙」しており,仮にそれが語るとしても,それはちょうど「暗号文字」,「驚異の秘文字」で語るかのようにわれわれに語りかけるほかないからである[31]。ミュンヘン講演で,これについてシェリングが講釈するには,自然は「事物の内面で活動し,象徴を介するかのように形態を介して語りかける」(VII, 301)。こう講釈した後に,彼はこのようにわれわれに語りかけてくる「自然精神」Naturgeist を持ち出し,芸術家の心得を次のように説くに至っている。

　　芸術家は……かの自然精神を範とすべきであり,自然精神を生き生きと模倣しつつ捉える限りでのみ真実のものを創造したことになる。……元来作品や全体を美たらしめるもの……それは形態を超えており,本質,普遍であり,内在する自然精神の表情 (Blick und Ausdruck) である。　　(ebd.)

　　考に登場する「紐帯」概念については次の拙稿で解説した。「自然今昔または意志としての自然──シェリングとショーペンハウアーの自然哲学と意志形而上学」(2012 年の日本ショーペンハウアー協会年次大会における公開講演),『ショーペンハウアー研究』第 18 号 (2013 年) pp. 5-33 のうち pp. 24 f.

[31) 芸術美に対して自然美に優位を置くカントは,自然美をわれわれが読み解くべき「暗号文字」に準えながら,その解読から読み取れるものを「道徳的使命」と見なし,解釈者としての道徳的存在者 (人間) の意義を強調していたが (『判断力批判』1790 年, V, 301),自然美に対して芸術美に優位を置くシェリングは,自然を「驚異の秘文字の内に閉ざされた詩」と見なし,この謎解きのために「精神のオデュッセイア」(自然から精神への還帰) を要請し,「現実界と理念界」に横たわる「見えざる障壁」も芸術家の創造によって取り払われると考える (『超越論的観念論の体系』1800 年, III, 628)。この点,小田部胤久「自然の暗号文字と芸術」(前掲拙編著『シェリング自然哲学への誘い』所収) 参照。

ここには，自然哲学的探究の成果ばかりでなく，客観的な「内実美学」[32]としての芸術哲学の成果も凝縮して示されている。ちなみに『芸術哲学』講義での美の定義によれば，「美とは実在の内に見られた自由と必然との無差別」（V, 383）にほかならなかった[33]。すなわち，シェリングにとって，美とは，自由（精神）と必然（自然）という通常は相対立した両者に差別のないこと，両者同一であることが目に見えることである。それゆえ，彼も例を挙げて言うとおり，「たとえばわれわれがある形態を美しいと言うのは，形態を構想する際，自然が最大の自由を発揮し最高に熟慮しつつも，緻密極まりない必然性と合法則性という諸形式，諸限界内でそうしたように見えるからである」（ebd.）。つまり，そこでは最も自由奔放なあり方が最も規則に適っているという，通常はありえない逆説が実現されているということである。ここから「芸術とは自由と必然との絶対的総合，相互浸透である」（ebd.）という根本規定も導き出される。先に見たように，優れた芸術作品を創造するには「自然そのまま自然離れ」といった天才的な離れ業が要求されるのも，美や芸術が通常はありえない逆説に根ざすものにほかならないからである。

　「芸術家は自然精神を範とすべし」というシェリングのミュンヘン講演における根本テーゼは，実にシェリングらしいテーゼであり，とりわけ自然哲学の提唱者シェリングならではの提言である。われわれの注目した講演冒頭での彼自身の抱負に関連づけて言えば，ここで彼はそれすなわち「造形芸術の自然との関係」の問題に定位した「理論上の貢献」を果たしたということになろう。ただ，われわれがこうした貢献・提唱を唯一シェリングのみに帰されるべきものと見なすとすれば，それは早計，贔屓の引き倒しとならざるをえないであろう。そのようなことをすれば，時代の思想に対するわれわれの無知を告白することになってしまうであろう。けだし，当時の他の思想家たちのテクストを見渡せば，すでにこれと類似した主張がいくつも見出せるからである。たとえばシラーやシュレーゲル，あるいは遡ればモーリッツなど。まずはシラーから。

32）　前掲デュージング論文 Schellings Genieasthetik（註 13）参照。
33）　『芸術哲学』講義では，美は「自由と必然との無差別」と定義されるが，ここに至る元の発想はすでに『哲学的書簡』（特に 1796 年刊行の後半部）に認められる。この点，前掲拙著『悲劇の哲学』pp. 84–91 参照。

4 「自然精神」をめぐって

　当時ドイツ演劇界（「ドイツ市民悲劇」）が陥っていた停滞を打破すべく作劇された『メッシーナの花嫁』に付された「序言」（いわば「後期シラーの作劇態度のマニフェスト」[34]），「悲劇におけるコロスの使用について」（1803年）にそれが見られる[35]。そこでシラーは通常の「美しい芸術」に対して「真の芸術」を対置し，それが「束の間の戯れ」を目指すものではなく，「感性界［自然］を……精神の自由な所産に変える」ことによって「人間を自由にする」ものだと主張する（X, 8）。彼に言わせれば，「真の芸術は自然という確たる深い根底の上に理想的殿堂を打ち立てる」ものにほかならない。言い換えれば，「芸術は現実を完全に見捨て，きわめて緊密に自然と合致すべき」なのである（ebd.）。このように「真の芸術」に課された要請の核心を，彼は「自然の精神」Geist der Natur と呼び，凡庸な芸術家（「創造的想像力に乏しい人」）は現実模倣に終始するばかりでこれを捉えないとし，そうした模倣芸術家を詰っている。求められているのは「われわれの造形的精神の自由な所産」なのであって，「現実を模倣的に再現することは自然を表現することではない」（X, 9）。シラーはこのような自説を復唱しつつ，「精神の理念」としての「自然そのもの」（すなわち「自然精神」）を把握することこそ「理想の芸術」の課題であることを，次のように強調している。

　　芸術は現実を完全に見捨て，純粋に理念的になることによって真実なものとなる。自然そのものは精神の理念にほかならず，けっして感覚されない。それは諸現象の覆いの下に横たわり，それ自体はけっして現象しない。万有のこの精神［自然精神］を捉え，具体的形態につなぎとめる力は，理想の芸術にのみ賦与され，むしろそれに課された任務である。　　（X, 10）

---

34)　石川實「市民悲劇のドラマトゥルギーの批判者シラー」，南大路振一ほか編著『ドイツ市民劇研究』三修社，1986 年，p. 397.
35)　内藤克彦『シラーの美的教養思想――その形成と展開の軌跡』三修社，1999 年，pp. 253-257 および前掲拙著『悲劇の哲学』第 5 章第 3 節「ドイツ市民悲劇瞥見」参照。

見られるとおり，先にわれわれの注目した「芸術家は自然精神を範とすべし」というシェリングのミュンヘン講演における根本テーゼに盛り込まれた造形芸術思想が，ひとり彼のみのものでないことがここに確認できるであろう。同じことがシュレーゲル（兄）に関しても可能で，彼はベルリーンでの『芸術論』講義（1801-02 年）において（シェリングに先立って）「芸術の自然との関係について」という題目を立て，彼の考えるところを次のように語っていた。

> 太古以来，人間は生命の現れを，産出するという全活力を用いて一理念の統一へと統合してきたのであり，これこそ最も本来的で最高の意味における自然である。……全自然は同様に有機化されている。……自然がこのような然るべき意義において，すなわち産出物の塊としてではなく，産出するものそのものとして捉えられると，また同時に模倣という表現も，人間の外面を猿まねする（nachäffen）というのではなく，人間の行為の賢明さをわがものとするという高貴な意味において捉えられると，芸術は自然を模倣すべしという，かの原理を論駁しようもなく，それに何かを付け加えようもない。これすなわち，芸術は自然同様，自立的に創造しつつ，有機化され有機化しつつ，生きる作品を造形すべし，ということである。(I, 258)

この引用文からわれわれは，有機的自然を強調する点でも，また模倣するにしても「自然同様」創造的・有機的に作品を造形すべしとする点でも，われわれの注目するシェリング・テーゼと同様のテーゼをシュレーゲルもすでに提唱していたことを確認できる[36]。ここでさらに付言しておくべきことは，シュレーゲルのこの提唱が，「猿まねする」nachäffen という語がすでに暗示しているように（後の第 3 章 3 でわれわれも注目する）モーリッツのある発言に定位しつ

---

36) ちなみに，件のベルリーン講義の草稿を借用・活用しつつなされたシェリングの講義が，かの『芸術講義』（イェーナ，1802-03 年，ヴュルツブルク，1804-05 年）にほかならなかった。この点，G. L. Plitt, *Aus Schellings Leben. In Briefen*, Bd. 1, Leipzig 1869, S. 398 f. および前掲拙著『悲劇の哲学』第 6 章第 1 節「シュレーゲルの悲劇詩人論」参照。

つなされたものであった点である。それは『美の造形的模倣について』(1788年)[37]と題された彼の著書の冒頭および末尾の次の発言である。モーリッツはこの書の冒頭で模倣問題を取り上げる際に，アリストファネースがソークラテースを揶揄し虚仮にした喜劇『雲』に注目し，そこでの役者の演じ方に触れつつ言う。

> 役者が……ソークラテースを外面だけ模倣しようとするならば，我々はこの愚か者について，この男はソークラテースの猿まねをしている *nachäffen* と言うだろう。つまり，役者は賢者を締め出してソークラテースを茶かしているのである。……語法から見れば「模倣する」とは，高貴な道徳的意味においては，模範を得ようと励み競うことと同じ意味になる。(II, 551)

モーリッツは伝統的に自然模倣等の芸術模倣論に特化していた模倣論を，「手本に倣う」，「模範に倣う」という道徳の涵養，徳育問題に転化することによって，模倣論のかかえるネガティヴな側面を払拭し，それをポジティヴな側面に転化するという戦略を採用し（彼がアリストファネースによって舞台に上げられたソークラテースに焦点を合わせたのもこのゆえである），伝統的な模倣論のコンテクストに従いつつ，自身の造形芸術論を展開する。その結果引き出された結論は，次のようなものであった。彼は著書末尾では，「自己完成」を美と見なす，自身の美の概念を引き合いに出しながら（『美術美学統合試論』1785年)[38]，彼が「造形的模倣」と呼ぶ模倣の真の在り方が「完璧なものを模倣する」点にあり，この点において，かつ（おそらくは名人による無意識的作品制作や作品鑑賞の理想状態としての）「忘我・脱自」状態において美が成立することが強調される。

> 結局のところ，われわれの美の概念は，完璧なものが再度完成される当の

---

37) Karl Philipp Moritz, *Über die bildende Nachahmung des Schönen*, 1788.
38) Karl Philipp Moritz, Versuch einer Vereinigung aller schönen Künste und Wissenschaften unter dem Begriff des *in sich selbst Vollendeten*. In: Berlinische Monatsschrift, V, 1785, S. 225–236.

ものを模倣するという模倣概念，および，現存在のあらゆる外化に際し無意識に自失しようとするわれわれ人間存在概念［心地よき忘我・脱自］に解消される。　　　　　　　　　　　　　　　　　　　　　　　（II, 577 f.）

　近年，モーリッツの造形的模倣論のシェリング造形芸術論（ミュンヘン講演）に対する「直接的あるいは間接的影響」[39]が問われたことがあるが，今ここで，この問いに答えるとすれば，上で見たとおり，「大いにありうる」というのが筆者の見解だが，影響関係を確認するとすれば，シェリングは自身の『芸術哲学』講義においてシュレーゲルの講義草稿を確実に「活用」[40]していることがその書簡から確認できるゆえ，彼がモーリッツの見解に触れていたことも確実である。このように当時の時代思想の一つとしてシェリング説を位置づけてゆくと，造形芸術論上の彼の貢献度は大きく目減りするという結果に終わらざるをえない。だとすると，彼としての独自性は，結局のところ，自然学的知見の重視に還元されるほかなくなる。ところがここでも，「目減り」は無くならない。そこにはまたしても先人が存在した。ゲーテである。すでに見たように，彼は「自然」と「芸術」との間には天才ですら踏み越え難い「深淵」が横たわっていることを強調し，天才にこれを踏み越えさせる「外部からの助け舟」として，「博物学」や「比較解剖学」など当時の自然諸学を挙げていた（XII, 42 ff.）。自編美術雑誌『プロピュレーエン』創刊号「序説」（1798年）での発言である。このように造形芸術作品制作における自然諸学の成果の重視という点でも，造形芸術論上のシェリングの貢献度は目減りを余儀なくされる。だとすると，残るはただ，ミュンヘン講演での一連の主張が彼の打ち立てた哲学すなわち同一哲学に基づくものだという一点のみとなってしまう。しかしながら，同一哲学的な造形芸術論は，芸術美を理性的真理に同化するものにほかならず，こうした面にはゲーテは同調し難かったのではないかと思われる。講演直後におけるシェリングの講演原稿（むろん丁重なる送り状付き）送付に対してゲーテが動きを見せたのが5年も遅れて後のことだった事実が，このことを雄弁に物

---

39)　山本前掲書 p. 340.
40)　前記註36参照。

語っている。

　ここで，同一哲学期における真と美との関係についてコメントしておけば，そこでは，真と美とはそれぞれ「絶対者」に連なっているという点で一致しており，両者が区別されるのは，ただ「絶対者」の「考察の仕方」を異にするためでしかない。「哲学にとって，絶対者が真理の原像であるのと同様——芸術にとっても，絶対者が美の原像である。真と美とは，同一の絶対者の二つの異なった考察の仕方でしかない」（V, 370）。ここで注意しておきたいことは，同一哲学期の講義における芸術哲学と，それ以前の美を真や善より上位，最高位に置く「ロマン派的」[41]な「美的絶対主義」[42]の立場に立つ『超越論的観念論の体系』における芸術哲学とは，根本的に立場を異にするということである[43]。同一哲学期のミュンヘン講演では，シェリングは当然のことながら，美の必須の成立条件として真と善のうち，とりわけ真理の決定的重要性を挙げ，これあってこそ美は美たりうることを強調することになる。「美が欠陥なき全き存在でないのだとすれば，何が美であろうか。芸術は自然の中に実際に存在するものを表現せずして，芸術はそれ以上のどんな意図をもちうるであろうか」（VII, 302）と。自然の中に存在する「真理の現実化の問題」——イェーニヒの見解に従えば，これこそが，シェリングのミュンヘン講演の「本来のテーマ」だった[44]。芸術家は眼に見える諸々の事物に向き合っていてはならない。それらは，シェリングによれば，「真に存在するもの」の「仮面」にすぎないからである（VII, 301 f.）。現実のなかで真理を形成する者を，彼は「概念」と呼び，すでに見たとおり，芸術家が「概念界に舞い上がる」には「所産・被造物という自

---

41) M. フランクの言う意味で「ロマン派的」，すなわち，「私が「ロマン派的」というのは，思弁が反省によって絶対者に到達するという要求を断念し，この欠陥を芸術という媒体によって補完する哲学のことである」（M. Frank, a.a.O., S. 222 f.）。なお，この問題に関して，詳しくは前掲拙著『悲劇の哲学』第4章第3節「「全穹窿の要石」としての芸術哲学（ヘルダリンとシェリング）」参照。

42) B. Lypp, *Ästhetischer Absolutismus und politische Vernunft. Zum Widerstreit von Reflexion und Sittlichkeit im deutschen Idealismus*, Frankfurt a. M. 1972, S. 94 ff.

43) この問題点について筆者の理解し思うところを本書の姉妹篇たる前掲拙著『悲劇の哲学』第4章「芸術の哲学——『超越論的観念論の体系』と『芸術哲学』講義」に綴っておいた。

44) D. Jähnig, a.a.O., S. 131.

然から離れなければならない」(VII, 301) ことを強調していた。

　シェリングは講演での冒頭の論題（われわれの見るところ「自然模倣説批判」）で，こうした自説を唱えるのだが，それは「造形芸術 bildende Künste（ひいては〈芸術〉一般の手本たるそれ）が自然との関係において像‒芸術（*Bild-Kunst*），すなわち模倣（Mimesis）でなければならぬであろうという期待からの解放」[45]を意図してのことであった。

---

45) D. Jähnig, a.a.O., S. 57. さらにここでは，X. ティリエットの次の指摘にも眼を向けておこう。シェリングのアカデミー講演の「隠れた指導者は，何度も引用されているヴィンケルマンではなく，ゲーテだった。彼は大地の精を捕えようとしていたのだから」(X. Tilliette, *Schelling. Biographie*, Stuttgart 2004, S. 192)。しかしながら，今引用したティリエットの指摘は一面的であって，他の面にもわれわれは眼を向けねばならない。この点は後述する（第4章註14, p. 235）。

54 ヘーラクレースのトルソー

第3章

象徴と寓意

ヴィンケルマン，モーリッツ，シェリング

1 絵画と彫刻

　すでに触れたとおり，シェリングは，『芸術哲学』講義ではヴィンケルマンを「芸術学全体の父」（V, 557）と称えていた。いやそればかりか，彼はそこで，ヴィンケルマンの諸説を自身の芸術哲学体系の内に組み込みさえしており，それは，(1)絵画の構成，(2)絵画の発展諸段階，(3)彫刻論という三問題に及んでいた。次いで，これら三問題の要諦を確認することにしよう[1]。

　(1)「絵画は形態を表現する最初の芸術形式」（V, 518）であり，「絵画の中で，統一の全形式すなわち実在的統一，観念的統一，両者の無差別が反復される」（V, 519）。そして「統一の特殊な諸形式」——それらが「素描，明暗，彩色」にほかならない（ebd.）。これらのうち，特に素描について論じるために，シェリングは《ヘーラクレースのトルソー》（挿図54）に関するヴィンケルマンの批評に注目する。そこでは《ヘーラクレースのトルソー》における部分と全体との関係，すなわちプロポーションについて，次のような指摘がなされていた。「身体の各部分に表現されているのは，絵画同様，特殊な行為を行っている英雄の全体である」（KS, 144）等々（「ローマのベルヴェデーレにおけるトルソーの記述」1762年）[2]。この文言を含む一連の発言を引用し，これにコメントし

---

1) 以下の記述は前掲アラー論文中の該当箇所（J. Aler, a.a.O., S. 199-205）の要点のみを摘記したものにすぎない。詳細についてはアラー論文該当箇所を参照されたい。

2) Johann Joahim Winckelmann, Beschreibung des Torso im Belvedere zu Rom（Torso-Beschreibung, 1763）.

てシェリングが強調して言うには,「この箇所でヴィンケルマンは素描術の最高の秘密を言い表している」(V, 526)。「ちょうど全部分が再び全体の統一の内にあるかのように，部分の内に全体が表現されている」(ebd.) という部分と全体との関係，プロポーション素描術の秘密を，である。このような素描術によって，人物の統一はその所業の多様さの内に表現される。芸術作品を絶対者の象徴と見なすシェリング芸術哲学の根本原理から見ても，このような素描において「自然の内面があらわに」され，「深く隠された真理が表面化」されるというわけである。言い換えると，それは，人体が単に現れるがままに模倣されるのではなく，「それが自然の原型，理念の内にあるように」描かれるということである (ebd.)。

(2) 次いで絵画の発展諸段階を，シェリングは「光と物体的事物とのさまざまな関係・比率に従って」(V, 542) 規定し，それらの「究極最高の段階」を人体表現のうちに見出している (V, 546)。しかも興味深いことには，それが観念論の基本テーゼと結びつけられる。基本テーゼとは，すなわち「精神の最高の努力は，物質，有限を超えて高まる諸理念を産出すること」(V, 548)，これである。このテーゼを掲げて後，シェリングは，これと同じ立場を表明したものとして，ヴィンケルマンの次の発言を引用する（シェリングは出典を挙げていないが，彼の引用する文言は『美術史』第4篇第2章の本質論 (S. 195) に見られるもの）。

> 美の理念・イデアは，ヴィンケルマンが言うには，物質から火によって牽き出された精神のごときものである。こうした精神が被造物を創造しようとするのだが，それは神性という知性のうちで構想された最初の創造物を似姿としてなされる。　　　　　　　　　　　　　　(V, 548)

ここに，J. アラーは，ヴィンケルマン『美術史』に見られる「最高の美は神の内にある」(S. 195) という根本テーゼと同質のものを見出している[3]。シェリングは『芸術哲学』講義第38節に，「全芸術の直接原因は神である」(V,

---

3) Ebd., S. 201.

386) というテーゼを掲げているが，シェリングによる芸術哲学のこのような基礎づけそのものがすでにヴィンケルマンにおける美の本質規定と結びついているというわけである。シェリングにとって，「神はその絶対的同一性のゆえに，全芸術がそれに基づく実在と観念との全一体化の源泉」(ebd.) にほかならなかった。言い換えると，「神は諸理念の源泉であり，神のうちにのみ根源的に諸理念はある。……神そのものはあらゆる美の源泉なのである」(ebd.)。

(3) シェリングの芸術体系にあっては，彫刻は，実在系列の「第三次元」に位置づけられ，「反省の芸術」である「音楽」，ならびに「感覚」の芸術である「絵画」に対して，それらに優り，それらをうちに含む「理性の表現」と見なされる (V, 570 f.)。あるいは，それは「形式を表現する（その場合それは図式的である）のでもなく，本質あるいは観念を表現する（その場合それは寓意的である）のでもなく，両者を無差別の内に表現する」(V, 571)。それゆえ，「彫刻は本質上，象徴的である」(ebd.) と特徴づけられる。シェリングの芸術体系で用いられる図式，寓意，象徴といった諸概念の意味するところについては次節で考察するとして，本節では，当該の問題に関連する議論に急ぎ移るとしよう。

シェリングは，これまでの概説のみからでも十分想像可能なように，彫刻を「最高の象徴的様式の恰好の実例」(V, 557) と見なし，そうした象徴表現の端的な現れを，たとえば人体の筋肉組織のそれに認める (V, 607)。講義中，シェリングの提示する人体の筋肉組織の象徴表現に関する最も重要なテーゼは，古来のミクロコスモス思想に由来するものなのだが，J. アラーの見るところによれば，このテーゼもまた，ヴィンケルマンのかのヘーラクレース論に依拠しつつ定式化されたものであった[4]。テーゼに曰く。

> 生命が内的動因の所産としては表面に集中し，純粋な美としてはそれを超えて広がっているゆえに，人体は，一言で言えば，特に大地と宇宙の縮小像である。ここには必要や必然を想起させるものは何もない。それは内的で隠れた必然の最も自由な果実，根拠を想起させないそれ自身で自足した

---

4) Ebd., S. 204.

自主的遊戯である。　　　　　　　　　　　　　　　　　　　　（V, 608）

　以上が，J. アラーの提示するヴィンケルマン説との関連が認められるシェリング芸術哲学の三つの基礎づけである。ヴィンケルマン説との関連は，アラーも熟知するとおり，むろんこれらのみに留まらない。たとえば彫刻論中のラオコーオン論。以下に引用する議論では，ヴィンケルマン説のみならず，ゲーテ説にも触れられる。

　　苦痛ではなく精神の偉大のみが現れる高度で精神的な美が，感性的優美と結合されている最高の例はラオコーオン群像である。ヴィンケルマンはこの観点において，特にそのなかで優勢な表現の節度に注目した。ゲーテが『プロピュレーエン』の論考で示したように，群像が同様に卓越したものであるのは，個別においても全体においても有しているある種の感性的優美という面を含んでいるからである。　　　　　　　　　　（V, 613 f.）

　引用したシェリングの発言で目立った点としてここに特筆しておくべきことは，ヴィンケルマン説に対するレッシングやヒルトの批判，反対意見には目もくれないばかりか，ヘルダー説さえ一顧だにせず，ゲーテ説を直ちにヴィンケルマン説に接ぎ木していることである。後に見るように，ここに際立って認められるシェリングの基本姿勢は相当程度，ミュンヘン講演での種々の議論に見受けられるのだが，ここでは今しばし『芸術哲学』講義に留まって，彫像作品に対するシェリングの評価の仕方を見ておこう。これらはほとんどそのままミュンヘン講演での彫像批評として反復されることになるからである。
　上に引用した文言は，当講義の第 124 節中のものであり，この節は造形芸術を，(1)「真実・必然」，(2)「優美」，(3)「両者の総合」としての「完璧な美」という三つのカテゴリーによって捉えようとする箇所である。この節での注解によれば，これらはギリシア芸術や近代絵画や近代彫刻にも及ぶ芸術の発展段階にも対応するとされているのだが，以下にコメントするように，実は必ずしもそうではない。
　(1) 第一のカテゴリーに属する彫刻家として名を挙げるべきはフェイディア

ースであるはずだが，シェリングが彼の名を挙げるのは第二カテゴリー考察に際してのことである。なぜなのか，その理由については第二カテゴリー考察の際に見ることにし，ここでは，ギリシア悲劇に関するシェリングの発言に注目しておこう。そこでまず目につくのは，第一カテゴリー（これは発展段階としては第一段階に相当する）に関する考察のなかに「アイスキュロス」の名が登場することである。彼については後のミュンヘン講演でもソフォクレースと関連づけて再論されることになるが，シェリングはアイスキュロス悲劇を「厳格様式」を代表するものと見なしており，この様式を時代的には「ギリシア芸術の最古の様式」に対応させている（V, 610）。

(2) 第二のカテゴリーの解明に特徴的な点は，ヴィンケルマンに倣いつつ「優美」を二つに分けることなのだが，これに発展段階を重ねると議論が紛らわしくなる。シェリングは「優美」を「感性的優美」と「精神的優美」とに分け（V, 612 f.），前者を代表する彫像（「感性的優美に貫かれた傑作」）としてプラークシテレースの《クニードスのアフロディーテー》（挿図40）[5]を挙げ，後者を代表する彫像（「高貴様式の作品」）としてフェイディアースの《ゼウス》[6]を挙

[5) ヴィンケルマンは『模倣論』でプラークシテレースの当作について次のように記している。「プラークシテレースは《クニードスのアフロディーテー》を閨のお相手カラティーナをモデルとして制作したが……それは前記の芸術に関する偉大な普遍法則［「人物に似せると同時に，より美しくせよ」］から逸れるものではなかったと私は思う。感性的美は芸術家に美しい自然を与え，理想的美は崇高な相貌を与えた。彼は前者から人間的なるものを，後者から神的なものを受け取った」（S. 9）。『古代美術史』での言及箇所のいくつかを挙げておくと，それらは以下のとおり。Vgl. Werke, S. 211, 245, 262.

6) 10メートルを超える巨像だったフェイディアースの《ゼウス像》は今日遺っていないのだが，シェリングは，講義では，当ゼウス像が巨大すぎるため，近代人たちはそれを「見苦しいもの」，「非芸術的」なものと非難したというコメントを加えている（V, 620）。シェリングのこのコメントを捉えて，A. ツェルプストは，シェリングがこの像のオリジナルを見たこともなく，ストラボンの『地誌』における当像に関する適切な指摘も知らなかったのではないかと推測している。ちなみに，ストラボンの『地誌』は1775, 77年に4巻本の独訳が刊行されていた。A. Zerbst, *Schelling und die bildende Kunst. Zum Verhältnis von kunstphilosophischem System und konkreter Werkkenntnis,* München 2011, S. 231.

フェイディアースの《ゼウス》像に関しては，『模倣論』のみならず『古代美術史』でも，ヴィンケルマンは「ぞんざいさ」を免れている「賢明」な作品や「完璧な彫刻」（S. 186）等としてしばしば言及しているが，ある個所では，後進の「威厳ある手本」と

げているのだが（V, 613），こうした叙述の順序に単純に時間軸を当てはめると，順序が逆になってしまうからである。第2章で見たとおり，フェイディアースは前5世紀を，プラークシテレースは前4世紀を代表する彫刻家なのである。したがって，ここでは，ヴィンケルマン様式論に対する通常の解釈とは異なって，理論的議論と歴史的議論とを重ねることは避けなければならない。ここでのシェリングの議論は，あくまでも時間軸と無関係な体系的な評価・位置づけと見なさねばならない。ヴィンケルマンの議論を想い起こしておくと，それは「優美」概念を「偉大様式」に属する絵画（フェイディアースと同時代の画家パラーシオスの作品）にまで拡張し，これを「第一の天の優美の女神」の宿った最初の作品と見なし，続く「優美な様式」を代表する者として，彼らより半世紀後の「優美の女神を虜にしたプラークシテレース」の名を挙げ，彼の作品を「第二の天の優美の女神」の宿ったものと見なしていたのだった。

　(3) 先の二つのカテゴリーに属する諸作品を総合する作品として，シェリングは《ラオコーオン》群像（挿図22）の他に，これまたヴィンケルマンに倣って《ベルヴェデーレのアポローン》（挿図26）[7]を挙げており，これが「究極の完璧な美」の「最高の代表作品」であるとしている。またヴィンケルマンの指摘通りに，これは「全芸術中の芸術，芸術の最高の理想」（V, 617）とされる。

　見られるとおり，シェリングが古代ギリシア彫刻の傑作として挙げるもののほとんどが神々の像ばかりであり，なかでもアポローン像は「安寧と無差別の

　　なった作品の筆頭にフェイディアースの当作を挙げている（S. 200）。その他に挙げられている作品は，ポリュクテーテースの《ヘーラー（ユーノー）》，アルカメーネースの《アフロディーテー（ウェーヌス）》，そして，かのプラークシテレースの《アフロディーテー》である（S. 200 f.）。なお，シェリングは，かのアファイアー神殿報告での「美術史的注釈」（1817年）では，フェイディアースの芸術（彫刻）を，アッティカ悲劇の最高傑作を生み出したアイスキュロスと並べ，自然模倣と自由，生動性との相互浸透による「真正の偉大さ」を達成した作品と称え，「これまでの美術史における……奇跡」とさえ称することになる（IX, 160 f.）。

7)　シェリングが注目したであろうヴィンケルマンの発言は，筆者の推測ではおそらく『模倣論』中の次のものと思われる。「現代の自然観からは《素晴らしきアンティノーオス》のような完全な人体は容易に生まれないであろうし，現代の理念からはヴァティカンの《アポローン》における人間の均斉を超えた美しい神性がそなえる均斉以上のものは生み出されないであろう」（S. 11）。

最高の原像」（V, 624）と呼ばれさえする。シェリングは『芸術哲学』講義において彼独特の悲劇論を「悲劇について」という特別枠を設けて、言語芸術に関する考察中に収めているのだが、そのなかで彼はアイスキュロスの『縛られたプロメーテウス』に描かれたプロメーテウスを悲劇的英雄の典型と見なし、「悲劇の原像」（V, 709）と特徴づけていた。「原像」Urbild という語は当該の領域の典型、いわばその「極み」を指示するために用いられたものであり、これを彼の造形芸術論に引きつけて言えば、彼はアポローン像の他に、《ニオベー》像（挿図39）にも「原像」を認めるばかりか、それを「彫刻の原像」（V, 625）と特徴づけさえもした。こちらは神の像ならぬ人の像、しかも母子像であり、彼はこれを父子像《ラオコーオン》と対のものとして取り上げもするのだが、それは、両像が「人間の行為と受難を描出する最適の表現の特例」（ebd.）をなすからにほかならなかった。両像のうち、ニオベー像についてコメントして、彼は言う。以下に引用するとおり、これは『芸術哲学』講義の彫像論のなかでわれわれの興味を惹くシェリングの発言中、ひときわ興味深いものの一つである。

> ニオベーにおいてこのような秘密の芸術が語り出されたが、それは、最高の美を死のうちに表現し、死すべき者には到達しようのない神的本性のみに可能な固有の安寧——これを死のうちで獲得させることによってであり、またこれは、死すべき者にかかわる美という最高の生命への移行が死として現れざるをえないことを暗示するためでもある。したがって、芸術はここでは二重に象徴的である。すなわち、それは再び自分自身の解釈者となり、すべての芸術の望むことが、ここニオベー像で語り出されて眼前にあるのだ。　　　　　　　　　　　　　　　　　　　　　　（ebd.）

われわれはここで「芸術が自分自身の解釈者となる」、つまり「芸術が自身何者であるかを自ら示す」という独特の芸術規定が象徴概念と結び合わされている点に注目しよう。ここでは、「自己解釈」という側面が、「象徴」Symbol を「図式」Schema と「寓意」Allegorie との総合概念と見なすシェリング象徴論の、ゆるがせにできない今一つの重要アスペクトであることが示唆されてい

るように思われるからである。

2　他律と自律または寓意と象徴

　シェリングの象徴論を見る前に，筆者はまず象徴という語の語源に注目した上で，モーリッツの生涯を手短に辿り，彼の象徴論の内容を見届けておきたい。かつてシェリングの神話論について考察した際，筆者はモーリッツのそれに触れながら，十分に考察できなかったからである。

　さて，もともと「図式」のギリシア語語源 $\sigma\chi\tilde{\eta}\mu\alpha$ も「象徴」のギリシア語語源 $\sigma\acute{\upsilon}\mu\beta o\lambda o\nu$ も，ともに「形態」，「しるし」，「符牒」という意義をもつ類義語にすぎないにもかかわらず，シェリングによって $\sigma\acute{\upsilon}\mu\beta o\lambda o\nu$ が特別視されたのは，この語の接頭辞 $\sigma\upsilon\nu$（syn）の「総合」という含意が生かされたためであろうことは想像に難くない。そうして Schema と「合わされる」媒介項，それが $\dot{\alpha}\lambda\lambda\eta\gamma o\rho\varepsilon\acute{\upsilon}\varepsilon\iota\nu$（ $\check{\alpha}\lambda\lambda o\varsigma$ + $\dot{\alpha}\gamma o\rho\varepsilon\acute{\upsilon}\varepsilon\iota\nu$ ），「別様に語る」を原義とする Allegorie にほかならなかった。これによって，すべてが「想像力」（V, 407）による比喩表現という意義を帯びるに至る。シェリングの定義によれば，「普遍が特殊を指示する」のが「図式」Schematismus であり，逆に「特殊が普遍を指示する」のが「寓意」Allegorie であり，「両者の総合」が「象徴」Symbol である（V, 407）。こうした，一見ステレオタイプなトリアーデは，不評の「紋切型」，「図式主義」に見えて，実はそうではない。ここにはカール・フィリップ・モーリッツによるヴィンケルマンの寓意論に対する批判を介して，ゲーテ，ひいてはシェリングの古典主義的象徴概念に流れ込む歴史，ドキュメントが控えていた。

　樹木に準えて言えば，人はそれに似てさまざまな養分を吸収しつつ成長する。カール・フィリップにとって，ピエティスムス，シュトゥルム・ウント・ドランク，ベルリーン啓蒙，古典芸術などがそれである。成長した，もしくは成長しつつある樹木は，周囲にもその生気を吹き込む。美の自律思想，古典主義，初期ロマン主義などがそれである。これほど時代を駆け抜け，時代を形成しながら，モーリッツは「久しく忘れられた存在」[8]であり続けた。「心気症気質の

---

8)　山本前掲書 p. 9.

風変りな人物であった」[9]ことも，30代半ばで早逝したことも大きかろうが，「忘れられた思想家」を量産するのは，「大作家」，「大思想家」ばかりに研究が集中し先行するという世の研究の習わしでもある。ただわれわれにとって救いは，こうした習わしをものともせぬ目利きの存在することである。以下，目利きの一人の鑑定書から，われわれの考察に必要な限りの事項を抜き書き，要約する。まずはその「モーリッツ小伝」[10]を筆者なりに要約しよう。

極貧と信仰に起因する両親の絶えざる諍いは，カール・フィリップを病弱で「心気症気質の風変りな人物」に育て上げた。ピエティスムスに心酔した軍楽隊楽士の子としてハノーファーのハーメルンに生を享けた彼は，まともな初等教育を受ける機会のないまま，帽子屋の徒弟修業に出されるも，自主的に試みた説教筆記によって身についた文章力が幸いし，その才を見込んだ牧師の計らいにより，ハノーファーのギムナジウムでの高等教育を受ける機会を得るに至る。フィヒテ同様，彼もまた自身の才によって教育の機会を手にし，羽ばたくことになった一人である。ただ，貧困という点では共通するものの，心身ともに荒んだ幼少年期を過ごした点で，彼はフィヒテと異なっており，徒弟修業期などは投身自殺さえ試み，危うく一命を取り留めている。彼がギムナジウムでの高等教育を得ることになったのも，自殺未遂事件後，父親が息子を引き取り，教員養成所付属の授業料免除校に通わせたことによる（1770年，13歳）。

ギムナジウムで同級生だったイフラント（後の名優）同様，彼も演劇にかぶれてギムナジウムを脱走，その後，エアフルト大学やヴィッテンベルク大学に登録，幸運なことに後者の大学での学業半ばでベルリーンのギムナジウム教師職にありつく（1778年11月，22歳）。にもかかわらず，彼は学期途中，当時世話になっていた恩人の夫人への恋慕を断ち切るため，許可を得ぬままイタリアへ。1786年10月27日，ローマ着（時に彼28歳）。その二日後，思いもかけず，彼にかつて『ヴェルター』によって「シュトゥルム」を体験させてくれた作家が同地に現れる。愛人（シュタイン夫人）に何も告げずヴァイマール

---

9) 同書 p. 10.
10) 同書 pp. 19–39.

を脱出してきたゲーテである（時に彼37歳）[11]。興味深いことには，モーリッツの傷病時，彼の看病に励んだゲーテは，彼のうちに自分と「同じ性質」を見出している。ゲーテは書簡中，モーリッツの境涯が「私の境涯に似ていることに驚いた。彼はまるで私の弟みたいだ。同じ性質なのだ。ただ彼が運命に放置され痛めつけられているのに対して，私は恵まれ優遇されている」（Br. II, 28 f.）と記している。奇遇とはこうしたことを言うのであろう。同じ書簡には，こうした奇遇を通して，「私は自分自身をことさら顧みることになった」（Br. II, 28）と告げている。モーリッツは寓意概念批判などの思想的インパクトのみならず，内省の機会をもゲーテに与えたことになる。

　こうした交流の後，さしもの彷徨者もドイツに帰国。彼はヴァイマールのゲーテ家に二か月逗留した末に，ゲーテとアウグスト公の推挙もあってベルリーン王立アカデミーの芸術学教授に落ち着く（1789年2月）。だが，過酷な運命は彼を見逃さず，4年数か月足らずの教授生活の後，彼は急逝する。享年36歳。過労に伴う持病の肺病悪化による夭折である（1793年6月）。

　ちなみに，イタリアから帰国後，モーリッツは矢継ぎ早に数々の作品を上梓。それらは神話論，古代遺産論，様式論，イタリア語文法，小説，旅行記，装飾論，ドイツ語教本，音韻論など多岐にわたっている。またこの時期の人的交流も，ベルリーン時代（この時期の貴重な交流は，美の自律思想を育むことになるモーゼス・メンデルスゾーンとのそれ）[12]同様に盛んで，特にフンボルト兄弟やシュレーゲル兄弟と親交を結び，それにヴァッケンローダーやティークたち（当時なおギムナージウム学生）にも感化を及ぼしたほか，無名のジャン・パウルを世に送り出してもいる。こうした人的交流を一瞥しただけでも，「モーリッツ

---

11)　ゲーテは『イタリア紀行』（1786年12月1日）にローマで出会ったモーリッツについて次のように記している。「ここに，『アントン・ライザー』や『イギリス紀行』でわれわれの眼を惹いたモーリッツがいる。われわれが大いに楽しんでいる純で優れた人物が」（XI, 144）。
12)　以下に見る古典主義的象徴概念とも関連の深い美の自律思想を，モーリッツはメンデルスゾーンから受容しつつ練り直している。またモーリッツの美の自律思想は，その内容もさることながら，カント第三批判のそれに先駆している点でも注目すべきものである。これらについて，詳しくは山本前掲書 pp. 145-162 参照。

がドイツ古典主義と初期ロマン主義の双方に大きな働きをなした」[13]ことが分かるが，にもかかわらず，彼は「久しく忘れられた存在」に留まった。かく言う筆者自身，かつてシェリングの芸術哲学について論じた際，その象徴概念との関連で彼の名を二度挙げただけにすぎない[14]。ここにようやくその欠を埋める機会が到来した。モーリッツの象徴概念はヴィンケルマンの寓意論に対する批判として展開されている。そこで，まずはヴィンケルマンの寓意論から。

　ヴィンケルマンの寓意論は，一言で言えば，「人を楽しませると同時に教え諭すべきだ」という（かつてホラーティウスが唱えていた）「芸術の二重の最終目的」（S. 36）を達成するために「寓意」が役立つと見なすものであった。人は「寓意」によって「普遍概念」が理解できるようになるのだから，それゆえ芸術家は「寓意」を通して「普遍概念」を描き出すために，「普遍概念が詩的に形成された感性的形姿を神話［等］……から集めた作品を必要とする」（S. 34）ことになるというわけである。こうした考えを，ヴィンケルマンは『模倣論』のみならず『美術史』でも主張し，後年著した小論『寓意試論，特に芸術のために』（1766年）[15]では，芸術創作とりわけ絵画制作に役立ててもらうべく，自らギリシア神話などから「寓意」蒐集さえ行っている[16]。

　先達のこうした「寓意」重視に対して，モーリッツはそれが芸術の自律を阻むものだとして批判を加える。われわれが何らかの「寓意」に美を求めるとす

---

13) 同書 p. 37. この点について詳論するのが同書第3部第7章「古典主義と初期ロマン主義」である。
14) 拙著『科学・芸術・神話』晃洋書房，1994年，p. 174; p. 179（増補改訂版，2004年，p. 185; p. 191）。
15) Johann Joahim Winkelmann, *Versuch einer Allegorie, besonders für die Kunst*, 1766.
16) ヘルダーはその『ヴィンケルマンの記念碑』のなかで，「何人にとっても処女作が最善の作品となるのがつねであるように」，ヴィンケルマンにとっても同じであり，そこでの「ギリシア讃歌が彼の全著作に流れ込んでいる」と指摘する（II, 643 f.）。ところが，これはヘルダーによるヴィンケルマン批判の前置きにすぎず，彼はこの指摘に続けて，「彼の特殊性，欠陥，熱狂，友人エーザーもそれに一役買っていたかもしれない寓意癖さえ，ここにその前兆が認められる」と，批判点の重きを「寓意癖」に置いている。しかも皮肉なことに，これをテーマとした著作『寓意論』が「彼の生涯最後のドイツ語著作」ともなり，ヘルダーに言わせれば，この「不完全な小著が彼に最高の名声をもたらした」ばかりか，「故国では詩人や哲学者，文学者や芸術家たちがこれを喜ぶといったありさまであった」（II, 644）。いずれも興味深い指摘である。

第3章　象徴と寓意

れば，優れた作品を過小評価することになってしまう，と。彼は書簡体旅行記『あるドイツ人のイタリア旅行，1786年から1788年まで』第3巻（1793年）[17]に，自身の体験——ルネサンス期に属するグイード・レーニの二つの絵画《曙の女神アウローラ》と《幸運の女神フォルトゥーナ》とを鑑賞した体験——を踏まえつつ，これらを寓意的に解釈するのみだと本来の美を見損なう，と主張する。その主張によれば，レーニの描いた女神が美しいのは，それが寓意的に表現されているからではなく，「この形姿がそれ自身の内に調和と一致とを具えているからである」(II, 715)。さらに後の小論『寓意について』(1789年)[18]では，彼はこうした美の自律思想を，「形姿は，美しいかぎり，自己以外のことは何も意味すべきではなく，また何も語るべきではない」(Schr., 112)[19]と言い表している。自己が自己自身を語る，こうした自律思想は，自己が他者を介して語られる他律思想としての「寓意」と決定的に異なっており，美しい形姿が自己以外の何かを意味するとなると，それはただの「符牒」Symbolに堕し，「本来の美はさして重要ではなくなる」(Schr., 113)[20]。

見られるとおり，モーリッツにあっては，なおSymbolという語は文字表記同様の「単なる符牒」を指示する語にすぎず，「寓意」を超える高次な意味での「象徴」という意義をこの語に持たせてはいなかった。然るべき研究に従えば，Symbolという語にこのような意義をもたせて，これを「寓意」に対置するに至るのは，1799年テューリヒでのゲーテとスイスの画家マイヤー（ローマ滞在期以来の盟友）との語らいだったとされる[21]。この折にはモーリッツはすでに他界していたが（前記のとおり1793年没），モーリッツはローマでゲーテともマイヤーとも面識があったことに鑑みれば，山本惇二の推測するとおり，「彼らの思想形成には共通の土壌もあったと考えられる」[22]。

---

17) Karl Philipp Moritz, *Reise eines Deutschen in Italien in den Jahren 1786 bis 1788*, Bd. 3, Berlin 1787.
18) Ders., *Über die Allegorie*, 1798.
19) Ders., *Schriften zur Ästhetik und Poetik* (Kritische Ausgabe), Tübingen 1962.
20) 以上，詳しくは山本前掲書 pp. 230-235.
21) C. Müller, *Die geschichtlichen Voraussetzungen des Symbolbegriffs in Goethes Kunstanschauung*, Leipzig 1937, S. 188 ff.
22) 山本前掲書, p. 236.

3 神話と象徴

ところで，しばし遅れて，シェリングも彼らの列に加わるのだが，それは何よりもモーリッツの神話論への注目からであった。モーリッツは『神話論，古代人の神話的詩について』(1791年)[23]でも，当時通説であった神話を「寓意」と見なす見解を退けて，美的自律論の場合同様，ギリシアの神々が人間の形態を取ることを説明する際に，生命の「無限，無制限」を「形象や形態」によって繋ぎとめるギリシア人たちの要求から説いている。これは，シェリングが，ギリシア神話をギリシア人たちに「共通の芸術衝動」もしくは「芸術精神」(V, 415) によって成立したものと見なすのと同じ説明の仕方にほかならなかった[24]。シェリングは『芸術哲学』講義において，神話をこのような「詩的絶対性の内に捉える」「多大な功績」を特にモーリッツに帰している (V, 412)。ただし，シェリングは，後に引用するように，モーリッツがこうした企てを完成できなかったと見なしており，L. シボルシキーの指摘に従えば，その完成を，シェリングは神話の体系的・歴史的基礎づけによって果たそうとしたのだった[25]。

『芸術哲学』講義第1部「芸術哲学の一般部門」は，芸術哲学の一般論（第1章）と特殊論（第3章）[26]との間に素材論（第2章）が挟み込まれるという仕方で構成されている。第1章と第2章との関係は，アリストテレス形而上学における形相と質料という事物把握の根本カテゴリー，対概念の関係に準えて言えば，ちょうどそれに相当しており，件の神話の体系的・歴史的基礎づけは，先行する一般論すなわち形相論を承けた素材論すなわち質料論として遂行

---

[23] Karl Philipp Moritz, *Götterlehre, oder mythologische Dichtungen der Alten*, Berlin 1791, S. 98. Zitat aus Jähnig (s. u.).
[24] Vgl. D. Jähnig, a.a.O., Bd. 2, S. 191 f.
[25] L. Sziborsky, a.a.O., S. XIX.
[26] 『芸術哲学』講義第1部第3章での主要テーマである天才論や美と崇高との比較論等についてはここで立ち入る余地がない。これについて筆者は，前掲拙著『悲劇の哲学』pp. 123 f;, pp. 144-152 で考察しているので，そちらを参照されたい。

第3章 象徴と寓意 213

される。先行する一般論・形相論の最終命題中には,「あらゆる芸術の直接的原因は神である」(V, 386) という第23命題(その意義については次節で論ずる)が掲げられるが,続く素材論・質料論での神話論はその具体的展開としてなされており,そのようなものとして,素材論・質料論の実質的内容は神話論そのものとなっている。「哲学にとって諸理念に相当するものが,芸術にとっては神々」(V, 391) だからである。したがって,一般の「芸術論」とは異なる「芸術の哲学」としてのシェリングの芸術哲学体系にあっては,諸理念の定義の後に神々に関する規定が続き,これがシェリングによる神話の体系的基礎づけの発端をなす。

「諸理念と呼ばれる」ものは,「特殊としてありながら同時に普遍である」ような「特殊な諸事物」のことであり (V, 390),神々とは,このような諸理念が実在化されたものにほかならない。「諸理念」命題(第27節)に続く命題(第28節)に曰く。「普遍と特殊とが一体化された特殊な諸事物,これらは自体的に見れば諸理念すなわち諸神像であり,実在的に見れば神々である」(ebd.)。このようなものとしての神々が,単なる「哲学」の対象ではなく「芸術の哲学」の対象となるのは,「神々の諸像の根本法則が美の法則」(V, 397 f.) だからなのだが,ここに「美とは実在として直観された絶対者のことであり,神々の諸像とは特殊における絶対者そのものが実在的に直観されたもののことである」(V, 398)。このような意味で,シェリングは,「神々に関する詩作の全体」(V, 405) という「神話」Mythologie の定義(第37節)に続けて,自身の素材論・質料論の根本命題として,「神話はあらゆる芸術にとって必然的な条件であり,あらゆる芸術の第一の素材である」(V, 405) という命題(第38節)を掲げる。目下われわれが主題としている「象徴」概念に関する根本規定(第39節)が登場するのは,先の根本命題の内容規定としてである。すなわち,「普遍と特殊との無差別たる絶対者を特殊の内に表現することは,象徴によってのみ可能である」(V, 406)。

邦訳著作集中,『芸術哲学』を収めた巻の訳注には,「シェリングの「象徴」概念はA. W. シュレーゲルに由来する」[27]として,彼のベルリーンでの美学講

---

27) 伊坂青司・西村清和編『同一哲学と芸術哲学』(シェリング著作集第3巻)燈影舎,

義の一つ『芸術論』(1801–02 年)[28]が挙げられていて, シェリングが自身の『芸術哲学』講義を行う際にこれを「活用」[29]したことが知られているだけに——それは間違いないばかりか貴重な指摘ではあるが——われわれはシュレーゲルのそこでの「象徴」規定が, 逆にシェリングの 1800 年の『体系』最終章(第 VI 章)における美の定義から導き出されていたことを看過してはならない。シュレーゲルは件の『芸術論』講義に付した「序説」の末尾で (I, 248), シェリングの『体系』における芸術哲学の特徴づけ——「芸術は哲学の真に永遠の唯一の器官にして記録である」[30]——に注目しつつ, 「シェリングにあっては, 「無限を有限的に表現したもの」が美である」(ebd.) と, 『体系』の美の定義 (III, 620) を引き, これをシュレーゲル流に, 「美とは無限の象徴的表現である」(I, 248) と言い換えている。しかも, そこで彼が着目するのは言語表現一般であり, 特殊には詩的言語表現である。シュレーゲルが言うには, 「言語表現全体がもともと象徴的なのである」(I, 250)。「詩作の秘密に関しては, われわれの認識における象徴に関する探究がすこぶる教示に富むであろう」(I, 251)。

　見られるとおり, シュレーゲルによる「象徴」規定は, 実は『体系』におけるシェリングによる美の定義を言い換えたものにほかならなかった。元を糺せば, それはシェリング自身に由来するものであったばかりでなく, シュレーゲルはそれを, シェリングの『芸術哲学』講義のように, 「寓意」と対置しているわけではない。これをシェリングに先立って行っていたのは, 前節で指摘したとおり, モーリッツ説に刺激されたゲーテとその盟友マイヤーであった (1799 年)。あるいは, ここでフリードリヒ・シュレーゲルの見解を差し挟んでおくのも一興であろう。彼はシェリングの『体系』での美の定義とは異なった, それに対立する美の定義を提起しており, かつ, それが「寓意」概念を用いて

2006 年, p. 421 (「芸術の哲学」訳註 25).
28) August Wilhelm Schlegel, Die Kunstlehre [1801–1802]. In: Ders., *Vorlesungen über Ästhetik, I [1798–1803]*, hg. v. Ernst Behler, Paderborn-München-Wien-Zürich 1989. 以下, 本文中に (I, 248) のように, この編著の巻数と頁数のみを記す。
29) この点については前掲拙著『悲劇の哲学』p. 168 参照。
30) Organon と Dokument の訳語を「器官」と「記録」とした理由についても, 前掲拙著第四章注 42 (註 p. 19) 参照。

なされていたからである。シェリングの場合，美は「無限を有限的に表現したものとして」いわば「無限の象徴的表現」にほかならなかった。これに対して，フリードリヒは，「あらゆる美は寓意である。最高のものは言表不可能なるものゆえ，寓意的によってのみ語られうる」(II, 324) と主張しており，彼にとって，「寓意」は「無限の表現不可能性の必然的宣言」[31]にほかならなかった。彼がドイツ観念論の向こうを張って，「寓意」の対と見なす「機智」，さらには両者の総合としての「イロニー」を活用するのもこのゆえなのである[32]。シェリングの『体系』と同時期，1800年の『アテネーウム』第3巻第1冊所収の「イデーン断片48」に強調されているところによれば，「哲学が止むところで，文学は始まらねばならない」(II, 261)。

シュレーゲル兄弟絡みで，話が勢い初期ロマン派の文学論に及んでしまった。話をシェリングの「象徴」概念に戻すとすれば，周知のとおり，「象徴」規定命題（第39節）に付された「解説命題」に，それに関する定義が見られる。それによれば，「普遍が特殊を意味する表現，特殊によって普遍が直観される表現」——これが「図式」であり，それとは逆に，「特殊が普遍を意味する表現，普遍が特殊によって直観される表現」——これが「寓意」であり，このように方向を逆にする両者を「総合」するものが「象徴」にほかならない。すなわち「そこでは普遍が特殊を意味するのでもなく，特殊が普遍を意味するのでもなく，そこでは両者は絶対的に一つである」[33] (V, 407)。見られるとおり，ここでは，通常は区別の曖昧な「寓意」と「象徴」とが明確に区別されているばかりでなく，「寓意」の反対規定として「図式」が加えられ，「象徴」が両者の「総合」の位置に据えられたトリアーデが形成されている。このトリアーデが，シェリングによる神話の十全な把握のために用意されている点をわれわれは看過してはならないであろう。神話は言語によって語られる以上，これを図式的なものと見なすこともできるし，クリスチャン・ゴットロープ・ハイネの

---

31) M. Frank, *Einführung in die frühromantische Ästhetik*, Frankfurt a. M. 1989, S. 293.
32) Vgl. ebd., S, 294 f.
33) モーリッツに倣った「意味する」ことと「である」こととの対比への注目や，「意味するもの」と「意味されるもの」との相違の意義に関する明快な解説などが，小田部胤久『象徴の美学』東京大学出版会，1995年，pp. 223 f., p, 227 に見られる。

ように，寓意的な「メルヘン」と見なすこともできるであろう。そもそも「言語とはまったく図式的なものだから」(V, 408) であり，「神話全体の魔力は，それが寓意的な意味をも可能性として含んでおり，それゆえ，それらをすべて寓意化できる」(V, 409) からである。このように神話をどちらとも解しうるのも，モーリッツ説を支持してハイネ説を批判するシェリングの立場[34]に立って言えば，「両者の総合」もしくは「両者の無差別」としての「象徴」が双方を含意しているからにほかならない。シェリングが強調するのは，むしろ「総合こそ第一のものだ」(V, 410) ということであり，「これこそがギリシア文化の普遍法則であり，まさしくそのことによってギリシア文化の絶対性を証示している」(ebd.) ということである。彼がここで念頭に置いていたものは二つ。一つはホメーロスの叙事詩であり，いま一つはモーリッツによる神話の詩的絶対性把握にほかならなかった。シェリング曰く。

> ギリシア神話それ自体は，寓意的でも図式的でもなく，両者の絶対的無差別すなわち象徴である。この無差別こそ，ここで第一のものであった。ホメーロスがこれら神話をはじめて独自に詩的で象徴的なものにしたわけではなく，それらは端_{はな}からそうしたものだった。　　　　　　　　　(ebd.)

> 神話をこのように詩的絶対性の内に叙述することは，ドイツ人なかんずくモーリッツが行った多大な功績である。確かに彼の場合，その見解の最終的完成には至らず，神話的詩作に関してはそれが先のようなものだということを示しうるだけに留まり，その必然性も根拠も示せずじまいであったが，彼の神話叙述を支配しているのは徹底して詩的センスであり，そこにゲーテの足跡を認めることができるかもしれない。ゲーテはこうした見方を自身の作品で十分に表明しており，同じ見方を疑いなくモーリッツにも呼び覚ました。　　　　　　　　　　　　　　　　　　(V, 412)

---

34) ハイネおよび，シェリングによるハイネ批判については，前掲拙著『科学・芸術・神話』p. 173 以下および p. 179（＝増補改訂版 pp. 185 f. および p. 191）参照。

シェリングはここで「象徴」概念に関してわれわれの想定したのとは逆にモーリッツではなく，ゲーテの感化に注目しているが，「詩的センス」という点では，「疑いなく」ゲーテがモーリッツに感化を及ぼしたことであろう。彼らがローマでもヴァイマールでもともに過ごし，互いに感化し合ったことはすでに見たとおりである。ともあれ，ここは両者の影響関係の問題を詮索する場所ではない。この発言に続く次の発言が，以下のわれわれの考察にとっては重要である。この発言に続き，シェリングが神話の歴史的把握の問題に説き及んでいるからである。

4　象徴と寓意または古代と近代

　以上のように，ギリシア神話が「象徴」として捉えられたことは，L. シボルスキーも強調するように，神話の歴史的基礎づけのためにも決定的な意味をもつ[35]。なぜなら，この観点から古代芸術と近代芸術との相違が論じられることになるからである。ギリシア神話にその典型が認められるように古代芸術が象徴的であるのに対して，キリスト教神話にその典型が認められるように近代芸術は寓意的でしかなく，両者は原理と素材の双方において異なっていると見なすのがシェリングの古代近代比較論の基本的立場である。彼の見るところによれば，前者の原理が実在的で，素材が自然であるのに対して，後者の原理は東方（オリエント）を経由したために観念的で，素材は歴史から採られる。「実在的神話はその開花をギリシア神話において達成し，観念的神話は時の経過につれてすっかりキリスト教に流れ込んだ」（V, 424）。「ギリシア神話の素材は自然，総じて普遍を自然と見る直観であり，キリスト教神話の素材は総じて普遍を歴史すなわち摂理の世界と見る直観であった。これが，古代的宗教・文学と近代的宗教・文学との本来の転換点である。近代世界は，人間が自然から引き離される時に始まる」（V, 427）。

　人間の自然からの離反は人間同士を結びつけている紐帯からの離反をも意味しており，ここに，古代における「類の世界」に対立する「個の世界」が成立

---

35)　L. Szibolsky, a.a.O., S. XX.

する。近代芸術において独創性（オリジナリティー）が追及されるのもこのゆえにほかならない。シェリングが言うには、「近代文学の基本法則は独創性である（古代芸術でこのようなことが考えられることはまったくなかった）」(V, 446)。古代芸術と対比された、このようなシェリングの近代芸術論は、興味深いことには、われわれの先に見た（第一部第6章1）フリードリヒ・シュレーゲルの文学論（『ギリシア文学研究論』）と軌を一にしたものとなっている。けだし、シュレーゲルによって、近代文学では「特性、個性、関心」(I, 226) が優位を占めると見なされており、また、「近代文学の目標」は「独創的・関心的個別性」(I, 245) にあるとも指摘され、「天才的な独創性こそ芸術家の最高の目標であり、芸術通の最高の尺度である」(I, 239) と指摘されていたからである。シュレーゲル説とシェリング説との興味深い符合である。

ともあれ、キリスト教的な近代芸術の寓意性に関するシェリングの見解に戻って言えば、彼によって「キリスト教に固有の方向」が古代異教世界とは逆の「有限から無限への方向」であることが指摘され、「この方向こそ、あらゆる象徴的直観を廃棄し、有限を無限の寓意としてのみ捉える」(V, 447) ものであることが強調される。このような強調の後に、シェリングは次いでキリスト教神秘主義に注意を向ける。それがキリスト教の内部で、それに反する「無限の内に有限を直観する」傾向を示すものだからであり (V, 448)、シェリングにとっては、彼が長年取り組んできた「思弁的自然学」としての自然哲学もこれと軌を一にするものにほかならなかったからである。シェリングはここに、未来のある可能性を見出している。他の機会に詳論したため[36]、ここでは言及するに留めるが、彼はフリードリヒ・シュレーゲルやヘルダリンとともに待望してきた「新しい神話」の可能性を、「思弁的自然学」の内に見出していた（V, 449)。そして、これはまた、彼が「近代文学に課された究極の使命」(ebd.) と見なす方向性とも合致していた。ここは当然、過去、現在、未来を見据えたシェリングの歴史的・哲学的構想に説き及ぶべきところであろうが、これについては、すでに触れたとおり、筆者も他の機会にいささか論じたことがあるし、

---

[36] 前掲『科学・芸術・神話』拙著第7章「『新しい神話』の可能性？——シェリングの芸術-神話論」。

それ以上に周到な議論が小田部によってなされている[37]。この議論はそれらに譲り，急ぎ，本節の最後に，今後の考察に関連する問題に触れておこう。「象徴」概念にかかわる芸術ジャンル論である。そこでわれわれはシェリング独特のニオベー像論に遭遇するであろう。

　周知のとおり，シェリングの芸術哲学体系にあっては，それを構成する二つの系列，すなわち実在系列と観念系列それぞれの頂点に象徴概念が割り当てられ，それぞれの具体例として挙げられるのも彫刻と戯曲である（V, 411）。このような観点から，たとえばギリシア悲劇の英雄が，ギリシア彫像の傑作と比較されもする。「悲劇の原像」と彼の見なすプロメーテウスの位置に，「彫刻の原像」と彼の見なすニオベー像が据えられるというように。われわれは第1節末尾で，シェリングのニオベー像論のあらましを見ておいた。ここでは，ニオベー像に関する象徴概念に基づく一つの興味深い解釈を見ておこう。ここでも，象徴概念はニオベー像から読み取られたいわば「生と死の弁証法」と関連して絶大な威力を発揮する。

　『芸術哲学』講義第39節における，「普遍と特殊との絶対的無差別とともに絶対者を特殊の内に表現することは象徴的にのみ可能である」（V, 406）という象徴規定が，同講義第131節では，用語を補いつつ復唱すれば，「彫刻の原像」たるニオベー像は，「生死無差別」としての「絶対者」たる「最高の美」「最高の生命」を，特殊たる「死の内に表現する」というように見事に生かされている。こうした評価が，以前に示唆しておいたとおり，ヴィンケルマンのニオベー像論に触発されたものであろうことは容易に想像のつくところだが，シェリングの議論はこれのみに留まらない。すでに注目したとおり，そこでは芸術の「自己解釈」という側面にまで，象徴概念の適用範囲が拡張されていた。すなわち，ニオベー像は「芸術が自分自身を解釈する」というもう一つの象徴機能をもわれわれにまざまざと示してくれる典型だというわけである[38]。

　ここでさらにミュンヘン講演に眼を移せば，そこでは，講義では当然のこと

---

[37]　小田部前掲書第4章第2節3「歴史哲学的構想における象徴とアレゴリーの問題」および4「近代の課題における芸術の位置」。

[38]　小田部による周到なシェリング「象徴」理論解明（前掲書第4章第2節 pp. 211-256）も芸術の「自己解釈」という側面には説き及んでいない。

ながら言及されたラオコーオン像には眼もくれられず，ニオベー像にのみ眼が向けられることになる。この点に関連して，当講演がひときわ興味を惹く点の一つは，そこで，シェリングのニオベー像論が彼の講義での悲劇論と関連づけられる点である。次いで，この点を含め，ミュンヘン講演における造形芸術論と悲劇論との関連を見たいところだが，われわれはそれに先立って特性論に関する議論を見ておかねばならない。実はこちらが主要な議論で，この議論との関連で悲劇にも言及されるというのが，講演の論の運びだからである。

第4章

特性と悲劇

モーリッツ，ゲーテ，シュレーゲル，シェリング

1 造形的模倣

　シェリングの講演における特性論について考察し，われわれの理解を深めるためには，なお前提的考察を差し挟んでおいたほうがよさそうである。先に試みたヒルトおよびフリードリヒ・シュレーゲルの特性論の紹介だけでは不十分だからである。われわれが当時の特性論の含意を理解する上で参考になると思われる重要な議論がまだ残っている。モーリッツの『美の造形的模倣論』(1788年)[1]およびゲーテの『様式論』(1789年)[2]，それにアウグスト・ヴィルヘルム・シュレーゲルの『芸術論』(1801-02年のベルリーン講義)[3]である。ローマにおけるゲーテとモーリッツの出会いと交流についてはすでに触れた。件の『模倣論』もまた彼らの交流の産物だった。ゲーテは『第二次ローマ滞在』[4]で，それについて特筆している。「美の造形的模倣について」──「この表題のもとに，60頁ばかりの小冊子が印刷された。……これはぼくたちの歓談から生まれてきたもので，モーリッツが彼一流のやり方で利用し，作り上げたものであ

---

1) Karl Phillip Moritz, *Über die bildende Nachahmung des Schönen*, Braunschweig 1788.
2) Johann Wolfgang Goethe, Einfache Nachahmung der Natur, Manier und Stil. In: *Teutscher Merkur,* Februar 1789.
3) August Wilhelm Schlegel, Die Kunstlehre [1801–1802]. In: Ders. *Vorlesungen über Ästhetik, I [1798–1803]*, a.a.O.
4) Johann Wolfgang Goethe, *Zweiter Römischer Aufenthalt vom Juni 1787 bis April 1788*, 1829.

223

る」(XI, 534) と。ゲーテの指摘する通り，芸術作品，とりわけ造形芸術作品を自然有機体との類比によって捉えようとする点などに，彼らの「歓談」の様がありありと現れている。むろん，「歓談」は一方から他方に対する教示を意味しない。各自それぞれ，それまでに自然有機体論，造形芸術論を温めてきており[5]，ローマでの邂逅を機に，それについて堰を切ったように語り合ったということであろう。モーリッツの『模倣論』が「彼一流のやり方」によるものであるというゲーテのもう一つの指摘は，おそらくモーリッツの造形芸術論が伝統的な模倣論のコンテクストに即して展開されている点を念頭に置いたものであろう。ゴットシェートであれ，レッシングであれ，近代ドイツの演劇論，特に悲劇論はアリストテレース『詩学』のミーメーシス論およびカタルシス論に対する応答として展開されていた[6]。演劇にかぶれてギムナージウムを脱走しただけのことはあり，モーリッツもこうした伝統的なミーメーシス論に掉さしながら，天邪鬼にも先人たちに背を向け，それを論じる舞台を悲劇ではなく，喜劇に移し替えている。そこに登場するのは，悲運に見舞われた数々の英雄たちではなく，アリストファネースが彼の舞台（『雲』）で虚仮にしまくったソークラテースであった。アリストファネース喜劇に即しつつ，モーリッツが分類するには，ソークラテースの行状の舞台上での模倣の仕方は，猿まね，パロディー化，道徳的模倣の三種に分かたれる（II, 551 f.）。

　こうした分類を皮切りに，彼は造形芸術における作品制作問題を，美の模倣問題として論じ始める。そこに浮上する最初の問題点が，道徳的模範（善と高貴）の模倣と美の模倣との相違であり，それを彼は方向の相違に求めている。「美の本来の模倣が善と高貴の道徳的模倣から区別されるのは，それが本性上，後者のように自己の内へと形成しようとするのではなく，自己の内から形成しようとすることによる」(II, 554) というように。このように模倣論に定位しつつ造形芸術について論じようとする彼の狙いは，人間による美の創造，造形作品制作を自然界に見られる有機的組織化のありようとの類比のなかで特徴づ

---

5)　山本前掲書 pp. 163–192 に詳しい。
6)　南大路前掲編著『ドイツ市民劇研究』参照。ドイツ市民劇については，本書の姉妹篇『悲劇の哲学』第 5 章第 5 節でも概説した。

けようとすることにあった。ゲーテも『第二次ローマ滞在』に引用するように(XI, 534),「活動力が切り開く地平は，造形芸術の天才にあっては，自然そのものと同等の広がりをもつに違いない」とモーリッツによって強調されるのはこのためである (II, 562)。

自然との同等性はこうした外延面に留まらず，内包面でも主張される。この主張はその場合，予想に違わず，ルネサンス期に特徴的なマクロコスモスとミクロコスモスとの類比に訴える形でなされることになる。自然という「最高美」の模像は，「自然の全体の最も完全な関係を，自然そのもののように真実に正しく，その小さな範囲内に捉えていなければならない」(II, 563),「最高美のこのような模写は必然的に何ものかに付着せざるをえないので，造形力は……対象物を選び，その上に最高美の反映を凝縮させる」(ebd.)。有機的自然との類比において，芸術にとっても基準となるべきものは，当然のことながら，全体や完成，あるいは発生や生成，もしくは調和である。──「自分自身以外に自力の全体を金輪際許容しない自然」同様,「自存する全体へと形成される」まで模倣をやめないものこそ,「芸術」にほかならない (ebd.)。「美の本質はまさしくその完成のうちにある」(II, 565)。「美の本性は，その内的本質が思考力の限界の外，すなわち美の発生および美そのものの生成にあるという点に存する」(II, 564)。

天才による芸術的作品を自然における有機的産物に比定する議論は，モーリッツに限らず一般にしばしば見られるものであり，たとえば『超越論的観念論の体系』(1800年) 最終章でのシェリングの議論などもその一つであろう。以上の議論では，多少用語や言い回しは違えども，その根本思想において両者は共通していると見なしてよかろう。モーリッツの議論の相違点は，こうした議論を徹底的に模倣論として展開し，それを美の享受の問題にまで拡張することにある。そこには，実作者ではなかったし，またそうなりえず議論のみに終始せざるをえなかったモーリッツの悲痛な呻きが隠されているように思われるが[7],『体系』最終章のみならず，芸術哲学に関してシェリングの綴る他の諸々のテクスト中にも，そうした悲痛な気配を感じさせるものはどこにも見出せな

---

7) 山本前掲書 p. 187 参照。

い。酷評される場合に決まって指摘される「尊大な哲学者」の顔を見せるばかりである。詩人であり，絵の心得のあったゲーテと直に密に接したためであろうか，モーリッツは，「美術作品の純粋な享受」にさえ「創造的天才」の必要性を説く。「美の唯一最高の享受はつねに，美を生み出す創造的天才に限られる」(II, 564) と。「美に対する趣味や感受力とわれわれが呼んでいるものはこれなのである」(II, 565)。

　ここで彼の用語を整理しておこう。「感受力」概念は，モーリッツにあっては受動的な能力として，能動的な能力である「造形力」との対概念として用いられており，後者は自然自身の「造形力」とも共通する「有機組織に植えつけられた」能力でもある (ebd.)。これら能動・受動の両能力は，ちょうど「男と女のように互いに関係しあう」が，「両者が基礎づけられる」のが（モーリッツ特有の概念たる）「活動力」die tätige Kraft oder die Tatkraft にほかならない (II, 568, 561)。これは「両者の基礎」として，それらがなくとも「単独で生ずる」(II, 568)。こうした活動力概念は有機体としての自然の根底に「絶対的活動」を想定する自然哲学を彷彿とさせるものであり，ここにも，われわれはシェリング自然哲学との共通性を見出すことができるであろう。周知のとおり，シェリングは『自然哲学体系の第一草案』では「自然が絶対的に活動的である」ことに着目し，これに対する「妨害」という対立的傾向との均衡から，自然諸現象，自然所産の成立を説明しようとした (III, 14–16)。ここに見られる能動と受動という対立的傾向は，低次の無機的自然から高次の有機的自然の形成に至るまで貫かれる自然における根本傾向，いわば「根源力」であり，これは『考案』(1797年) では「斥力」と「引力」，『宇宙霊』(1798年) では「第一の力」もしくは「積極的力」と「第二の力」もしくは「消極的力」，『第一草案』(1799年) では「拡張力」と「遅延力」などと呼ばれたものである。ここで両者の影響関係をあれこれ詮索したところで意味がない。彼らが当時，ゲーテもその中で思考した共通の有機的自然哲学の思想圏内で思考していたことを確認すれば事足りる。ここでは，モーリッツが作品制作と作品鑑賞の問題を論じる場合にも，有機的自然哲学，有機的自然概念を根底に据えていたことが重要であり，その意義は上で見たとおりである。これまで前提的な議論の考察に紙幅を費やしてきたが，そろそろここでのテーマ「特性」に関連する議論の考

察に移るとしよう。

　さて，造形芸術論中にも，鑑賞や感受性に関連する議論に，すでに「特性」に関連する議論が見出される。先にわれわれは美の享受に関する発言として「美の唯一最高の享受はつねに美を生み出す創造的天才に限られる」(II, 564) という発言に注目した。これがモーリッツによる，美の享受に関する根本テーゼにほかならなかった。この立場に立つならば，「創造的天才」に恵まれぬ鑑賞者には，真の美の享受は「拒否」されたままということになろう。それゆえ，嘆きをこめつつ彼は指摘する。「感受性に残された唯一の願望と努力とは，おぼろげに予感する高次の享受に与ることだけである」(II, 566) と。鑑賞者にとってのこうした嘆きが創作者に影を落とすに到ると，別の問題が発生する。作品の「効果」を意図した作品制作，受け狙いの作品制作という厄介事である。モーリッツはこれを，「造形衝動」に対する「美の享受という観念」の「混入」の問題として論じている。彼に言わせれば，こうした観念が「原動力」となって作品が制作されると，「造形衝動は純粋でなくなる」。こうなると，「美の焦点もしくは完成点は作品を超えて効果［受け狙い］に陥ってしまう」(ebd.)。このように「造形力と感受力とが交差する点がきわめて容易に見失われ，踏み越されがちであるがゆえに，真の美に対して，最高美の無数の誤った僭越な模写が，誤った造形衝動によってつねに芸術作品中に生ずるのも驚くには及ばない」(II, 567)。

　美術史のコンテクストから見れば，この種の議論の赴く先は自ずと，かのマニエリスム批判ということになろうが，『模倣論』での議論はあくまでも理論的・思弁的考察の枠内でなされており，先の引用文に見られるとおり，そこでの議論は真の造形衝動と偽の造形衝動との区別，決定的相違である。「造形力」と「感受力」という対概念も，こうした相違を際立たせる道具立てにほかならなかった。先に引用した文言に続けて，次のように言われる。「というのも，真の造形力は，作品が成立した途端に作品の最高の享受を確かな褒美として自分のものにしているからである。偽の形成衝動から区別されるのも，造形力が動因の最初の瞬間を，享受の予感によってではなく自分自身によって作品そのものから受け取るからである」(ebd.)。鑑賞者による評価，作品の受容のされ方，ましてやその「有用性」などには目もくれず，ただ自身の抱く美の理念の

みに従ってひたすら作品制作に没頭するいわば「純粋芸術家」の姿を彷彿とさせる文言である。実際，『模倣論』で説かんとした模倣論の要諦は，3 年前にメンデルスゾーン芸術論批判（『全芸術統合の試み』1785 年）[8]として公開書簡の形で表明した主張と同じものにほかならなかった。それは，芸術作品は人々に教訓を垂れる，民衆を善導する役割を果たすためのものだという，メンデルスゾーンのそれを含む当時の啓蒙的な芸術論に背を向けるもので，モーリッツによれば，芸術制作の主要目的は鑑賞者・受容者を「満足」させるというような，芸術にとって外的な「有用性」にあるのではけっしてなく，鑑賞者に自己を忘れさせる「心地よき忘我・脱自」をもたらすものとして，むしろ「無用なもの，もしくは無目的なもの」にあり，美の目的は作品の外部にではなく内部すなわち「作品そのものの完全性」にある（II, 557 f., 572 u.a.）。こうした主張を，モーリッツは『模倣論』末尾でも復唱している。

> 結局のところ，われわれの美の概念は，完璧なものが再度完成される当のものを模倣するという模倣概念，および，現存在のあらゆる外化に際し，無意識に自失しようとするわれわれ人間存在概念に解消される。(II, 577 f.)

ここに要言されている「美の自律性」の思想は，美を純粋に捉え，芸術の純粋性を守ろうとする点で，芸術論として一つの極北であるには違いなく，歴史上，しばしば逸脱傾向（「マニエリスム」であれ「アヴァンギャルド」であれ何であれ）に対抗して繰り返し登場する一傾向である。モーリッツの場合，彼の前に立ちはだかっていたのは啓蒙的な「作用美学」だった。彼の主張は主張としてまっとうでもあり，説得力もありはするが，如何せん，思弁的理論家の主張の域を出るものではない。周知のとおり，古代ギリシアにおける影像の多くは，しばしば時の権力者の命によって制作された公共に供する記念碑だったし，ルネサンス期の影像や絵画も同様で，大半は依頼主による依頼によって制作され，

---

8) Karl Philipp Moritz, Versuch einer Vereinigung aller schönen Künste und Wissenschaften unter dem Begriff des *in sich selbst Vollendeten*. An Herrn Moses Mendelssohn. In: *Berlinische Monatsschrift*, V. 1785, S. 225–236.

公共に供されたが，これによって依頼主の権勢や信心の厚さが誇示され，喧伝されたのだった。いずれにせよ，今日われわれが芸術作品と見なすものは，元来，鑑賞者の嗜好のみならず，依頼主の意向を加味した相互作用ぬきには成立しえないものであった。また，実際に制作するに際しても，制作修業において優れた作品，手本の模倣は不可欠だった。実際に画家でもあり，大量の素描を描き続けたゲーテの場合，実作者らしく，作品制作の出発点に「模倣」，しかも「手本」の模倣を置いている。イタリア旅行後の一小論「自然の単純な模倣，手法，様式」(1789年)[9]にそれが記されている。

2 自然模倣，手法，様式

ゲーテの小論のタイトルに「単純な模倣」とあるのはおそらく，イタリアや帰国後のヴァイマールで対話相手だったモーリッツの「造形的模倣」概念を意識してのことであろうと思われる[10]。この小論の冒頭,「自然の単純な模倣」について論じ始めるにあたってさえ，手本の模倣によって「目と手の訓練をした後」に，画家は「自然という対象に向かう」(XII, 30) ことが指摘される。このように手本の模倣とともに自然模倣が美術家の修練の基本であることを特筆した上で，彼は「手法」に論を移す。そこでも，何事によらず基礎練習，初歩的・基本的な修練は大切なものながら，そればかりに縛られると誰しも我慢しきれなくなり，自由に羽ばたきたくなろうという，これまた実作者ならではの理由づけがなされている (XII, 31)。このような事情から，実作者の向かう先が「自己流」である。ゲーテの言うように,「彼は自分であるやり方を案出するが……それは，魂で捉えたものを自己流に再現し，繰り返し扱った対象に独自の形式を与えようとするためである」(ebd.)。「副次的な対象を犠牲にし」(ebd.)，事物の特性・個性を捉えるという点では，こうした試みは「単純な自然模倣」より優れたものには違いないが，そこにはある危険が潜んでいる。「巨匠といえども，人目につくもの，人目をくらますものばかりを手軽に表現

---

9) 本章註2参照。
10) 山本前掲書 p. 132 参照。

することに血道を上げるならば、やがて手法に堕すであろう」(XII, 33) から
である。「マニエリスム」という語がここで用いられているわけではないもの
の、ここに「マニエリスム」批判を重ね合わせてみるのも一興であろう。周知
のとおり、「マニエリスム」とは、ミケランジェロによる人体表現「手法」
Maniera の圧倒的迫力（とりわけ《最後の審判》1541年）に誘発された美術史上
の一傾向（ルネサンス盛期後の一傾向）を指す語であり、ここでの議論の具体例
としてこれを念頭に置くことも可能なのである。ところで、こうした「マニエ
リスム」の動向（これを代表するのはかのパルマ派のパルミジャニーノ）に対抗し
て、作品制作を古典本来の姿に戻そうとしたのが、後に見るように、カラッチ
一族の一人アンニーバレ・カラッチだった。ただし、ゲーテのテクストに戻っ
て言えば、彼がここで念頭に置いていたのは別の事例であり、ゲーテが「マニ
エリスム」という語を用いず、あくまで「手法」という語にこだわったのは、
彼が論じようとしていたのがこの時期のみならず、美術史上繰り返される一現
象としての「手法」の一般的傾向だったからである。実際、彼が「巨匠」とし
て名を挙げていたのは、17, 18世紀のオランダの風景画家たち（ホイスムやロ
イス）だった (XII, 33)。

　いずれにせよ、「手法」に関する議論としてわれわれの注目すべき点は、否
定的な側面ばかりでなく、肯定的・積極的な側面でもある。ゲーテによっても
強調されるとおり、それは、「芸術の到達しうる最高段階に立つ」「様式」にわ
れわれを導く媒体となるべきものだからである。彼は言う。「模倣」と「様式」
との「中間」に位置する「手法」は、それが一面では「軽妙な方法のもとに忠
実な模倣に近づき、他面、諸対象の特性 (das Charakteristische) を捉え、明瞭
に表現しようとし、両者を純粋で活発な活動的個性によって結合すればするほ
ど、高貴にして偉大な尊敬すべきものとなるであろう」(XII, 34) と。「手法」
が否定的側面、危険性を孕んでいるのは、それが「単純な模倣および様式から
離れれば離れるほど、ますます空虚で無価値なものとなるであろう」(XII, 34)
からである。このように「手法」の問題性を見抜いていたゲーテがヒルトの主
張を見過ごすことができなかったのも当然である。すでに見たとおり、彼はヒ
ルト説に対抗するラオコーオン論を公表したばかりでなく（『プロピュレーエン』
創刊号, 1798年)、さらに翌年刊の同誌上に寄せた書簡体小説スタイルの小論

『蒐集家とその仲間たち』[11]でも,「特性」概念に関連させつつ,ラオコーオン論で表明した自説を復唱している。「特性が美の基礎にあろうとも,その上で休らっているのは単純と尊厳である。芸術の最高の目的は美なのであり,芸術の究極の成果は優美の感情なのである」(XII, 77) と[12]。

シェリングによる特性と非特性に関する議論の考察に移る前に今ひとつ,見過ごせない議論に眼を向けておこう。A. W. シュレーゲルのベルリーンでの美学講義 (1801-02 年) である。彼はそこで,「芸術の自然との関係について,騙しと本物らしさについて,様式と手法について」も議論している。彼はその際,まずは近代の理論家たちによる「芸術は自然を模倣すべし」という主張を掲げ,これに沿ったオランダの風景画における自然模倣や,音楽による小鳥のさえずりの模倣といった自然模倣が,時に「無関心や煩わしさ」を招きかねないという難点を指摘する。その上で,先のテーゼを,「芸術は美しい自然を模倣すべし」という主張,定式に置き換える (I, 251 f.)。ここに入り込んでくる要因が「騙し」であり,芸術が絵画や劇芸術に類するものとなるのもこれによる (I, 252)。だが,こうしたジャンルの工夫が「わざとらしさ」という印象をわれわれに与える側面を有していることは否めず,ここに当然のことながら,「本物らしさ」や「自然らしさ」を重視せよという要求が出てくる (I, 254 f.)。アリストテレースの模倣論が唱導したのもこれだった (I, 257)。こうした一連の指摘を前置きとしつつ,シュレーゲルはありうべき自然概念,さらにはありうべき自然模倣概念を提示する。

> 太古以来,人間は生命の現れを産出するという全活力を用いて一理念の統一へと統合してきたのであり,これこそ最も本来的で最高の意味における自然である。……全自然は同様に有機化されている。……自然がこのような然るべき意義において,すなわち産出物の塊としてではなく,産出するものそのものとして捉えられると,また同時に模倣という表現も,人間の

---

11) Johann Wolfgang Goethe, Der Sammler und die Seinigen. In: *Propyläen*, II, 2, 1799.
12) ゲーテの様式論およびそのモーリッツの造形的模倣論との関連については,山本前掲書 pp. 317-326 参照。

外面を猿まねするというのではなく，人間の行為の賢明さをわがものとするという高貴な意味において捉えられると，芸術は自然を模倣すべしというかの原理は論駁しようもなく，それに何かを付け加えようもない。これすなわち，芸術は自然同様，自立的に創造しつつ，有機化され有機化しつつ，生きる作品を造形すべし，ということである。　　　　　　　　(I, 258)

　見られるとおり，ここに提示されているありうべき自然概念，自然模倣概念は，いずれもモーリッツによって主張されたものにほかならず，シュレーゲルもこの点を正直に告白している。「私の知る限り，この最高の意味において芸術に対する模倣原理を明瞭に樹立したのは，ただ一人の作家のみであった。それが小冊子『美の造形的模倣論』におけるモーリッツである」(ebd.) と。
　先にわれわれの注目した，モーリッツのミクロコスモスとしての芸術作品論にシュレーゲルも注目してのち (I, 259 f.)，彼は芸術と自然との関係に比定しつつ，手法と様式との関連の議論に論を移す。
　それによれば，「手法」Manier という語は，「たとえばある絵画に関して，それが偉大な手法を達成しているというように称賛すべき意味で用いられる場合には，様式や性格以上のものを意味しているが，通常は，芸術作品の価値を貶めるべく用いられる」(I, 260)。前者の意味用法に従えば，「様式」Styl は「手法の全き不在として否定的に説明されることになろう」(ebd.)。「手法化されたものを超える」には，「芸術の対象」としての「自然」を全面に押し出さねばならない (I, 261)。彼が言うには，「手法から自由になるのは，われわれが自然との完全な一致を介して……単一の様式をもつことによってのみ可能である。おのずと明らかなことは，われわれがここで様式という語によって考えているものが，単なる手法の不在とは別のものだということである。……様式とは，不可避の個人的制限から単一の芸術原理に従った自発的制限のことである」(I, 262)。シュレーゲルはここで，「様式」を「芸術の体系」と名づけたヴィンケルマンの先例を挙げ，それを「きわめて適切な表現」だと称揚し，『古代美術史』から次の一節を引用する (ebd.)。「旧様式は一つの体系の上に構築されたが，これは自然から引き出された後，そこから引き離され，観念的となった規則から成り立っていた。人々は模倣された自然以上のこうした規則を手

本として制作した。というのも，芸術はそれ自身の本性に従って造形されたからである。この想定された体系を超えて芸術はより良きものへ高まり，自然の真理に近づいた」。こうした引用とそのパラフレーズに続く結びの文言は以下のとおりである。

　　とどのつまり，様式とは，真の原理から導出された芸術の一体系であろう。これに対し，手法とは，実践的に表現すれば，主観的私念，先入見であろう。　　　　　　　　　　　　　　　　　　　　　　　　　　　　　(I, 263)

　芸術の発展段階として，様式を手法に勝る段階と見なす点で，シュレーゲルの様式論もゲーテのそれと同じものと見なしてよかろう。実際，シュレーゲルも「様式」が「芸術の発展の必然的段階」であることを指摘し，語源を引き合いに出してまで，その優位を強調している。「手法 (Maniera) は明らかに手 (manus) に由来しており，元来，手の導きを意味し，これはわれわれ個人に属する……これに対し，様式 (Stilus) は古代人たちが書板に書き込んだ石筆である。これはわれわれに属するものではなく，われわれが自由に活動するための道具である」(I, 264) と。

3　特性と非特性

　われわれはここで，以上に見てきたモーリッツ，ゲーテ，A. W. シュレーゲルの諸論を踏まえ，シェリングの「特性」と「非特性」に関する議論，とりわけ「特性」に関する議論を見る所に至りついた。ドイツ文学・芸術論のコンテクストに即して見れば，モーリッツ，ゲーテ，A. W. シュレーゲルの列に，Fr. シュレーゲルを加えねばならないであろう。すでに見たとおり（第一部終章），彼は『ギリシア文学研究論』で際立った「特性」論を唱えていたからである。そこでは，「特性」こそ，近代文学の根本特徴をなすものにほかならなかった。しかしながら，シェリングは講演のなかで「特性」について論じる際，Fr. シュレーゲル説には触れていない。講演では近代文学は話題とされていないゆえ，当然のことではあるが，ここでシュレーゲルつながりで触れておくべ

第 4 章　特性と悲劇　233

きは，むしろ兄のアウグスト・ヴィルヘルムのほうである。シェリングが芸術哲学を講義するに際して，A. W. シュレーゲルの「ベルリーン草稿」（1798 年より開始された美学講義中，1801-02 年の「芸術論」講義の草稿）を「有難く活用」[13] したことは周知の事柄だからである。もっとも，「理論と歴史と批評」とを「分離し，個別に扱うのではなく，可能な限りすべてを統合し，融合させようとする」（I, 181），すなわちそれらの相互依存性に着目し，それを生かそうとするのがシュレーゲルの芸術論であるのに対して，哲学（同一哲学）原理に基づく概念構成から芸術の諸ジャンル，諸カテゴリーを体系化しようとするのがシェリングの芸術哲学であった。この点を強調するために，筆者は先に『研究論』のフリードリヒをも含め，彼ら三様の議論の仕方をそれぞれ，「ラプソディー」，「トリオ」，「フーガ」にたとえておいた。ミュンヘン講演の議論の基礎に据えられているのは，これまで繰り返し強調してきたとおり，（「フーガ」的な）同一哲学体系にほかならない。ともあれ，講演においても，特に次節で見る悲劇論などでは，そこで念頭に置かれる議論は A. W. シュレーゲルのそれなのだが，本節で考察すべき「特性」と「非特性」に関する議論に深く関連するのは，以下に見るように，ヴィンケルマンとゲーテによる古典主義的議論である。結論を先取りして言えば，ミュンヘン講演で「特性」概念に言及しつつなされるシェリングの議論は，ヴィンケルマン説ならびにゲーテ説と一致するものでありながら，悲劇論をも絡めた「特性」概念の特別な役割に関する強調では，両説から逸れるものとなっている。

さて，講演でシェリングは，ヴィンケルマン（『模倣論』）が提起した「自然の理想化」という課題を，「瞬間の表現」を彫像制作の核心と見なすゲーテ彫塑論によって解決しようとする。シェリングの見るところ，「自然の理想化」は表面的に理解された場合，「現実を廃棄する」試み，言い換えると「いわゆる現実的自然を凌駕する企て」と解されかねないが，それはけっしてそういうものではない。むしろ自然の絶えざる転変（メタモルフォーゼ）を「瞬間」の

---

13) 1802 年 9 月 8 日の A. W. シュレーゲル宛書簡の一節 （Plitt I, 398 f.） および次の報告参照。Ernst Behler, Bericht und Disskussionen. Schellings Ästhetik in der Überlieferung von Henry Crabb Robinson. In: *Philosophisches Jahrbuch*, 83. Jahrgang (1976), S. 138.

内に凝縮して表現する，すなわち「時間の廃棄」によって表現することにほかならない (VII, 302 f.)。これが，かの「事情通」(ゲーテ)[14]がわれわれに教示したことだった。その教示によれば，「芸術は，かの瞬間において［自然の］本質を表現することによって，自然の産物を時間から連れ出し，これをその純粋な存在，その生命の永遠性のなかに現出させる」(VII, 303)。

　ここに，自然の本質とそれが表現される形式との関係如何という問題が生じてくるが，この問題に対しては，シェリングは彼の有機体論的な自然哲学固有の創造力論を持ち出しつつ，「全体に対して個物は，それに内在する力［創造力］によって，自己を固有の全体として主張する」(ebd.) というテーゼを提示することによって答えており，これは，すでに芸術哲学講義の際に，ヴィンケルマンのプロポーション論——かつて彼が「ヘーラクレースのトルソー論」から引き出した論——に共感しつつ定式化したものと同様のテーゼにほかならない。こうしたテーゼを掲げて後，シェリングはさらに，「厳格」から「優美」へというヴィンケルマン美術史の様式論をなぞりつつ，これに「特性的なもの」（全体を象徴する個別）から「非特性的なもの」（有機体・生命・自由）への発展という，ゲーテ彫塑論の基本見解を接続する。

　「形式の完成によってのみ，形式は無化される。芸術の究極の目的もこれであり，これは特性的なものの内で果たされるということである」(VII, 305)。ゲーテ的な用語を用いて言い換えれば，自然のメタモルフォーゼを通じて自然は有機体の高みに到達するように，芸術の歩みも「特性」を通じて「非特性」としての「崇高美」，「優美」に到達する。「形式が充実することで形式そのものが廃棄される崇高美は，ヴィンケルマン以後の近代芸術論によって，最高の

---

14) ここに「事情通」der treffliche Kenner という語によって暗示されているのは，間違いなくヴァイマールの御大ゲーテであり，彼が「われわれに教示した」テクストも「ラオコーオン論」であろうと推測されるが，シェリングはこの箇所のみならず，講演全体のなかで，ゲーテを名指すこともその著作名を挙げることも一度たりとない。このような独特の語り方は，聴衆に対して，講演者のもっとも気に留めている論者が時代の御大その人であることを示唆するとともに，これにある程度覆いをかけ，背後に置くという，御大に対するシェリング独特の距離の取り方によるものであろうと思われる。この点，ゲーテこそがシェリングの「隠れた指導者」だったというティリエットの指摘に筆者が注目した際（第二部第2章註45），その全面的支持を保留したのはこのためであった。

尺度のみならず唯一の尺度と見なされた」(ebd.)。シェリングは，こうした指摘に続けて，ヴィンケルマン説に倣ったかに見える古典主義の伝統を批判する。古典主義と化した「近代芸術論」の伝統は，「そうした美が基づいている深い根を看過している」(ebd.) からである。確かに，最高段階に達した古代作品の傑作は，ヴィンケルマンの指摘するとおり，「非特性的」な「無形式」に見える。「ヴィンケルマンは美を泉から汲み出される水にたとえている」として，ヴィンケルマンが『美術史』に記した文言を，シェリングは「ほぼ字句通り」[15] 聴衆に語り聞かせる。

> 泉から汲み出される水は無味であればあるほど健康によいとされる。最高の美が非特性的だというのは本当だが，それは……創造的自然という芸術がいかなる形式にも服さないがゆえに無形式だと言われるのと同然である。ギリシア芸術が最高段階においては非特性まで高まっていると言えるのは，ほかならぬこの意味においてである。　　　　　　　　　　　　(VII, 306)

だが，肝心なことは，結果としての「無形式」，「非特性」を単純に模倣することではない。シェリングの強調するところによれば，「ギリシア芸術は直ちに非特性を求めたわけではない。それは自然の絆から解き放たれて神的な自由へと高まったのである。……抗い難い力によって，芸術は初期形態における固く閉ざされた厳格さから溢れる感性的優美の作品までつねに真実に忠実であり続け，死すべき者に見ることが許される最高の実在性を精神的に産み出した」(ebd.) のである。

シェリングはここで，ヴィンケルマン美術史の様式論の要点を祖述しているわけだが，こうした祖述を踏まえて強調されていることは，「特性美」を介してこそ，「非特性美」としての「理想美」は達成されるということであり，先に彼が古典主義によって看過されていると見なしていた「深い根」とは，実は「特性美」のことにほかならなかった。彼曰く。

---

15)　前掲『シェリング読本』掲載の小田部論考「芸術・自然・歴史」p. 166。

あらゆる美の外面，基盤は形式美である。とはいえ，本質を欠いた形式などありえないのだから，形式のあるところ，可視的・可感的現在においても特性は存在する。それゆえ，特性美は美の果実が生み出される根にある美である。本質は形式を超えて成長してゆくであろうが，その際にも，特性はなおつねに美の活動的な基礎であり続ける。　　　　　　　(VII, 307)

　これに続く箇所でも，シェリングはそれと名指すことなく，ただそこでは，「神々が芸術もろとも自然を王国として彼に託した，この上なく威厳ある識者」とまで最大限の賛辞を呈しつつ，ゲーテを引き合いに出す。「神々が芸術もろとも自然を王国として彼に託したこの上なく威厳ある識者は，美と関係する特性を，生ける形態と関係する骨格と比較する」(ebd.) と。実際，ゲーテは，かの書簡体小説『蒐集家とその友人たち』の第五書簡で，蒐集家に自身の形態学的知見を次のように語らせていた。

　特性が美と関係するのは，骨が生きた人間と関係するのと同じである。骨格が高度に有機化された形態の基礎にあることを何人も否定しないであろう。骨格が形態を基礎づけ，規定するのだが，それがそのまま形態ではなく，究極の現象を引き起こすのである。これをわれわれは有機的全体の総体，充実として美と名づける。　　　　　　　　　　　　　　(XII, 75)

　こうしたゲーテの形態学的・骨学的語りを彼なりにパラフレーズしつつ，その要旨をシェリングは，「それゆえ，生ける特性とは，骨と肉，活動するもの〔能動〕と受苦するもの〔受動〕の相互作用から生じた形態全体である」(VII, 307) と総括する。ここでの一連のシェリングの語り方は，ヴィンケルマンを名指しで登場させ，彼の説を敷衍しつつ，それに（名指すことなく）ゲーテ説を重ねるという，講演の語りの一つの典型例である。すでに触れたとおり，このような語りのなかでギリシア悲劇が持ち出される。次いで，彼の悲劇論，むろん造形芸術との関連におけるそれを見ることにするが，これによって，われわれはシェリング説のヴィンケルマン＝ゲーテ説からの離反とともに，ヒルト説への接近を見届けることができるであろう。先に見たとおり（第一部第5章

第4章　特性と悲劇　　237

1),ゲーテは,「特性」を「ギリシア芸術の第一法則」と見なすヒルト説に刺激され,それを批判するために「ラオコーオン論」を執筆し,その冒頭で芸術一般論を掲げ,美の一構成要素としての「性格」(われわれの解釈では「特性」に相当)も,最終的には「優美」によって緩和されると主張し,ヴィンケルマン説に同調していた。これとの関連で言えば,今見たシェリングの議論は,こうしたヴィンケルマン説,したがってゲーテ説(「ラオコーオン論」)に従いつつ,ヒルト説(ひいては後述するシラー説)に同じく,美の実現のために果たす「特性」の根底的役割を強調していることになろう。ただし,シェリングはそれを,ヒルト説を持ち出さず,ゲーテによる「特性」強調論(『蒐集家』第五書簡のものとわれわれは推測した)を持ち出すことによって(すなわちゲーテ説にゲーテ説をぶつけることによって)行っている。

4 特性と悲劇

周知のとおり,後年のニーチェ(『悲劇の誕生』1872年)[16]にあっては,悲劇の成立・誕生が古代芸術の発展の歴史的展開から説き起こされることになるのだが,シェリングの講演(1807年)の場合,成立問題,起源問題は等閑に付されたまま,悲劇内部での歴史的展開のみが説かれていた。したがって,そこにはむろんニーチェのように,相反する二柱の神に象徴される「造形家の芸術たるアポローン的芸術と,音楽という非造形的芸術たるディオニューソス的芸術」との稀有な「合体」Paarung (I, 25 f.) も登場しなければ,「悲劇は悲劇的コロスから発生したのであり,その起源はコロスのみにあり,コロス以外の何ものにもなかった」(I, 52) こと,すなわち「音楽の精神からの悲劇の誕生」[17]

---

16) Friedrich Nietzsche, *Die Geburt der Tragödie aus dem Geiste der Musik*, 1872, 1874 [1878].

17) 指摘するまでもなく,これが当時物議をかもしたニーチェの処女作のタイトルであり,そこには「コロス」の決定的重要性が暗示されていただけでなく,「ドイツ精神のディオニューソス的根底」からわきあがる「一つの力」である「ドイツ音楽」(I, 127),とりわけ「悲劇時代の誕生」「悲劇の復興」を体験させてくれる (I, 128 f.),ヴァーグナーのオペラに対する礼賛も暗示されていた。筆者は「ヴァーグナーとニーチェ」に関しては本書と並行しつつ執筆を試みてはいるが,なお未完である。かつて少々自己流ヴァ

も一切登場せず，かつての悲劇論（1802年以降の『芸術哲学』講義）でも注目された悲劇に顕著な「公共倫理」Sittlichkeitの側面のみが強調されている。それは，悲劇の発展過程を造形芸術の発展過程との類比の下で捉えるためであった。講演でシェリングが語るには，

> ギリシア悲劇が公共倫理における最も偉大な性格から始まるように，ギリシア彫刻の始まりは自然の厳しさ（Ernst der Natur）であり，厳格な（streng）女神アテーナーが造形芸術の最初にして唯一のミューズだった。この時期はヴィンケルマンが過酷で厳格なものとして叙述した様式によって表示される。次の様式が発展してくることができたのは，特性から崇高，単純へと上昇することによってである。 (VII, 306)

すでに見たとおり，ヴィンケルマン『古代美術史』の様式論では，古代美術の様式は四種に区分されており，そのむすびの箇所 (I, 278) では，それぞれ（最後の第四種は冒頭箇所での命名同様，「模倣者の様式」），第一様式は「率直で厳格な様式」，第二様式は「偉大で角張った様式」（その目立った特徴は「統一」，「単純」にある），第三様式は「優美で流麗な様式」（その特別な徴表が「優美」Gratieである）として特徴づけられていた。ヴィンケルマン様式論に即しつつ言えば，「特性」は第二様式に対応するものと言えよう。上の引用文に見られる「特性」という語がギリシア芸術の第二様式の特徴づけとして登場しているのは，おそらくは先に見た「特性から優美へ」というヒルト批判としてのゲーテ説にシェリングが依拠し，これをヴィンケルマン説に重ね合わせたためであろうと推測される[18]。

ともあれ，シェリングがミュンヘン講演中，ギリシア悲劇に言及するのは三度であり，最後の言及では，最初と同様，再度ヴィンケルマンの様式論とゲーテの古代芸術発展論を踏まえた議論が展開される。すなわち，「魂の表現には，それが特性と結びつけられているか，恩寵と優美とが可視的に融合するに応じ

―グナー論を綴ったことがある（前掲拙著『音楽と政治』pp. 142-162）。
18) Vgl. L. Sziborsky, a.a.O., S. 55.

て再び芸術の諸段階が存在する」（Ⅶ, 315）。ここでのシェリングの議論では，アイスキュロス悲劇とソフォクレース悲劇とが，各段階に割り当てられる。予想に違わず，前者が初期段階に，後者が後期段階に。ただこれを見る場合，看過してならないことは，そこでは両者の共通性にも眼が向けられている点である。両者の共通性，それは（『芸術哲学』講義でも注目された）「高貴な倫理性」（ebd.）にほかならない。シェリングが指摘するには，アイスキュロス悲劇に認められる「高貴な倫理性」は，少々時代を下るソフォクレース悲劇にも認められる。ただし，前者はなお「過酷さに覆われていた」のに対して，後者は「優美さ」を具えており，ここに両者の相違が認められる。もっとも，この点がシェリングの興味深い指摘なのだが，「ソフォクレース的優美」はアイスキュロス的「厳格」から生じえたものに違いなく，しかも，ソフォクレース悲劇においては「この優美とともに両要素のかの完全な融合が生じえた」（ebd.）のだった。これまた興味深いことには，ここで語られるソフォクレース悲劇における両要素の絶妙な融合に関する発言に続いて，これに先立って古代ギリシア彫刻の傑作の一つ《ニオベー》像に対して加えられたのと同様のコメントが語りだされる。「それゆえ，この詩人の諸作品においてわれわれを魅了するのが倫理的尊厳なのか，それとも感性的優美なのか，われわれには分からない」（ebd.）と。

なお，ここで注目しておくべき点の一つは，シェリングがこの場面でゲーテから離れ，シラーと歩みをともにしていることであろう。周知のとおり，シラーは『優美と尊厳について』（1793年）のなかで，「優美」と「尊厳」との統合のうちに人間美の理想を見出し，その具体例の筆頭に《ニオベー》像を挙げていた。彼曰く。「人間美のこの理想［優美と尊厳との統合］に従って古代の芸術作品は創られており，この理想はニオベーのごとき神々しい姿に，ベルヴェデーレのアポローンに，ボルゲーゼの翼をもったゲーニウスに，バルベリーニ宮殿のミューズに認められる」（ⅩⅩ, 301）[19]。ともあれ，「優美」概念に関しても，

---

[19] シラー美学に関する興味深い研究として，ここに長倉誠一『人間の美的関心考——シラーによるカント批判の帰趨』未知谷，2003年を掲げておこう。今引用した箇所に関連する議論は同書 pp. 96–100。

シェリングは，ギリシア悲劇への第二の言及後，「優美は苦悩を聖化する」というテーゼを立て，さらにシラーの定義に従いつつ，「優美の本質は自己自身を知らないことに基づいている」ということを確認した上で，悲劇の受難者を「優美」と結びつけている（VII, 313）。

> 耐え難い苦悩，いやそれどころかたとえ狂気が正気を奪おうとも，優美は苦悩する姿に守護霊として寄り添うのであって，人に不手際なことや人間性にもとることをさせないで，彼が没落するにしても少なくとも無垢の穢れなき受難者として没落させるのである。　　　　　　　　　　（ebd.）

このように「優美は，神的・自然的活動を通じて，苦悩や硬直どころか死そのものでさえも美へと転換させることによって，未だ魂そのものではないにせよ，魂を予感させるが，このことは神的力によってなされる」（VII, 313 f.）。これに「魂の浄化」が加わると，魂は「真に神的な愛の永遠の絆」（VII, 314）と結ばれる。シェリングも強調するとおり，「これがニオベーの作者がわれわれに提示した魂の表現である」（ebd.）。すでに注目したとおり，ゲーテは彫塑に「魂の表現」を見るよりは，それを「形態学的直観」によって捉えようとしていた。この点に，われわれはゲーテとシェリング両者における彫塑論の決定的相違を見なければならない。シェリングが，「魂」こそ「芸術を可能にする最高原理」（VII, 312）と見なすだけになおさらである。彼によれば，「魂は人間にあっては個性の原理ではなく，人間があらゆる我性を克服でき，自己を犠牲にでき，無私の愛を発揮しうる原理であり，こうした最高原理こそ，人間に事物の本質を観察認識させる原理である」（ebd.）。まさしくそうであるがゆえに，「魂」こそ「芸術を可能にする最高原理」（ebd.）にほかならない。「魂はもはや物質にかかわらず，ましてやそれと直に交流せず，事物の生命たる精神とのみかかわる」（ebd.）。講演冒頭部で語られた芸術家の範とすべき「自然精神」も，このコンテクストでは，「魂の啓示のための道具」（VII, 311）としてキリスト教的愛のうちに組み込まれる。この点でも，また先ほど引用した「あらゆる我性の克服」という問題でも，シェリングの発言は講演2年後に公表された

『自由論』[20]での議論を彷彿とさせるものではあるが，講演では，『自由論』の中心概念をなす「人格神」概念も「善悪の能力」としての「自由」概念も登場しないのだから，講演の発言を安易に『自由論』のそれと関連づけることは慎まねばならない。また，講演までの初期段階と『自由論』によって開始される中期段階との決定的な相違の一つが，後者における芸術哲学の消滅・終焉にあるという点をもわれわれは看過してはならない[21]。この点においても，講演はあくまでなお初期段階に属する労作にほかならない。

ともあれ，中断した《ニオベー》像に関する議論に戻ると，先に見たとおり，シェリングも「魂の表現」という点に注目している。その際，彼はヴィンケルマンに倣い，彼が《ラオコーオン》像に見た「魂」を《ニオベー》像にも認めようとするばかりか，そこにヴィンケルマン同様，生と死の弁証法を見出している。——確かにそこでは「芸術という手段」とりわけ「感性的優美」によって，「身の毛もよだつものまで和らげられる」(VII, 314)。「だが，魂を欠いては一体全体どうなろうか」とシェリングは問いかける。彼が強調して語るには，

> われわれが母の顔に見るのは，子供たちが花々のように手折られてしまったことを悼む苦悩ばかりでなく，母の膝元にすがりつく残された末娘を救おうとする悲痛な思いばかりでもない。残酷な神々に対する憤怒，ましてやいわゆる冷ややかな反抗ですらない。われわれはこれらすべてを見はするものの，そのまま見るわけではない。苦悩，戦慄，憤怒を貫いて，神の光のように永遠の愛が輝き続ける。この母がこのような愛に包まれることによって愛児と永遠の絆で結ばれた稀有な存在だということにわれわれは思い至る。
> (ebd.)

シェリングが実際に見たニオベー母子像は，アンジェロ・ファブローニスが

---

20) Philosophische Untersuchung über das Wesen der menschlichen Freiheit und die damit zusammenhängenden Gegenstände. In: *F. W. J. Schelling's philosophische Schriften*, Bd. 1, Landshut 1809, S. VII-XII, 397–511.
21) 本書の姉妹篇『悲劇の哲学』末尾の「シェリング芸術哲学の終焉」で強調したのもこの点だった。この点，終章冒頭で復唱する。

1775年に刊行した『ニオベー像論』に掲載された複製の図録であろうと推測されるが[22]、ともあれ、彼は《ニオベー》像やソフォクレースの悲劇作品に、芸術美の「頂点」を見出している。彼は言う。「道徳的善意への感性的優美の完全な浸透から生じるこのような美は、われわれの気づくとおり、驚異の力によってわれわれを捉え魅了する」(ebd.) と。さらに彼が強調するところによると、

> ここでは、芸術は、いわば自己を超え、自己そのものを再び手段とする。こうした頂点にあっては、感性的優美も再び高次の生の外皮、肉体となる。先に全体であったものも部分として扱われ、芸術の自然に対する最高の関係が達成されているのだが、それは、芸術が自然を媒体として、魂を自然のうちで可視化することによってである。　　　　　　　(VII, 316)

シェリングのミュンヘン講演の題目は「造形芸術の自然との関係について」だった。今引用した文言では造形芸術に限定されず、芸術一般の自然との関係、しかもその「最高の関係」が芸術による「魂の可視化」にあることが指摘されている。シェリング悲劇論に注目するわれわれにとって興味深いのは、この指摘に続き、《ニオベー》像に認められる対立要素の融合した絶妙のあり方がソフォクレース悲劇にも見られることが、シェリングによって指摘される点である。彼の悲劇論によれば、すでに見たとおり、ソフォクレース悲劇は「高貴な道徳性・公共倫理」という点で、アイスキュロス悲劇と共通性を有してはいるものの、後者はなお過酷さに覆われているのに対して、前者は優美さを具えており、そこに両者の相違が認められた。ただし、この点がシェリングの注目すべき指摘なのだが、すでに見たとおり、「ソフォクレース的優美」はアイスキュロス的「厳格さ」から生じえたものにほかならず、しかも、ソフォクレース悲劇においては「この優美とともに両要素のかの完全な融合が生じえた」(VII, 315) のだった。それゆえに、われわれは、ニオベー像を前にした場合と同様に、「この詩人[ソフォクレース]の諸作品においてわれわれを魅惑するのが」どち

---

22)　Vgl. A. Zerbst, a.a.O., S. 195 f.

らの要素なのか「決めかねる」のである (ebd.)。
　ミュンヘン講演では，以上のような興味深い造形芸術作品と悲劇作品との比較や，講演のタイトルに謳われた「造形芸術の自然との関係」に関する自説が提示された後，最後に，彫刻と絵画との比較論やドイツ芸術再生に対する期待の表明などが続く。以下，われわれは講演でのこうした最後の発言に耳を傾けることにしよう。

第5章

彫刻と絵画

ラファエロ,カラッチ,レーニ

1 彫刻と絵画

すでに触れたとおり,ラファエロのかの名画《サンシストの聖母》(挿図10)が王室画廊に掛けられるに至ったのは,アウグスト強王の嫡男がフリードリヒ・アウグスト2世を襲名した直後の1754年初頭のことであった。これをヴィンケルマンの生涯に関連づけて言えば,この年が彼の後半生を形成するローマ移住を控えた年であるとともに,処女作(『模倣論』)執筆期に当たってもいた。そこには,すでに引用したとおり,この名画について次のように記されていた。

> 純粋無垢の顔と女性離れの偉容とを兼ね備え,清浄にして安らかな姿勢を保ち,古代人たちが神々の像に漲らせた静謐の裡にある聖母を見よ,その全輪郭の何と偉大で高貴なことか。　　　　　　　　　　　　　(S. 21)

処女作,当出世作に記された《サンシストの聖母》に関するこうした印象深い記述は,彼が実際に原画に接したうえでなされたものである。もっとも,「グレコマニア」の彼には,聖母画の展示間もなく王室画廊に三日間通いつめ,原画の前に立ち続けたにもかかわらず,その何たるか一向分からず,友人の画家エーザーの指南によってようやく鑑賞叶ったことは夙(つと)に知られているとおりである[1]。古代と近代という時代の相違,彫刻と絵画というジャンルの相違を

---

1) Vgl. C. Justi, a.a.O., S. 352.

考える上で興味深いエピソードである。

シェリングに言わせれば，彫刻と絵画とは大いに異なるどころか，正反対のものですらある。彼の見るところ，彫刻は「空間を外から加えること」，「大きく拡張すること」を禁じ，「万有［多様］の美をほぼ一点に集約して示さねばならない」(Ⅶ, 308) のに対して，絵画は，これとは反対に「叙事詩のように拡張しつつ制作できる」(ebd.)．「この多様性によってのみ，画家はますます大きくなる作品に生ける内容をもった重みを賦与できるのである」(Ⅶ, 309)。絵画のこうした特徴を，彼は特にダ・ヴィンチやラファエロの作品の内に見出している（ebd.）。

古代と近代という時代の相違に関して言えば，予想に違わずシェリングは，これらを特定のジャンルに振り分け，古代においては彫刻に，近代世界においては絵画に優位を置くに至っている[2]。ここでまず講演に先立つ講義での絵画

---

2) 古代‐近代論は，シェリングにとって，芸術のみならず哲学全般においても要をなす議論の一つだが（たとえば拙論「「新しい神話」の可能性——シェリングの芸術‐神話論」，前掲拙著『科学・芸術・神話』所収参照），ここでの彫刻と絵画に関する彼の議論には俄かに賛同し難い。古代絵画に関するわれわれの知識や関心の低いことは認めざるをえないが，それは絵画が彫刻に比し遺品として伝承しにくかったという外的事情が大いに与っていよう。

「ギリシア彫刻に対する賛辞のすべてはそのままギリシア人の絵画にも当てはまると言って大過なかろう」とはヴィンケルマンならではの発言だが，この指摘に続き，彼はギリシア絵画評価のための「手がかりを奪ってしまった」「時と人類の凶暴」を嘆いている（S. 29）。ちなみに，シェリングも講演の最後で触れることになるカラッチやプッサンたちが模倣に精を出した当のものは，ギリシア絵画にほかならなかった。ヴィンケルマンによれば，前者の場合たとえば《マールクス・コリオーラス》，後者の場合たとえば《アルドブランディーニの婚礼図》である（S. 30）。なお，ゲーテの「ヴィンケルマン」論におけるギリシア絵画に関する一連の記述，とりわけ古代ローマの雄弁家クインティーリアヌス（前1世紀）による古代絵画史素描は，その造形芸術史素描の紹介・引用とともに，この方面でのわれわれの蒙を啓いてくれるものとなっている。ちなみに，これらはヴィンケルマンの恩人たるメングスに関する記述に関連するものである。先に考察したレッシングの『ラオコーオン』における絵画論が古典文献（たとえばプリーニウスやパウサーニアス等）に依拠したものであったこともここに記しておくべきであろう。

近代に入り，ルネサンス期においても，とりわけミケランジェロが彫刻と絵画双方に数々の傑作を遺したことは周知のとおりである。「ミケランジェロは古代の域に達していると言えるであろう唯一の人物かもしれないが，ただし，それは筋肉隆々たる人体，

評価に触れるとすると，周知のとおり，彼によるラファエロ評価は高く，『芸術哲学』講義「序説」で「巨匠」として名指されるイタリア人画家は唯一「ラファエロ」のみであり（V, 360），本論に入っては第87節でも，彼は「ミケランジェロの線描」，「コレッジョの明暗」，「ティツィアーノの彩色」——これらすべてに均衡をもたらした「近代芸術の真の神官」だと見なされている[3]（V, 560）。ミュンヘン講演でもむろん同様に，ラファエロの作品は「唯一無比」のものとして最大級に評価されるし，「彼はもはや画家ではなく，哲学者であり詩人である」（VII, 320）とさえ言われるが，講演において「絵画の極限」に据えられるのは，かの《サンシストの聖母》（挿図10）ではなく，グイード・レ

英雄時代の人体においてのみ言えるのであって，優しく若い人体や女体においてではない。女体は彼の手にかかるとアマゾネスと化してしまう」とはヴィンケルマンの弁である（『模倣論』S. 13）。筆者もこれにまったく同感だが，この弁はそのまま絵画作品に，しかも男性の人体表現（たとえばヴァティカンはシスティナ礼拝堂の天地創造および最後の審判）に対しても当てはまると思われる。筆者としては，彼の絵画作品よりは彫像作品に魅了される度合がはるかに高い。かつて拙論「パリそしてアヴィニョンのピエタ」（前掲拙著『科学・芸術・神話』所収）中にミケランジェロのピエタ像に寄せる筆者の思いを綴ったことがある。ただし，彫像作品中，傑作の一つダビデ像に関して言えば，かの雄姿に関心させられないわけではないが，それが彼の先駆者ドナッテッロのダビデ像（ブロンズ）の優美に優っているかどうかは決し難い。ドナッテッロについてはたとえば Th. Hetzer, *Zur Geschichte des Bildes*, a.a.O., S. 419–438 を参照されたい。

[3] ちなみに，ほぼ同時期に公刊された『オイローパ』第1巻第2冊（1803年）*Europa*, I, 2, Frankfurt a. M. 1803, S. 3–19 に掲載された「ラファエロ論」（I, 48–60, hier I, 54）においてフリードリヒ・シュレーゲルは，ラファエロの卓越性を，線描と構図に認めるメングスの見解に異を唱える形で，明暗と彩色，とりわけ彩色に見出しているが，メングス自身もたとえば彼の論考『絵画のさまざまな流派』Die verschiedenen Schule der Malerrei では，彩色と趣味にラファエロの才を見ている。もっとも，フリードリヒが依拠したと思われるメングスの『絵画における美と趣味に関する考察』*Gedanken über die Schönheit und über den Geschmak in der Malerey*, Zürich 1762 (W. Voßkamp (Hg.), *Theorie der Kunst*, S. 68 ff.) では，ラファエロは確かに線描の第一人者として称賛されてはいるが，そこでは当然のことながら，コレッジョが明暗の，ティツィアーノが彩色の第一人者と見なされている。Vgl. E. Sulger-Gebing, a.a.O., S. 122. 総じて，われわれはラファエロ評価に関して，フリードリヒのそれとシェリングのそれとの間に共通性のあることを認めることができる。けだし，フリードリヒがラファエロの「性格の本質」と見なしているのは「普遍性」であって（I, 55 et passim），この点で，彼は「最も卓越した指導者」（I, 55）であることが強調されているからである。

55 レーニ　聖母被昇天　　　　　　　56 レーニ　玉座の聖母と三聖人

57 カラッチ　玉座の聖母と聖マタイ　　58 カラッチ　バッカス

59　レーニ　幼きバッカス

60　ティツィアーノ
　　聖母被昇天

61　カラッチ　聖母被昇天

62　ラファエロ　キリストの変容

ーニの《聖母被昇天》（1642年完成，挿図55）であり，これが「彫刻の極限」たる《ニオベー》像（挿図39）に比定される。

> 天に舞い上がる聖母の姿には彫塑的な厳格さはすっかり拭い去られている。その姿に，硬い形式から解き放たれた魂プシューケーのように，絵画そのものが自身の翼で浄化のために高みへはばたいているように見えはしないであろうか。紛れもない自然力によって外に向かって存続する存在などここにはない。……こうした肉体の性質はラファエロが降下する天女にまとわせた肉体のそれとはまったく異なる。……フィレンツェのニオベーが彫刻にとって極限であり，彫刻における魂の表現であるとすれば，周知の画像は絵画にとって一つの極限である。ここでは絵画は陰影の要求さえ捨て去り，純粋な光と見紛うほどである。　　　　　　　　　（VII, 321）

かつてプラトーンは人間の「肉体」$σῶμα$ を 魂 の「墓場」$σῆμα$ に準え，われわれの魂が美に恋い焦がれる「恋の力」によってそこから脱出し，翼を得て天上に飛翔すべきことを説いていたが（『パイドロス』250c-256e），シェリングのグイード絵画論はさながらプラトーンによるミュートスを復唱しているかのようである。ここに顕著なグイード絵画に対する破格に高い評価はわれわれを驚かせ，当惑させる。しかも，ここで持ち上げられるグイードは，皮肉なことに，シェリングが講演末尾でネガティヴに言及することになる「カラッチ一族」ゆかりの画家にほかならなかった。彼は「カラッチ一族」の従兄弟ロドヴィーコ・カラッチとアンニーバレ・カラッチの弟子だった[4]。

---

4) アンニーバレ・カラッチおよびロドヴィーコ・カラッチの作風およびグイード・レーニの経歴と作風について，たとえば Wilckens/Nardi-Rainer, a.a.O., S. 354 では次のように述べられている。レーニが最初に教えを受けたロドヴィーコは「アンニーバレの向こうを張ってバロック的，情熱的，劇的に制作し」，彩色上は「ヴェネツィア派」の影響下にあった。グイードが後にローマで教えを受けたアンニーバレは初期作品においては「ティツィアーノやコレッジョからの影響の跡が見られ」，後には「バロック的エネルギー，荘重激越体と結びついた盛期ルネサンスの作風に自覚的に依存」。両者に教えを受けながら，グイードは「テーマに即して」自由に制作し，ローマから生地ボローニャに戻ってからはボローニャ派の巨匠として活躍，カラヴァッジョの影響下にいくつもフレ

2 カラッチ絵画とレーニ絵画

　ここではまず師の一人アンニーバレと弟子グイードの類似の絵画を比較するとしよう。《玉座の聖母と聖マタイ》（挿図57）に対する《玉座の聖母と三聖人》（挿図56）である（いずれもドレースデン画廊所蔵、1746年モデーナより購入）。前者は1587年から翌年にかけて、ヴェネツィアで実際に眼にしたティツィアーノの祭壇画に倣って描かれたアンニーバレ初期の祭壇画（レッジョ・エミーリアの聖プロスペロ教会）で、そこでは非対称構図が採用され、対角線空間に主要人物たちが配されている。イエスの足に口づけしているのは聖フランチェスコ、画面左で聖母子を見上げているのは福音記者、聖マタイ、右端に洗礼者ヨハネが画面の観察者として配され、さらに聖マタイのアトリブートとして前景に天使が描かれているが、これはコレッジョに倣ったものである。後者グイードの聖母画も師のそれ同様、非対称構図が採用され、対角線空間に主要人物たちが配されている。画面左上の天使たちの持つ冠は殉教を象徴しており、画面右下の人物聖パウロの眼下に開かれている書物は彼の学識を象徴している。当画には師匠の影響のみならず、他からの感化も認められるが、それは強烈な明暗のコントラストであり、これを弟子グイードは1601年のローマ移住の際にカラヴァッジョより学んでいる[5]。師匠と弟子との距離は後年さらに広がり、その一つが問題の《聖母被昇天》なのだが、その議論に立ち入る前に今一つ、

　スコ画を描いている。
　これまで折々に触れたゲーテの盟友マイヤーの美術史草案では、グイードと同門のドメニキーノにも言及されつつ、次のように記述されている。「偉大、高貴、威勢、円熟といった高度な理念がカラッチ派芸術の基礎にある。彼らは自然を賢明に活用し、彼らの表現にもっともらしさを与え、形態に多様性を与えている。ドメニキーノとグイードとは同様の道を進みながら、彼らにあっては、形態や特性はもはや偉大も多様も留めておらず、高貴化され優美化されているのが目立つ。ドメニキーノが総じて芸術の最高の目的を目指したのに対して、グイードは美を追求し、わずかな例外を除き、つねに高貴で愛らしい」。J. H. Meyer, Entwurf einer Kunstgeschichte [...]. In: J. W. Goethe, *Winckelmann und sein Jahrhundert*, a.a.O., S. 135.

5) Vgl. A. Henning, Werke italienischer Künstler, in: *Führer durch die ständige Ausstellung im Semperbau*, a.a.O., S. 47.

両者の相違を明瞭に示す興味深い一例としてバッカス（ディオニューソス）の描き方を見ておこう。師は酒神をルネサンス期のミケランジェロ風屈強な裸像として描いているのに対し（《バッカス》1590/91年頃，挿図58），弟子のほうは古典的規範から離れ自由な遊びに打ち興じている（《幼きバッカス》1623年頃，挿図59）[6]。これと同方向にある自由な遊びに加え，優美が追求されているのが問題の《聖母被昇天》（挿図55）である。そこには約半世紀先立って描かれた師アンニーバレの同一主題画（挿図61）との大きな相違が認められる。

　師の昇天画は彼初期のもので，かつ「後期マニエリスムからバロック絵画への転換」[7]を遂げたものとも見なされる祭壇画である。そこに認められる画面分割による劇的な表現に類する作例は多々あるが，たとえばラファエロの遺作《キリストの変容》（1518-20年，挿図62）もその一つである。キリスト昇天図とマリア被昇天図との相違は，前者とは異なり，後者では天使たちが描かれている点である。この点は，神の子イエスと異なり，人間であったマリアが昇天するには天使たちによる助けを必要とした点もさることながら，中世を通じてのマリア信仰の高まりのなかで，12世紀以降マリアが天使たちを統率する天の女王として戴冠する図柄が盛んに描かれ出した点とも関連していた[8]。これ

---

6) ドレースデンのレジデンツシュロスにて「ディオニューソス——陶酔と忘我」Dionysos. Rausch und Ekstase と題された展覧会が昨年（2014年）2月6日～6月10日の会期で開催された。酒神ディオニューソス（バッカス）にまつわる古代から現代に至るまでの大量の多様な彫像，浮き彫り，それに壺絵を含む絵画が一堂に会した壮観な展示を昨年3月に筆者は観る機会を得たが，そのなかで眼を惹いたうちの一つが，同じ壁面ながら，離れ離れに展示されたアンニーバレ・カラッチの《バッカス》とグイード・レーニの《幼きバッカス》であった。両者の師弟関係に関心を寄せる者にとっては看過できない展示であり，とりわけ後者はドレースデン画廊所蔵絵画であるとともに，本書序章でも注目した，かつてのドレースデン画廊名画『版画集』Recueil d'Etampes（第1巻図版XXIV）に収められたものでもある。ちなみに，それに先立つ同巻図版18から22までにはアンニーバレの大作《聖ロココの喜捨》（本書挿図15, 16, 17, 18および B. Maaz, a.a.O., S. 200 f., Abb. 161 参照）をはじめ，かの聖母画《玉座の聖母と聖マタイ》（挿図57）や《聖母被昇天》（挿図60）などが収められ，それに続き図版23としてグイードの《玉座の聖母と三聖人》（挿図56参照），そうして件の《幼きバッカス》に至っている。
7) B. Maaz, a.a.O., S. 198.
8) S. バルネイ『聖母マリア』船本弘毅監修，創元社，2001年。pp. 52-53, 60-61 参照。

までの折々の聖画詣でのなかで筆者の眼に留まった一つは，ミュンヘンのアルテ・ピナコテークの所蔵する 14 世紀（1340 年頃）シエナ派のものとされる作者不詳の《聖母被昇天》である（挿図 63）。トリプティック祭壇画の一画面（おそらくは中央画）をなしていたであろうと思しき金地画面の上方先端に聖母戴冠が描かれ，主要金地画面には天使たちによって天へ押し上げられる聖母が厳かに描かれている。

　政治経済と芸術の両面においてフィレンツェと覇を競ったシエナではマリアが守護聖人と仰がれたため，数多くの聖母画が描かれたが，シエナ派を代表するのみならず，広くゴシック聖画をも代表する傑作が前記聖母画と同世紀（1333 年）に成立したシモーネ・マルティーニの華麗な金地祭壇画《受胎告知》（挿図 65）であったことは言うまでもなかろう[9]。今問題にしている昇天画に焦点を合わせつつ，シエナ派の一特徴をなすビザンティン・イコンの流れを汲む聖母画とルネサンス以降のそれとを比較してみると，昇天画を劇的なものと化しているのが画面分割による効果だということがよく分かる。こうした描法の最初の作例がいかなるものか，美術史の専門家ならぬ筆者の詳らかとするところではないが，この種の昇天画の作例を他に求めるとすれば，たとえば，デューラーが 16 世紀初頭にすでに版画集『聖母伝』（1503–05 年制作，1511 年刊）

---

[9]　イタリア・ビザンティンの伝統を刷新した師ドゥッチョの衣鉢を継ぐばかりか，フランスゴシックのステンドグラスや工芸品にも親しんだシモーネは，伝統的技法に流麗な輪郭，優美な色彩，精緻な工芸的技法を融合させたシエナ派の画風を確立したが，《受胎告知》ではそれが遺憾なく発揮されている。
　　ここに描かれた図像について語るべきことは多々あるが，一点のみ記しておくと，マリアが精霊により受胎したことを告げる大天使ガブリエルには純潔を象徴する白百合をもたせるのが通例であるにもかかわらず，当祭壇画ではオリーブの小枝を持たせ，白百合は背後の小さな壺に挿された形で描かれている。白百合が宿敵フィレンツェの紋章であったためである。ただ当画が今日ではかつて宿敵であったフィレンツェのウフィッツィ美術館の所蔵となっていることは何とも皮肉としか言いようがない。Cf. A. Martindale, *Gothic Art,* Thames and Hudson 1967, p. 198; 小佐野重利「中世の理想都市シエナとその美術」『シエナ美術展』カタログ，朝日新聞社，2001 年，p. 19; C. ヤネッラ『シモーネ・マルティーニ』石原宏訳，東京書籍，1994 年，pp. 67–70.
　　なお，筆者によるマルティーニ絵画への注目は次の独文拙稿以来のものである。Pietà d'Avignon. Einige Bemerkungen über ein Pietàbild von einem Meister der Primitifs français. 前掲拙著『科学・芸術・神話』巻末所収（初出 1987 年）。

64 ルスティチ一族周辺　聖母被昇天

63　シエナ派の画家（14世紀）
　　聖母被昇天

65　マルティーニ　受胎告知

66 デューラー 聖母の死（木版画）

67 デューラー 聖母被昇天（木版画）

68 レンブラント バテシバ

69 デューラー ヘラー祭壇画
（中央画，ハリッヒによる模写）

中の《聖母の死》(挿図66)に続く最終版画(挿図67)でそれを試みているばかりか[10]、《ヘラー祭壇画》(1509年完成)の中央画でも同様の試みを行っている(オリジナルは残念ながら18世紀に焼失したが、幸いにも17世紀(1614年)のヨープスト・ハリッヒによる模写(挿図69)が残っている)。いずれも、聖母戴冠が画面上方に配された昇天画である。なお今一つ、アンニーバレのそれに先立つ注目すべき作品は、ティツィアーノのかの昇天画(1516-18年、挿図60)であろう。

前提的議論はこれくらいにして、問題のグイード絵画(挿図55)を見直すとすれば、それは、先行する動的な分割画面の系譜から逸れており、この点でも彼は師匠の影響圏から脱しようとしているように見える。それはまた画面構成のみならず、画面全体が与える印象にまで及んでおり、それは斬新ですらある。色調もさることながら、顔の描き方にそれが際立っている。聖母画の顔の描き方に関して言えば、人間離れしたイコン的な聖顔からヒューマンな顔立ちへという歴史的な傾向を一般には指摘できるが、「聖母被昇天」という同一テーマの聖母画を描きながら、ここで再び前掲ゴシック期のシエナ派昇天画を持ち出すとすれば、それ(挿図63)とグイードのそれ(挿図55)との際立った相違は、後者における甘美を狙った思い切った世俗化にあると言えるであろう。もっとも、これとて彼独自の孤立した試みではむろんなく、すでに指摘したとおり、マリアを守護聖人と仰ぐため夥しい聖母画を制作したシエナ派のうちに、当然のことながら類似の昇天画が見られる。たとえば長らくカゾラーニ作と見なされてきたが、近年ではルスティチ一族周辺の作と推定されている昇天画などはその一つである(挿図64)[11]。偶然のことながら、興味深いことには、これとは対照的なルネサンス以降の分割画面の系譜に属する前掲アンニーバレの昇天画(挿図61)の成立期とほぼ同時期(1590年頃)のものである。

---

10) 『聖母伝』の最終版画《聖母被昇天》では、それに先立つ《聖母の死》における死の床に代わる空の棺の周りに天を仰ぎ見る使徒たちが配され、その上方の雲上に昇天し、冠を頂く聖母マリアが配されることによって、天地の対比が動的かつ劇的に表現されている。なお、『聖母伝』に収められた連作版画中には、たとえば《エジプトへの逃避》や《エジプトにおける聖家族の休息》のような、中世的伝統(風景の人物への従属)を覆し、風景に独自の意義を持たせる先駆的でユニークな諸版画が含まれている。この点、越宏一前掲『デューラーの芸術』pp. 110-115 参照。

11) 前掲『シエナ美術展』カタログ, p.60 参照。

3　ラファエロ絵画とレーニ絵画

　ここで再びシェリングによるラファエロ評価との関連に話を戻すと,『芸術哲学』での彼の発言やミュンヘン講演に付された注記でのラファエロに対する高い評価を考慮に入れるならば, シェリングによるラファエロの扱いはやはり格別だと見なさざるをえない。この点で, シェリングにあっては, ラファエロが「ミケランジェロ－コレッジョ－レーニを底辺とする」「三角形の頂点」をなすという A. ツェルプストの評価・図式化[12]は絶妙で, 心憎い解釈ではあるが, グイード・レーニをこのように系譜づけ, かつ高く評価することができるかどうか, 俄かには肯んじ難い。もっとも, グイードに対する高い評価はひとりシェリングのものではなく, 当時のロマン派に共通のものではあった。それは, ハインゼが彼を熱狂的に高く評価していたことを嚆矢とする(1776年刊の『ドイツ・メルクーア』誌所収論考)[13]。グイード絵画がとりわけ初期ロマン派の面々にとって注目すべきものであったことは, ヴァッケンローダーやシュレーゲル夫妻以外ではたとえば弟フリードリヒも, かのパリ報告で「最後期のイタリア人たちについては話そうとは思わない」と断りながらも, わざわざそれに言及し,「それでもなおグイードの冷めた優美はそこそこ私にとって魅力を有していることを告白する」(IV, 13) という証言を残している。本書冒頭の序章で紹介を試みた『アテネーウム』誌掲載「絵画談義」の共同執筆者カロリーネも, 1807年1月においてなお, 実際グイード聖母像に対する愛好を手紙に記すことにもなる[14]。確かに, このようにグイード評価の高さがあながち異例でないことはこうした事例から確認できはするが, これとは異なった評価もむろん存在する。先ほど一例に挙げたシュレーゲル(弟)のそれである。先ほどフリードリヒのかのパリ報告でのグイードへの言及を取り上げたが, そこでは彼はグイードの「優美」を認めながら, さらにその先では, これと齟齬をきたし

---

12)　A. Zerbst, a.a.O., S. 249.
13)　Ebd., Anm. 121.
14)　Carolines Brief an Gotters vom 4. Jan. 1807. Vgl. E. Sulger-Gebing, a.a.O., S. 55, Anm. 120.

かねない「冷ややかな」という修飾を加えていた。興味深いことに，フリードリヒはパリ報告をその創刊号に掲載したのと同じ自編雑誌『オイローパ』の第2巻第2冊（1805年）に「古絵画の第三補遺」[15]を収め，そこで，ルーヴルの「ルーベンスの間が何人をも惹きつけ，驚倒させるに違いない」（I, 134）と指摘した上で，われわれが今問題にしているグイード絵画に対する自説を開陳し，両者を比較している。

> ルーベンスの間が何人をも惹きつけ，驚倒させるに違いない。ルーベンスを人々は実際ここでのみ知るに違いない。ところで，たとえばグイードの聖母被昇天はすこぶるいかがわしい。にもかかわらず，これはパリにある運命の女神やルキアーヌス・コレクションにおけるマグダレーナほどの力強さを具えていない。ここではいわば道に迷った才能，誤った芸術衝動の両極端がともに認められる。ルーベンスとグイード，この手法化過剰効果と冷ややかで空虚な理想。　　　　　　　　　　　　　　　　（ebd.）

このような引用に加えて，筆者の感想を述べることは憚られるが，あえてそれを行うとすれば，筆者の思いはフリードリヒのそれに同じである。ルーヴルを訪れる度ごとに，筆者がきまってそそくさと素通りする間がルーベンスの間にほかならない。フリードリヒの評言を借りて言えば，その「手法化過剰効果」に辟易とせざるをえないからである。グイードの《聖母被昇天》（挿図55）にもある種の過剰，いわば「世俗化過剰効果」が感じられ（とりわけ聖母の顔），従来の伝統的な同画面（たとえば古いところでは14世紀の前掲シエナ派のそれ（挿図63）），あるいは17世紀初頭の前掲デューラーの木版画集『聖母伝』最終版画（挿図67）や《ヘラー祭壇画》中央画（挿図69），またティツィアーノ（挿図60）やアンニーバレ・カラッチのそれ（挿図61）などからの隔絶を強く意識させられる。もしかすると，優美を追求するあまり，グイードは先行聖女描法から逸脱しすぎたのかもしれない。ここに今一つ，現代のある批評を引いてお

---

15) Friedrich Schlegel, Dritter Nachtrag alter Gemälde, in: *Europa*, II, 2, Frankfurt a. M. 1805, S. 116–152.

70 ジョルジョーネ　眠れるヴィーナス

くとしよう[16]。

　人間は本性全体に絡む本能において働く諸力の集中として造形される。このことはレンブラントの《バテシバ》［挿図68］やジョルジョーネの《ヴィーナス》［挿図70][17]に当てはまるが，18世紀の「猥褻な」フランス絵画にも当てはまる。ボードゥインの《夕べ》のような版画もグイード・レーニの聖女において実現されうる高度な美の感情に満たされている。さらに，この版画はわれわれに揺れ動くエロティックな雰囲気を帯びた裸像，着衣像双方で調和を見せている。いかがわしいアルコーブのあらゆる歴史は，結局のところ，神々の情事という偉大な生，聖化された生へと飛躍する。

　ここに「アルコーブ」とは，床の間のように壁を入り込ませて設えられた窓のない小部屋で，ベッドなどが置かれる秘められた空間，隠し部屋を指す。話がますます「いかがわしい」ものになってきた。話の流れに身を任せ，以下さ

---

16)　Th. Hetzer, a.a.O., S. 149.
17)　ジョルジョーネの《眠れるヴィーナス》についてはすでにコメントした（序章1, pp. 8-9）。参照されたい。

第5章　彫刻と絵画　　259

らに,「穿った見方」という誹りを受けることを承知の上で,いったん美術的な評価を離れ,これとは全く別の外面的な事情を持ち出してみるとしよう。

すでに触れたとおり,ヴィンケルマンがかの出世作に,先に引用した《サンシストの聖母》に関する興味深い文言を盛り込むことになったのは,当著作を時のザクセン選帝侯(アウグスト3世)に献呈することとなり,それを顧慮して,当画が王室画廊の所蔵となったばかりの機会を捉えた機会的な発言であった。興味深いことに,これとやや似た事情がシェリングの場合にもあった。グイードの《聖母被昇天》(デュッセルドルフ選帝侯所蔵)は,ちょうど折も折(1805–06年の冬)戦禍を避けるべくミュンヘンに移され,バイエルン王室の所蔵となる[18]。現王マクシミリアン1世(ヨーゼフ)は,1806年の1月1日に即位したばかりで,グイードの聖母購入期と同時期である。「これ[《聖母被昇天》]を,シェリングはそれが購入された直後,ミュンヘン・コレクションのなかで,みずから直接に鑑賞吟味できた」[19]。講演時におけるグイードの聖母への言及は,ヴィンケルマンにおけるラファエロの聖母への言及同様,原画鑑賞直後のことであり,その言及と,その際それに最高の評価を与えたことは時宜に適ったことであったばかりではなく,それによる王室の覚えもさぞかしであったろうと想像される[20]。これが直接の因となったか否か,定かではないが,シェリングは講演の翌年,新設されたばかりの造形芸術アカデミーの事務局長に抜擢されることになる。

---

18) Vgl. A. Zerbst, a.a.O., S. 245.
19) Ebd., S. 244.
20) 後年ヘーゲルもグイード・レーニの《聖母被昇天》がミュンヘンで評判を取っていることに触れており(『美学講義』XV, 57),こうしたミュンヘンでの評判の高さにシェリングの講演が一役買っていると推測してよかろうが,この点にヘーゲルは一言も触れない。

第6章

ドイツ芸術の再生に向けて

1 バイエルン王室の芸術振興

　ここで美術の都としてのミュンヘンの歴史を紐解くとすれば，それは，バイエルン＝ヴィッテルスバッハ家の血筋断絶後，プファルツ＝ヴィッテルスバッハ家から選帝侯カール・テオドールを迎えた1788年にまで遡る。侯はマンハイムの絵画館のコレクションをミュンヘンに移し，当地における後年のピナコテーク・コレクションの核を形成するものの，1799年に急死。その後を継いだのがマックス・ヨーゼフ王だった。王は，1805年のデュッセルドルフのプロイセン併合に際し，当地での自家所蔵名品をミュンヘンに移し，1807年の自身の聖名祝日には，その一部を公開し，祝日を賑わしている。祝日を賑わしたもう一つの催しが当地の王立アカデミー[1]での記念講演であり，王の聖名祝日を寿ぎ，王家所蔵至宝公開を称えるこの記念講演を担当する栄誉に浴したのが，アカデミー会員に招聘されて間もないシェリングにほかならなかった。講演冒頭，「この佳き日に，真正にして偉大な造形芸術作品が公開され，自由な鑑賞に供されることほど聖名祝日を称えるにふさわしいこともなかろうが，これぞ，われらこぞって喜びとするところである」（VII, 291）と語られたのもこのためである。前章末尾に触れたとおり，講演の功もあってか，その翌年，彼

---

[1] 今日，バイエルン・アカデミーはレジデンツの一角を占めているが，シェリングが講演を行ったのはその前身に当たる王立アカデミーであり，その開設場所も，第1章註1に挙げた『シェリング年報』第11号（2003年）巻頭にグラビアとして掲げ，かつ解説したとおり，聖ミヒャエル教会とともに建設されたイエズス会のコレッジョとギムナージウムの建物であった（ノイハウザーシュトラーセ＝今日のハウプトシュトラーセ）。

は改組なった造形芸術アカデミーの事務局長に抜擢されることになる。事務局長としての仕事のうちとくにわれわれの目を引くのは，『アイギーナ彫刻に関するヨーハン・マルティン・ヴァーグナーの報告』の刊行である（1817年）[2]。

　本書の第一部では，ヴィンケルマン説の概説を試みるとともに，ラオコーオン論争についても概説を試みたが，そこでは折々に古代ギリシア彫刻の歴史的変遷にかかわる記述を織り込んだ。上記報告書の刊行は，本書の第一部第1章4で触れたパルテノーン神殿の破風彫刻とフリーズの発見，ならびにそれらの大英博物館への移動と，いわゆる「エルギン・マーブル」としての展示に連なる歴史のひとコマをなす（挿図36）。パルテノーン神殿の破風彫刻とフリーズ発見に遅れること十年（1811年），アイギーナ島にて当地の神殿（アファイアー神殿）の破風彫刻が発見され，その翌年，オークションにかけられて，バイエルン王室がこれを購入する。興味深いことには，アファイアー神殿破風彫刻を発見したのがヴュルツブルクの画家ヴァーグナーで，その偉業を最初に世に知らしめたのが上記報告書にほかならなかった[3]。そこに加えられたシェリングによる「美術史的注釈」の一つによれば，

> アイギーナ美術こそ，抽象物から生動性に，組織立ったものから自然なものに到達する古アッティカ美術に道を開示したものである。すなわち，アイギーナ美術は元来，アッティカ美術の初期様式からフェイディアースによって決定的となる後期様式へのこれまで見失われてきた，かの中間項である。　　　　　　　　　　　　　　　　　　　　　　　　　　　　（IX, 160）

　すでに見たとおり（第一部第1章4），ヴィンケルマンは『古代美術史』において古代美術の発展を三期に区分し，最初期を「フェイディアース以前」と位置づけていたが，約半世紀を経て，「フェイディアース以前」の空白が埋められたばかりか，神殿建築の歴史としてもパルテノーン神殿建造（厳密にはペリ

---

2) *Johann Martin Wagners Bericht über die Aeginetischen Bildwerke* […]（1817年　）．(IX, 115 ff.)。

3) Vgl. D. Jähnig, *Schelling. Die Kunst in der Philosophie*, Bd. 2, Pfllingen 1968, S. 343, Anm. 44.

クレース，フェイディアースによる再建）の前史が明るみに出ることにもなった（巻末の「ギリシア美術年表」を参照されたい）。パルテノーン神殿遺品と並ぶ，この貴重な古代遺品であるアファイアー神殿破風彫刻は，ミュンヘンの「グリュプトテーク（彫刻館）」完成（1830年）後，そこに収められた（挿図71）[4]。シェリングが王立アカデミーで講演を行なった27年後のことである。

　われわれの考察を講演内容に戻すとすれば，考察すべきものとして残るは，講演末尾でのバイエルン王室による芸術振興の問題である。シェリングは講演を閉じるにあたり，王室に対し，芸術振興への温かい支援を訴えている。「芸術は，大気や天気に育まれる繊細な植物同様，公共の雰囲気に依存し，崇高や美に共通する熱狂を必要とする」（VII, 326）からであり，これを保障するものこそ，統治者による芸術保護制度だからである（ebd.）。フィレンツェにおけるメディチ家のコジモによるそれ然り，アテーナイにおけるペリクレースによるそれ然り。シェリングは「メディチ家」や「ペリクレース」の故事を挙げつつ，かつそれらと同等の制度を確立維持できるのは（革命後のフランスのような）「人民の共和制」ではなく，「慈父のごとき君主の寛大な統治」（VII, 327）であることを強調するのみならず[5]，講演に列席していた王子に対しても語りかける。「玉座には穏やかな叡知が君臨し，慈愛が女王として玉座を飾り，代々の芸術への愛好が王家の栄光を称える。これによって，現今，感謝の念に満ちた祖国の大歓呼に迎えられた若き未来の君主も，諸国民より讃嘆されると

---

4)　Cf. R. Wünche, *Glyptothek, Munich. Meisterpeaces of Greek and Roman Sculpture*, Munich 2007, pp. 32-59.

5)　他の機会に触れたとおり（西川富雄監修『シェリング読本』法政大学出版局（1994年）序論「シェリングのアクチュアリティ――自然・国家・神話」および『シェリング年報』第12号（2004年）巻頭グラビア解説「老シェリングとプロイセンの王都ベルリーン」），シェリングは，ドイツの古典的哲学者たちのうちでただ一人，三つの市民革命（1789年，1830年および1848-49年）すべてを経験した稀有な哲学者だった。ちなみに，最後の革命の折には，彼はベルリーンのウンター・デン・リンデン71の住まいで当地での騒擾の一部を実見したものと推測される。当時の日記に，一方で，「最近の諸革命は，これまで不当に国務を指導することから締め出されてきたと思い込んでいる人々を表舞台に引き出したという大きな長所を有している」と彼は記しながら，他方で，しきりに王侯貴族の動向・命運を案じる文言を日々記し続けている（H. J. Sandkühler (Hg.), *Das Tagebuch 1848*, Berlin 1990 を見られたい）。

71 アファイアー神殿破風彫刻
上:西破風　下:東破風

71a アファイアー神殿破風彫刻
復元図

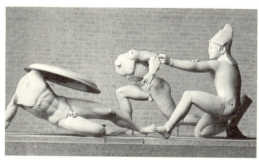
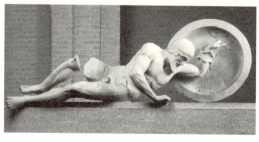

71b 兵士,射手（西破風南側）
71c 死せる王（東破風北隅）

72 トルヴァルセン
ルートヴィヒ王子

73 デューラー 1500年の自画像

74 デューラー
四人の使徒

ころとなった」(VII, 329) と。ここに「未来の君主」と呼びかけられた王子 (挿図 72) は，その約 20 年後 (1825 年 10 月) マクシミリアン崩御に伴い「君主」(ルートヴィヒ 1 世)[6] となる。すでに述べたとおり (第 1 章 1)，大の芸術愛好家で古代芸術に強い愛着を寄せていた彼は，バイエルンの都を古代ギリシアのアテーナイに匹敵する都 (「イーザルのアテーナイ」) に改造すべく，即位翌年すぐさまピナコテーク (絵画館＝後年の「アルテ・ピナコテーク」) の礎石を据えたばかりか，その後もノイエ・ピナコテーク (新絵画館) に加え，すでに注目したとおり (第 1 章 1)，グリュプトテーク (古代彫刻館) やプロピュレーエン等をも建設させている[7]。今日におけるミュンヘンのケーニヒスプラッツの古代ギリシア風景観は彼のこうした強い思いによって形作られたものだし，今日われわれがなおアルテ・ピナコテークにてデューラーの傑作《自画像》(1500 年，挿図 73) や《四人の使徒》(1626 年，挿図 74)[8] とともに，グイード・レーニの《聖母被昇天》(挿図 55) の原画の前に立てるのも，彼およびその後のバイエルン王家，さらにはバイエルン州政府の努力のおかげである。

2　古代模倣と自然観察

ここで先に予告した講演に付された注記 (VII, 324 f.) に眼を移すとすれば，

---

6)　ルートヴィヒ 1 世の在位は 1825-48 年。挿図 72 として掲げた胸像彫刻は「新古典主義」彫刻を代表する B. トルヴァルセンの手になるもので，彼は王子にローマ帝国時代のトーガを纏わせている。

　　ちなみに 18 歳の若さで王位に就き，リヒャルト・ヴァーグナーの窮状を救い，ノイシュヴァンシュタイン城や祝祭劇場建設等を含めて彼のために国費を蕩尽した挙句，退位を迫られ，シュタルンベルク湖で謎の死を遂げたのはルートヴィヒ 2 世 (在位 1864-86 年) である。なお，ヴァーグナーの作品のみならず活動も，国家と革命，国家と芸術はたまた民族と神話，民族と言語といった諸問題をわれわれに考えさせてくれるまたとない考察対象である。この点，前掲拙著『音楽と政治』pp. 142-164 参照。

7)　G. Reichlmayr u. R. Ites, *München. Eine kurze Geschichte*, Erfurt 2001, S. 65 f. および筆者の巻頭グラビア解説 (『シェリング年報』第 11 号)「バイエルンの都ミュンヘンと壮年シェリング」参照。

8)　デューラーの《自画像》および《四人の使徒》については越前掲書 pp. 223-248 の解説が興味深い。

シェリングはゲッティンゲン大学の美術史教授フィオリッロ（『造形芸術史』第1巻，1798年）[9]の記述に従いつつ，イタリア絵画の黎明期では，その発展は古代作品の模倣によってではなく，自然の観察によってもたらされたと主張している。実際のところ，チマブーエとジョットの時代（12, 13世紀）には，古代絵画や彫刻は発見されていなかった。フィオリッロの記すところによれば，当時「画家にとって研究の唯一の対象は自然だった。チマブーエの弟子ジョットの諸作品を見れば，彼がすでに熱心に自然を参看していたことに気づく」(Fiorillo, S. 69)。同じくフィオリッロの指摘によれば，古代芸術という遺産を探し始めたのはメディチ家（とりわけコジモ，15世紀）だった。「それまでは芸術家たちは自然が提供する美で満足せざるをえなかったのだが，こうした熱心な自然観察は長所を有していた。長所とはすなわち，これによって芸術の学問的仕上げの準備となり，また自然現象の基礎に存する不変法則を探究し始めたダ・ヴィンチやミケランジェロのような哲学的な芸術家たちの出現の準備となったということである」(Fiorillo, S. 286)。このようなフィオリッロ説を引用した上で，シェリングは次のような自説を開陳する。

> これら巨匠の時代やラファエロの時代［15, 16世紀］における古代芸術の再発見といえども，後年生じた意味でのそれらの模倣に終わったのではけっしてなく，芸術はかつてとった道に忠実だったのであり，自力で完成の域に達した。つまり外から自分の内に何一つ受け入れず，固有の仕方でかの模範を目指して努力しつつ，完成という極点において模範と出会ったのだった。
> 　　　　　　　　　　　　　　　　　　　　　　　　　　　(VII, 325)

　見られるとおり，ここでもラファエロに対する評価は依然として高く，イタリア芸術の一つの「極点」をなすと見なされている。しかしながら，古代芸術の再発見後は，イタリア（カラッチ一族）やフランス（プッサン）のみならず，

---

[9] Johann Dominik Fiorillo, *Geschichte der zeichnenden Künste Wiederauflebung bis auf die neuesten Zeiten*, Bd. 1: Die Geschichte der Römischen und Florentinischen Schule enthaltend, Göttingen 1798.

後発のドイツ（メングス）においても古代模倣は異なった展開を見せ，その杓子定規な模倣傾向が「前世紀半ばにはドイツ芸術に沈滞と凡庸という弊を負わせるに至った」（ebd.）とシェリングは見ている。このような意味合いでの三者の鼎立は，すでに見たとおり，フリードリヒ・シュレーゲルに先蹤が見られるが[10]，杓子定規な古代模倣は，シェリングに言わせれば，「ヴィンケルマンの理念の誤解による」ものにすぎない[11]。シェリングが期待するものは，このようなものではなく，むろん自分たちの民族と自分たちの時代の「精神と力の芸術と呼びうるもの」（ebd.）である。講演本論に戻って言えば，当時の芸術に「再生の機運」を感じつつあったシェリングは，端的にスローガン化して言えば，「当代のラファエロ出でよ」と訴えている。

　　消えた灰から火の粉を取り出して，それで再び燃え広がる火を吹き起こそうなどというのは無駄な努力である。……芸術に霊感を吹き込んで活動させるのは新たな知見と新たな信念だけだ。……ラファエロのような人物は二度と現れないであろうが，彼と同じく独自の方法で芸術の至高の高みに達する人物が現れるであろう。　　　　　　　　　　　　　　　（VII, 327 f.）

　引用文冒頭に見られる「灰」から燃え上がる「火」という比喩はかの不死鳥「フェニックス」を暗示しており，「消えた灰から火の粉を取り出して，それで再び燃え広がる火を吹き起こそうなどというのは無駄な努力である」という最初の一文は，メングスを「フェニックス」に見立てたヴィンケルマン説に対す

---

10) すでに見たとおりフリードリヒ・シュレーゲルは，かの『オイローパ』誌掲載の絵画論において，プッサンその人については「カラッチ一族の追随者」としてメングスとともに名を挙げ（IV, 50），かつ「硬直したアカデミックなペダントリー」（IV, 102）と蔑んでいた。

11) シェリングはこうした発言を行う際に，先蹤的な議論には言及していないが，創造的な作品と模倣的な作品との対比はヴァザーリ以来のスタンダードな扱い方と見なしてよかろう。たとえばわれわれが第一部第6章2で取り上げたヴァッケンローダーもかの『心情吐露』（S. 88）において，ミケランジェロ，コレッジョ，ラファエロの活躍した「独創的画家の時代」以後の巨匠たちに言及し，彼らは「最近に至るまで……巧みに模倣したという以外の仕方では偉大にはなれなかった」と評定し，その代表例として「カラッチの改革派」を挙げている。

る批判，当てこすりとなっているように思われる。ヴィンケルマンは『美術史』のなかで次のように述べていた。

> 古代人たちの身体美に関するあらゆる記述の総括は，スペイン王ならびにポーランド王［アウグスト３世］の最初の宮廷画家にして当代どころか将来にも及ぶであろう最も偉大な芸術家アントン・ラファエル・メングス氏の不滅の著作の内に見出される。彼はフェニックスのごとく，最初のラファエロといういわば灰から，美術界に美を教え，そこにおける人間の威力の最高の飛翔に到達するために蘇ったのである。　　　　　（S. 226）

ヴィンケルマンにとって，メングスはラファエロの再来にほかならず，ドイツにおける芸術の再生に対するヴィンケルマンの期待はひとえに「芸術の在所ローマにおけるドイツのラファエロ」（ebd.）ことメングス一身に向けられていた。こうしたヴィンケルマンの発言を傾聴しつつミュンヘン講演末尾で語られたドイツ芸術再生への期待に関するシェリングの発言に耳を傾けてみると，われわれは，それが芸術の再建者メングスというヴィンケルマン説に異を唱えるものとなっていることに気づくであろう。シェリングに言わせれば，期待されるドイツ芸術の再生は，カラッチやプッサンや，ましてやメングスに見られるような古代模倣によって可能となるのではなく，「新たな知見と新たな信念」によってのみ可能となる。シェリングがここで強調する「新たな知見と新たな信念」とはどのようなものか，その中身は当の発言中では明かされておらず，われわれはそれを他の箇所から推測するほかない。筆者の推測によれば，それは，この発言に先立って語られていた始原への回帰説がそれに相当するものであろう。そこでは「他の生きとし生けるものすべてと同じように始原から出発し，生き生きと自分を若返らせるためにつねに新たに始原に回帰せねばならぬという要求」（VII, 324）の決定的重要性が強調されていた。

ここで再度，ヴィンケルマン説に立ち帰ってみれば，彼はかの『模倣論』において古代ギリシア作品の模倣を推奨していた。ただわれわれが注視すべきは，その推奨の真意であり，それは，ギリシア作品の模倣によって獲得すべきものが古代の傑作の内に見出される「自然以上のもの，すなわち自然の一種の理想

美」(S.3) だという点にあった。ヴィンケルマンはここでプラトーンの『ティーマイオス』に関するある古代の注釈に注目しているのだが，そこでは，模倣の対象は世界（自然）そのものではなく，世界制作の模範となった「イデアの美」とされていた。周知のとおり，プラトーンの『ティーマイオス』(29d) によれば，「世界制作者（デーミウルゴス）は自身［善美なるもの］に似せて世界を制作した」のだった。先に見たシェリングの指摘，すなわち杓子定規な古代模倣が「ドイツ芸術に沈滞と凡庸という弊を負わせるに至った」のは，「ヴィンケルマンの理念の誤解による」(VII, 325) という指摘は，おそらく今見たヴィンケルマンの模倣論（「理想美」の模倣という真の意味での模倣論）を念頭に置いてのものであろう。講演中シェリングが強調するのは，「優美」が「自然の深みから……成長し始める」(VII, 324) ということ，同じことだが「美」が「根源力によって産み出される」(VII, 325) ということ，つまり彼が繰り返し説いてきた自然哲学的理念であり，古代再発見以前の「ジョットからラファエロの師に至るまでの古い世代の巨匠たち」が育て上げた「蕾」は，まさに彼らが「徹底して根源的なものを追求」したことによって形成されたものにほかならなかった (ebd.)。

3　ドイツ芸術の「花」デューラー

シェリングがここで注目しているのは，ラファエロによって「花」開くに至るイタリア美術の伝統だが，ドイツでこうした「花」が皆無だったわけではない。いやそれどころか，「ドイツの土壌からわが偉大なるアルブレヒト・デューラーの美術という強力な作物が現れ出た」(VII, 328)。『芸術哲学』講義「序説」(V, 360) でも強調されていたとおり，デューラーはラファエロと同時代人なのである[12]。シェリングはデューラー美術の他に，カントの批判哲学の出

---

12) シェリングは講義冒頭の「序説」や講演末尾でデューラーを称揚しているが，われわれはヴァッケンローダーの見解にその先蹤を見ることができるであろう。すでに注目したとおり（第一部第6章2），彼は『心情吐露』の「デューラー追想」においてデューラーをラファエロに匹敵する画家として称えていた。シェリングがヴァッケンローダーの議論をどこまで意識していたか，いささか気になるところだが，遺憾ながら，この点につ

現（「近代ヨーロッパにおける思考法の革命」）やケプラーによる天体法則の発見（「天空に諸法則を与え，全民族中最も深く大地を極めた」）[13]というドイツにおける数々の偉業を称えつつ，「わが民族は固有の美術を成就させるに違いない」(VII, 328) と宣言する。いや，これは宣言というよりはむしろ，現状に対する強い危惧の念の表明となっていた。けだし，彼の現状認識は「一方では美術が贅を尽くした奢侈品同然の評価しか得られず，他方で自然をまったく模倣できない美術家たちや美術愛好家たちが理想を称揚し要求している」(VII, 326) というものだったからであり，彼が切に望んでいたもの，これこそ，「始原への回帰」，「根源の追求」にほかならなかったからである。

　シェリングの期待する「始原への回帰」，「根源の追求」は，彼の自然哲学の根本理念を視野に収めるならば，彼にとって当然すぎるほど当然の期待ということになろうし，彼の自然哲学と造形芸術論との関係については第二部第2章でつぶさに吟味したとおりである。ここで少々コメントすべき問題は，ミュンヘン講演末尾で強調されているドイツ民族固有の美術再生のために名指されたデューラー評価である。デューラーは，一般的には，「古ドイツ風」Alt-deutsch と見なされがちな芸術家である。しかしながら，彼は宗教改革と農民戦争というドイツの大変革期を生きた人でもある。唐突を承知の上で，ここに近年のわが国での美術展における，あるデューラー像を紹介しておこう。今を遡ること 30 数年前（1981 年），東独（ドイツ民主共和国，DDR）文化省の協力を得て，「ドイツ美術 500 年展──デューラー，クラナッハから現代まで」と

　　いて報告すべきことを筆者は何一つ持ち合わせていない。なおもう一点，シェリングのミュンヘン講演後に属することながら，こうした初期ロマン派におけるデューラーに対する高い評価，両者を両雄として称えるのと同等の評価がロマン派絵画にも認められることに注目しておこう。かの「ナザレ派の画家」の一人コルネーリウスはニュルンベルクの市庁舎大会議室を次のような絵によって飾る構想を抱いていた。美術史家ヴェルフリンがデューラー没後 400 年記念講演（1928 年 4 月）冒頭に語るとおり，「100 年前にコルネーリウスはニュルンベルクの市庁舎大会議室の装飾には，こういう絵がふさわしいと考えていました。それはデューラーとラファエロが芸術の女神の玉座を前にして，手に手を取り合っている絵なのです」（梅津前掲書 p. 36 より引用）。
13）　ケプラーは，シェリングにとって同郷の大先輩だった。時代は随分隔たるが，両者ともにレオンベルク生まれで，テュービンガーシュティフトで学んでいる。筆者のグラビア解説「シェリングと彼の生誕地レオンベルク」（『シェリング年報』第 6 号，1998 年）参照。

75 デューラー
騎士と死と悪魔

76 ドナッテッロ
ガッタメラータ騎馬像

題された美術展がわが国で開催されたことがある。興味深いことに，当時の協力国とその時代を反映して，図録解説では，デューラーおよびクラーナッハ（父）は宗教改革と農民戦争という「初期市民革命」時代の芸術として，ドイツ美術の出発点に位置づけられ，その「リアリズム」が強調された[14]。宗教改革期，デューラーが熱心なルター信奉者となっていたことは夙に知られているとおりであり，彼の有名な三大銅版画の一つ《騎士と死と悪魔》（1513年）（挿

---

[14] リーザ・ユルス「ルネッサンスから現代までのドイツ絵画」，ドイツ美術500年展図録，中部日本放送，1981年所収。当展覧会にて展示された，当時東独に属していた各地の美術館から寄せられた110点の作品中には，油彩2点ならびに銅版画と木版画30点のデューラー作品が含まれていた。油彩の一点はイタリア絵画の影響を色濃く留めている《十字架上のキリスト》（1500年，ドレースデン絵画館所蔵），他の一点は美術史上，自立した自画像の嚆矢とも称すべき《自画像》（1493年，ライプツィヒ造形美術館所蔵——ちなみにミュンヘンのアルテ・ピナコテークが所蔵する自画像は1500年作のもの）であり，銅版画は代表作の一つ《騎士と死と悪魔》（1513年），それに木版画は『ヨハネ黙示録』，『マリア伝』，『小受難』等の木版画集に収められた諸作品であった。

図75）が，ルター逮捕後，『キリスト教兵士提要』（1504年）の著者エラスムスに対する期待を「キリストの騎士」に準えた寓意像にほかならなかったことも周知のとおりである。

　ただ，すでに指摘したとおり，デューラーの芸術は北方のネーデルラント美術とともに，南方のイタリア美術を存分に吸収した上に成立しており，件の銅版画におけるデューラーの騎馬像にしても，今日の研究が明らかにしているとおり，第一次イタリア旅行以降の取り組みの成果であって，ドナテッロの《ガッタメラータ騎馬像》（1447-53年，挿図76）ほか，数々のイタリアの作例に倣って制作されていた[15]。デューラーのイタリア滞在の事実を知りながら，その意義，インパクトを顧慮せず，彼の芸術をドイツ自生のものと見なそうとする傾向は，すでに注目したとおり（第一部第6章2），ヴァッケンローダー（『心情吐露』）やティーク（『シュテルンバルト』）に見られ，シェリングによるドイツ強調もこれに類するものと見なすほかなかろう。筆者はここで何もシェリングに対する彼らの「影響」を云々しようとしているわけではない。そうしようにも，文献上のテクスト連関を確認できない以上，しようもないし，筆者のテクスト解釈の立場からすれば，そもそもその必要もないからである。筆者のテクスト解釈の目指すところは，一つ一つの発言を「独白（モノローグ）」としてではなく，「まえがき」でも強調したとおり，「多声（ポリフォニー）」のうちの「一声（モノフォニー）」として聴取するところにある。ここでは，シェリングのミュンヘン講演末尾でのデューラーに関する発言を，先行する他者の諸発言に重ね合わせつつ，そこから，その含意を汲み取ることのみにて，筆者の意図は十分尽くされている。

---

15)　越宏一前掲『デューラーの芸術』pp. 166–168 参照。

終　章

ディオニューソス的なるもの

シェリング，ショーペンハウアー，ニーチェ

　以上においてミュンヘン講演の内容の考察を終えた。本書を閉じるにあたり，最後にシェリングの思想の発展史というコンテクストの中での当講演の位置を確認するとともに，その後の展開にも一瞥を加えるとしよう。

　シェリングによる芸術への注目は，彼が「自由の哲学」の樹立という哲学的課題を立て始めた時期にまで遡る（『独断論と批判主義に関する哲学書簡』1795-96年）。彼の見るところ，「自由の哲学」は客体的必然に徹しつつ自由を説く「独断論」（スピノザ哲学）と，主体的自由に徹しつつ自由を説く「批判主義」（カント哲学）とが相対立するという状態に置かれていた。彼は「自由の哲学」およびそこに認められる対立の克服という課題提起とともに，これを打ち破る突破口，救済策をギリシア悲劇に登場する英雄像に見出していた。すなわち，彼はオイディプース王のような悲劇特有の主人公の姿に，自身に責のない客体的必然としての「運命」に翻弄されつつ，こうしたいわば「罪なき罪」に対して自ら自発的に「罰」を受けることによって発揮される「人間的自由」を見る。そしてそれを，必然と自由，両者の対立克服としての「絶対的自由」の体現と解釈し，哲学的難問の解決に対して果たす芸術の役割を最大限に評価した（『哲学書簡』最終書簡）。その後，シェリングは著書『超越論的観念論の体系』（1800年）において，真（理論哲学）と善（実践哲学）とを統合するものこそ美と見なす「ロマン派的」な「芸術哲学」を高唱するに至る。ところがその直後，論文「わが哲学体系の叙述」（1801年）において唐突にも「主客総無差別」を旨とする「理性主義的な」同一哲学を唱え出す。もう一つの彼の目立った「芸術哲学」の開陳，すなわち『芸術哲学』講義（1802-03年イェーナ大学お

よび 1804-05 年ヴュルツブルク大学）はこのような立場に立ってなされており，本書が主題として取り上げたミュンヘン王立アカデミーでの講演は，その後になされたものとして当然，シェリング思想の発展上，彼の初期哲学の最後に位置する「同一哲学期」に属するということになる。講義に続く，シェリングによる芸術哲学に関するまとまった最後の議論が 1807 年のミュンヘン講演にほかならなかった。芸術哲学に関するまとまった議論がこの講演を最後に見られなくなることを，筆者は本書の姉妹篇『悲劇の哲学――シェリング芸術哲学の光芒』（萌書房）に指摘し，その末尾で，これを「シェリング芸術論の終焉」と名づけた。しかしこれは筆者の語の用い方のケアレス・ミステイクであり，ここにそれは，「芸術論の終焉」ではなく「芸術哲学の終焉」を意味する命名であったことを記し，訂正しておきたい。以下に，同拙著末尾（p. 183）の文言を引用する。

「シェリングの芸術哲学に関する発言はその後もないわけではないものの，講義や講演のようにまとまった議論としては，ミュンヘン講演以降には見られなくなる。このことは，彼初期の哲学において，とりわけ『哲学書簡』第十書簡（1796 年）以降，芸術にかけられ続けた期待が 1807 年に行われた当講演を最後に放棄されたことを意味する。なぜなら，その二年後（1809 年）の『自由論』以降では，議論がそれまでの議論とは決定的に異なった人格神を核に据えた道徳的神学的で歴史哲学的なものに転回するからである。『自由論』をもってシェリングの中期哲学が開始され，初期哲学とは一線を画されるとわれわれが見なすのはこのためである。中期哲学における核心問題が「自由の哲学」であることに違いはないが，われわれが初期と中期とを截然と区別するのは，両者の議論の仕方，アプローチの仕方が根本的に異なるものであるからにほかならない」。

シェリングが折々に大きく立場を変える変わり身の早さを揶揄して，しばしば彼は「プローテウス」に準えられてきた。一時期，これに対する強烈な反論がエアハルトによって試みられ（「ただ一人のシェリング」）[1]，最近では，エアハルト説に啓発されて，シェリング哲学の首尾一貫性が強く主張される傾向が

---

1) W. E. Ehrhardt, »Nur ein Schelling«. In: *Studi Urbinati* 51 (1977), S. 111–122.

わが国でも目立ち始めているが，こうした傾向には筆者は同調し難い。こうした傾向に流されることは，哲学者のみを持ち上げ，そのうえ首尾一貫性こそ堅固な思想の徴表と見なす「偉大な哲学者」の人物と思想とを一方的にいわば「神棚に奉る仕儀」でしかないように筆者には思われる。われわれが問題とし追究すべきは，そういうことではなく，あくまでも思想そのもの，思想内容そのものの吟味であり，その意義の究明であろう。シェリングの場合，初期から中期へ，中期から後期へと立場が根本的に激変しているばかりか，芸術哲学の場合でさえも，前記の本書姉妹篇でも注目し強調したとおり，同じ初期段階に属しながら，1800年の『体系』と1802年以降の『芸術哲学』講義とでは依って立つ立場に，これまた根本的な変化が顕著に認められる。美を真と善とを統合する最高のものと見なす，いわば「芸術至上」の立場（ロマン派的立場）から，美を真の下に組み込む同一哲学的な「理性主義」への転換である。ただ実際には，こうしたドラスティックな「豹変」とも言える転換の中にあっても，それぞれの時期・段階において数々の同一トピックが取り上げられ，類似の議論が繰り返しなされることしばしばであり，シェリング哲学を扱う困難さの一つもここにある。われわれは，個々の議論ごとに，異なる発展段階を意識しつつ，同一トピック，類似の議論を，段階区分，概念規定に混乱を持ち込まずに正確に取り扱うという難題をつねに突きつけられている[2]。

2) この点で配慮の行き届いた論考が『美学』第174号（1993年秋）に掲載された山口和子「後期シェリングにおける芸術」であろう。当論考では，初期，中期，後期哲学における思考の枠組みの相違が堅持されながら，全期にまたがるシェリングの神話論や芸術論等が「後期シェリングにおける芸術の役割」というテーマ設定に沿って明快に論じられている。これとは対照的な論考が最近『思索』第47号に掲載された伊坂青司「シェリング芸術哲学における造形芸術——彫刻と絵画の位置づけをめぐって」である。このような形で取り上げるのは憚られるが，テーマが本書と完全に重なっているばかりか，頂戴した最新の論考でもあるため，取り上げないわけにはいかない。
　当論考，筆者としては，遺憾ながら異論を唱えざるをえない主張続出の論考となっている。筆者の見るところ，当論考に特徴的な数々の主張はすべて次の二つのテーゼに基づいてなされている。その一つは，「「芸術」の全体は，観念的系列としての「言語芸術」と実在的系列としての「造形芸術」に大別される」続く，「そのなかでも言語芸術の方が，ポテンツの高さからして造形芸術よりも上位に位置づけられる」(p. 50)というテーゼなのだが，講義であれ講演であれ，シェリングの芸術哲学体系にあっては実在系列と観念系列とはあくまで「パラレル」(V, 487)なものとして設定されており，それによっ

本書を閉じるにあたり，上記の問題点を意識しつつ，ミュンヘン講演以降，『自由論』以後の中期における歴史哲学草稿中のある芸術論に眼を向けるとしよう。第二部第4章4での考察において，筆者はシェリングのミュンヘン講演の基本的立場の一つをゲーテ説に引きつけて解釈した。しかしながら，すでに示唆しておいたとおり（ゲーテからの離反とヒルト，シラーへの接近），それだけで事済ませられるほどミュンヘン講演は単純なものではない。シェリングの発言はしばしば「折衷的」で「多義的」であるばかりか，時期，段階を行きつ戻りつする場合すらある。ミュンヘン講演の基本的立場は同一哲学に根差すものでありながら，以下に見るとおり，悲劇を持ち出す段になると，それ以前の悲劇論（『哲学書簡』の悲劇論）に類似したものとなり，この点で，それはロマン主義的ですらある。

　これまで見てきたとおり，ヴィンケルマンやゲーテたちは，彼らがギリシア彫刻の典型と見なす《ラオコーオン》群像では激情が「緩和」されて表現されており，そうした「節度」によって「優美」が確保されていると見なしていた。ところが，ミュンヘン講演でのシェリングは，これに対し，そこで「要求され

てシェリングが論じるのは，それぞれの系列に属する各ジャンル（たとえば戯曲と彫刻）や各作品（たとえばアイスキュロス悲劇やソフォクレース悲劇と《ニオベー》像）の対応関係である（本書 pp. 69, 207, 220, 240-244 および pp. 201-208 での絵画－彫刻論参照）。
　いま一つは，「「芸術哲学」講義が自然を基礎に古代ギリシア神話と彫刻を論じていたのに対して，［ミュンヘン講演の］「造形芸術論」はむしろ「絵画」を「自然」と関係づけて論じているところに大きな転換を認めることができよう」（p. 56）という中心主張の論拠となっているテーゼである。それによれば，ミュンヘン講演の「創造的な根源力」（VII, 293）としての自然概念は，「絵画の基礎に置かれる」（pp. 57, 56）というように，絵画のみに密接に関連づけられる。本書第二部第2章第3-4節（pp. 187-199）で詳論したように，ミュンヘン講演の「創造的な根源力」としての自然概念はあくまで造形芸術全体にかかわる普遍概念，一般概念であって，「絵画」に特化される特殊概念ではけっしてないし，ましてやその一ジャンルにすぎない「風景画」に収斂するものですらない。然るに，件の論考では，自然概念のこのような特殊化によって，「近代世界における絵画の必然的優位」（p. 60）が強調されるとともに，これが「風景画」創作に接続されている（p. 65）。本書で試みた筆者のテクスト読解に遺漏がなければ，ミュンヘン講演の自然概念や絵画論中に風景画創作を格別示唆するような文言は見当たらない。伊坂論考も注目するシェリングとロマン派絵画・風景画との関連に関する私見ならびにゲーテ説とも共通する人体表現重視については，第一部第5章末（pp. 118-120, 130-132）に記したとおりである。

たかの緩和は消極的に理解される恐れがある」(VIII, 310) という危惧を表明し，古典主義的理解とは逆に，「真に要求されていることは，むしろ激情に対してある積極的な威力を対置させることだ」(ebd.) と主張する。「〈積極的な威力〉としての〈形式〉」[3] という，この問題に関連して興味深いことは，ここでの主張の論拠となっているものが「闘争」を基調とする『哲学書簡』の悲劇論[4]で培われた人間観であり，芸術論だという点である。彼が言うには，「有徳であるということは，激情を起こさない点にあるのではなく，激情を超える精神力にある」(ebd.)。これと同様に，「美は激情を遠ざけ減らすことによってではなく，それを超える美の力によってその実が示される。つまり，激情のもっている諸々の威力が実際に示されねばならないのである」(ebd.)。

後年，ニーチェが取り組んだ課題も，まさしくここに提示されているのと同種の問題にほかならなかった。周知のとおり，彼はこの課題を，アポローン的衝動とディオニューソス的衝動との抗争として解こうとした。内容的には，シェリングもミュンヘン講演において（音楽論やコロス論はともかくとして）ニーチェと見紛う議論を展開していたばかりでなく，それ以前でも，たとえば1800年の『体系』最終章や『芸術哲学』講義での「天才論」では，意識的活動と無意識的活動との対抗の問題として同種の議論を行っていた。ミュンヘン講演後のテクストに眼を向けた場合も類似の議論が見られるが，こちらはニー

---

3) D. イェーニヒがシェリングのミュンヘン講演の三つの主要問題として取り上げたもののうちの一つ。他の二つの主要問題は「芸術の始原に関する疑問（特にヴィンケルマン思想との関連）」および「歴史的基礎づけとしての〈創造〉（特にシラー思想との関連）」である。Vgl. D. Jähnig. a.a.O., S. 46-57; S. 67-79.
4) 前掲拙著『悲劇の哲学』第5章第1節で強調したとおり，同一哲学期に属する『芸術哲学』講義の悲劇論では，「闘争」の側面の他に「和解と調和」の側面が加えられ，それによって講義の悲劇論（冒頭の定義）は「アンビヴァレンツ」なものとなっている。この主張に対し，『シェリング年報』第23号（2015年）掲載書評は，『オイディプース』に『コロノスのオイディプース』を接続し，両者を統一的に理解すれば問題の「アンビヴァレンツ」は相当程度，解消すると論評している。筆者は批判的論評大歓迎ながら，今回のそれは，「的外れ」と言わざるをえない。けだし，件の両側面が一つにされるからこそ，問題の「アンビヴァレンツ」が生ずるからであり，前掲拙著の強調点の一つも，アイスキュロスのオレステース三部作同様，ソフォクレース両作品の異質性（「対立・闘争」に対する「和解・調和」）にあったからである。

チェ説どころか，彼に先立つショーペンハウアー説を彷彿させる議論さえ見られるようになる。これは，ひとえにシェリング思想の初期から中期への大転換あってのことである。

シェリング中期思想の出発点に位置する論作『自由論』(1809年) の根本テーゼは，「意欲こそ原存在なり」Wollen ist Ursein (VII, 350) に見出すことができるが，これは，依って立つ立場を，彼がそれまで依拠してきた理性主義・主知主義から主意主義へと根本的に転換させることを高らかに宣言するものにほかならなかった。だが，シェリングはこの宣言では，それがベーメ神智学の立場に寄り添うものであることを暗示するだけで，その内実を明かしていない[5]。われわれがそれを見出すことができるのは『自由論』に続く1810年代の歴史哲学草稿『世齢』*Weltalter*[6] においてである。その最初の草稿 (1811年) では，彼は「内容の深淵，充実，活性」という点で，神智学が哲学に優っていることを認めながら (WA I, 13)，神智学のように生ける具象的言語によって対象そのもの，自然そのものに成り代われるわけではなく，最終的には死せる概念語によって説明する哲学の立場に踏み留まらざるをえなかったが[7]，こうした立場

---

5) 前掲の根本テーゼが登場する一連の文言を引用しておこう。「とどのつまり，意欲のほかに存在なし。意欲こそ原存在なり (Wollen ist Ursein)。無根拠性，永遠性，時間からの独立性，自己肯定といったすべての述語は意欲にこそふさわしい。全哲学はひとえにこうした最高の表現を見出すことだけをめざす」(VII, 350)。奇妙なことに『自由論』を熱心に読んだはずのショーペンハウアーはこの箇所に止目した形跡を残していない。彼は『自由論』に対しては「ヤーコプ・ベーメの偉大なる神秘体験 (*Mysterium magnum*) の改作だ」(HN II, S, 314) というような類いの批判的コメントばかりを遺している。

6) M. Schröter (Hg.), *Schellings Werke*, Nachlaßband, München 1966. 以下 WA と略記する。なお WA I は第一草稿，WA III は第三草稿。

　1810年代の歴史哲学草稿のタイトル Weltalter は従来，「世代論」や「世界諸時代」等と訳されてきた。筆者はいずれにも満足できず，「世界生成論」や「世界暦年」などの訳語を提案してきたが，いずれも受け入れられていない。ここで思い切って，「世界暦年」と並記しながら，馴染みのない語ゆえ，使用を控えた「世齢」(前掲拙稿「自然今昔または意志としての自然」『ショーペンハウアー研究』第18号, p. 30, 註13) をあえて用いることにした。筆者にとっては，この語が最も *Weltalter*-Fragmente の内容に即した訳語に思えるからである。「樹齢」Baumalter というわれわれの馴染みの語から発想した，世界が重ねる年齢 Weltalter の意である。

7) この点については中井章子の次の優れた論考を参照。「フィロゾフィーとテオゾフィー──シェリング『人間的自由の本質』とベーメの世界生成論」, 北澤恒人他編『シェリ

は独特の困難さを彼に課すことになる。けだし，彼の立てた課題が「原初の存在者（das Urwesen）の発展史を記述することであり，しかも，それを，未だ開示されていない最初の状態，世界以前の時代から始めることである」（WA I, 19）からである。この課題に応じる方法として彼の念頭に浮かぶものは「想起」以外にありえなかった。しかしながら，それはヘーシオドスのような詩人はさておき，「全著作の頂点，究極の輝点では物語るに至る神のごときプラトーン」の才を要求される。それゆえ，シェリングはこのような「神のごときプラトーン同様，哲学者が物語る無邪気に戻ることができようか」（WA I, 14）と自問自答，煩悶している。シェリングは第一稿では，ヘーシオドスであれプラトーンであれ，「記憶されたものを物語る」語りを理想としながら，「未だ時来たらず」（WA I, 16）という時代の未成熟に責を帰し，自らは，過去の「記憶」を「想起」する「内的対話術の外皮」（WA I, 7）たる弁証法に身を委ねることに意を決する[8]。

シェリングは第一稿にて件の「弁証法」を駆使するに際し，ベーメもそれに倣った，同世紀（16世紀）のカバラー学者イサク・ルリアの「ツィムツム（神の収縮）」説に依拠しつつ，彼の『世齢』断片を特徴づける意志説を展開する。それによれば，問題の「収縮」Contraction は二段階に分けて構想されていた。「神が永遠の自然として自己自身のうちに生み出す」のが「第一の収縮」であり，この段階すなわち「原初」では，「神は自己の外に何ももちえないがゆえに，第二の収縮によって，自己のうちで世界に場を空ける。これが創造の業としての収縮である」[9]。このような収縮説をシェリングは次のようにパラフレーズする。

　　何も欲しない意志のうちにはいかなる区別も主客もなく，最高の無邪気が

　　ング自然哲学とその周辺』梓出版社，2000年，第7章。
8) 以上の論述は前掲拙稿「自然今昔」pp. 22-23 でのそれの文言や措辞を変更しつつ再録したものである。
9) J. Habermas, Dialektischer Idealismus im Übergang zum Materialismus. Geschichtsphilosophische Forschungen aus Schellings Idee einer Contraction Gottes. In: ders., *Theorie und Praxis*（stw 243），Frankfurt a. M. 1978, S. 185.

存在したが，その内部で実在への意志である収縮する意志が両者を分かつ。
(WA I, 40)

見られるとおり，「何も欲しない意志」の内部に，いわば「欲する意志」が生じる。これが「実在への意志」der Wille zur Existenz としての「収縮する意志」なのだが，これが主客を分かつものにほかならない。興味深いことに，続く論述に，シェリングは「収縮する力」die zusammenziehende Kraft という用語を登場させ，彼はこれを「主客を結ぶ紐帯（das Band）」と見なしている（WA I, 40）。

時を少々遡る。周知のとおり，シェリングがベーメ神智学への関心を高めることになるのは，1806年のミュンヘン移住におけるフランツ・バーダーとの交流による。この年，シェリングは自然哲学に関する第二の著作『宇宙霊』を改定し，世に送り出すのだが，そこには，すでに（第1章3, pp. 191-192）注目した「自然における実在と観念の関係」と題された一つの論考が付加されていた。そこに実は，先に注目した『自由論』における，かの主意主義宣言 Wollen ist Ursein に先立つところの，主意主義的テーゼが盛り込まれていた。当論考の冒頭に曰く。

万物の内で最も暗い闇，二，三方の弁に従えば闇そのもの，これこそ物質である。とは言うものの，万物の形成，自然の生ける現象が高揚出現してくる大本はまさにこの未知の根（Wurzel）なのである。根の認識がなければ，自然学は学的根拠を欠き，理性学そのものも，理念が現実と媒介される紐帯（das Band）を欠く。
(II, 359)

ここに「根の認識」を担うものとして持ち出される「紐帯」[10]は，この時期のシェリングによってすでに「意欲」と見なされていた。彼は言う。

---

[10] シェリングによる「紐帯」概念への注目は，彼19歳の『ティーマイオス注釈』（1794年）にまで遡る。その内容と自然哲学的意義については，第2章註15（p. 184）に挙げた独文諸拙稿参照。

われわれは紐帯を自己自身に対する無限の愛（万物における最高のもの），自己自身を啓示する無限の意欲として根本的に表現できる。絶対者の本質はこの意欲を別にしては考えられず，まさにこの自己意欲（sich-selbst-Wollen）と考えられるほかない。……とはいえ，絶対者とは自己意欲（ein Wollen seiner selbst）であるばかりでなく，無限のあり方をする意欲，つまり実在性の全形式，全度合，全ポテンツにおける意欲である。この永遠無限の自己意欲の写しが世界である。　　　　　　　　（II, 360–362）

　先ほど一瞥した『世齢』草稿における「原初の存在者の発展史」という課題への取り組みが，『宇宙霊』第二版追加論考で提起されていた課題に改めて，かつ本格的に取り組んだものであることが分かる。ともあれ，上の引用文最後の文言――「永遠無限の自己意欲の写しが世界である」――はショーペンハウアーが語ったとしても不思議ではない文言であろう。彼の意志形而上学によれば，「世界とは私の意志」（II, 5）にほかならないのだから。あるいはまた「意欲」が「無限の在り方をする」すなわち「実在性の全形式，全度合，全ポテンツにおいて（現れる）」という直前の文言も，「ポテンツ」を「イデア」に置き換えれば，ショーペンハウアーの発言と見紛うところであろう[11]。この点に関連する彼自身の興味深い弁をここに引いておこう。「私の考えを比喩的ながら時間の外に存する普遍的意志行為と名づけるとすれば，私はそれを少しはよく表示できるかもしれない。時間のうちで生ずる全行為はこの意志行為の出現，現象に他ならない。カントはこれを叡知的性格と名づけ……この性格と経験的性格との区別だけでなく自由と自然との全関係に関しても，『純粋理性批判』580–588 頁で説明した。……シェリングは著作集第 1 巻 465–473 頁でこれに関する貴重な解説を加えた」（Schopenhauer VII, 119）。
　ここに「著作集第 1 巻」とは，シェリングが編集した最初にして最後の自選著作集であり，その巻末に新論考として『自由論』が収められており，ショーペンハウアーが指示する箇所には，カント説さらにはフィヒテ説が「観念論」

---

11)　前掲拙稿「自然今昔」pp. 14–22 参照。

という語によって指示され，それに次のようなコメントが加えられていた。「そもそも観念論がはじめて自由説を理解可能な領域へ高めた。万物の叡知的本質，とりわけ人間の叡知的本質は，観念論に従えば，全因果連関の外，全時間の外や上にある。……人間の本質は基本的に彼自身の所業である。……フィヒテが言うには，自我は彼自身の所業である。意識とは自己措定であり……すでに本来的存在を前提している。認識に先立って想定されるこの存在は認識でもなければ存在でもない。それは実在的措定である。それは根本意欲（ein Ur- und Grundwollen）である」(Schelling VII, 383–385)。

ここで『世齢』第一草稿で課題とされた「原初的存在者の発展史の記述」(WA I, 19) の実際に眼を移せば，そこで目に止まるのは，生ける者のペシミスティックな苦悩である。シェリング曰く。

> 生が発展すると，それが存在に対する矛盾によって生けるものの最初の一致を破壊し，生けるものを苦悩に委ねることになる。……苦悩はすべて存在のみに由来し，あらゆる存在者は自己をまず存在へと閉じ込め，次いでその闇を破って輝きへと変容しなければならないがゆえに，神的存在者も苦悩を免れなかったのであり，解放の勝利を祝う前にまずは苦悩せねばならない。　　　　　　　　　　　　　　　　　　　　　　　　　　（WA I, 39）

こうした文言が記された2年前，シェリングは彼の新説を打ち出した『自由論』のなかですでに類似の思想を表明していた。「神そのもののうちにも悲哀の源泉がある」(VII, 399)。「体の中に寒さの根がなければ暖かさが感じ取れないであろう」(VII, 400) ように。──『自由論』で彼が強調した神の根本規定は，伝統的な「人格神」を「生命」として捉えるものだった。

> 闘争なきところに生命なし。　　　　　　　　　　　　　　　　　　（ebd.）

> 神的知性のうちには体系があるが，神そのものは体系ではなく，生命である。　　　　　　　　　　　　　　　　　　　　　　　　　　　　　　　　　（VII, 399）

> 神は単なる存在ではなく，生命である。　　　　　　　　(VII, 403)

ここに「生命」とは，それが「苦悩と生成に支配されている」(ebd.) ことを意味する。したがって，「神が生命である」とは，すなわち「神が人格的となるために，世界を光の世界と闇の世界とに分けた時，まず進んで苦悩と生成とを身に受けた」(ebd.) ことを意味する。言い換えると，「存在は生成においてのみ感受される」(ebd.)。こうした発言に続いて，「人間的に苦悩する神」という，「太古の密儀や霊的宗教に共通する」概念が持ち出される。

> 人間的に苦悩する神という概念——これは太古の密儀や霊的宗教に共通するものである——がなければ，歴史全体は不可解なものに留まる。(ebd.)

キリスト教における受難と救済という根本教義にかかわる発言でありながら，その発言に際しては，「太古の密儀や霊的宗教」との共通性が示唆されていた。ここでのこうした秘教への示唆，比喩的語りは，2年後の歴史哲学草稿（第一草稿）でも踏襲されるばかりか，一層際立ったものとなる。そこでは，すでに注目したとおり，カバラー秘教（ゾーハル経典）や神智学（ベーメ）に倣いつつ[12]，神について，それが「収縮力」die Contraction もしくは die zusammenziehende Kraft として語り出される。

> 収縮力（die zusammenziehende Kraft）は内部で闘争が始まると，鈍くではあれ，無意識の盲目的作用者にされる。……収縮力が強力であればあるほど，実在への意志（der Wille zur Existenz）はますます盲目的に作用する。……盲目的意志は……一種の狂気であり，最高の内的闘争，矛盾の究極状態である。　　　　　　　　　　　　　　　　　　　　　　　(WA I, 78)

このように綴られた後，次いでまた古代密儀が引き合いに出される。

---

12) Vgl. J. Habermas, a.a.O., S. 184 f.

古代の人々が神的狂気について語ってきたのは故なきことではなかった。
　　……ディオニューソスの車が獅子や豹や虎によって牽かれるのは故なきことではない。というのも，自然がその内面を見せるに至るのは野生のこうした陶酔だったからであり，自然を崇拝する太古の民衆がバッカス的密儀という酩酊祭儀の中で賛美したのもこれだった。……われわれの記述が真実であることの最大の確証は，誕生というかの回転する輪，自分自身を引き裂くかの野生の狂気が今なお万物の奥義であり……自然と自然産出の本来的力だという点にある。　　　　　　　　　　　　　　　　　　（ebd.）

　今引用した文言など，後年ニーチェによって語られたものとわれわれが見なしたとしても異論はなかろう。実際のところ，1810年代にシェリングが繰り返し綴り続けることになる，このような「原初的存在者の発展史」，いわば「存在の受難史」にはそのままニーチェばりの芸術論と重なる側面さえ含まれていた。たとえば第三草稿（1813年）に曰く。

　　　一切の始原的根源的創造の根源力は無意識的で必然的な力に違いない。
　　……詩的作品や他の作品中に，ある霊感が現れるとすれば，そこには盲目の力も現れているに違いない。というのも，これのみが霊感を呼び起こすことができるからである。一切の意識的創造は無意識的創造をすでに前提しており，それはこれの展開，分解にほかならない。
　　　徒(いたずら)に古代人たちは神的で聖なる狂気について語ったわけではなかった。……徒にディオニューソスの車が豹や獅子によって牽かれるわけではない。
　　　　　　　　　　　　　　　　　　　　　　　　　　（VIII, 337 f.）

　『悲劇の誕生』出現に先立つこと，ほぼ60年前に書きつけられた文言である。例の「シェリング・ルネサンス」以降，シェリングは「ドイツ観念論の完成者」[13]と称されてきたが，われわれはまた，彼を現代哲学ならびに現代的な芸

---

13)　西川富雄『シェリング哲学の研究』（法律文化社，1960年）付論Ⅰ「シェリング研究の

術論の先駆者と見なすことさえ可能であろう。たとえば D. イェーニヒも初期ニーチェの悲劇論やショーペンハウアー哲学との関連から、このように主張していた[14]。

なお最後に、この問題すなわちシェリング芸術論と現代芸術論との関連問題に関して、われわれは L. シボルシキーによる診断にも眼を向けておくとしよう。われわれは前章で、シェリングによる「ドイツ芸術の再生」に対する期待に注目した際、それを叶えさせるのは、ヴィンケルマン称するラファエロの再来、「フェニックスのごとき」一芸術家（メングス）ではなく、「新たな知見、新たな信念」だとシェリングが主張していたことを見ているが、シボルスキー女史は、これを「世論の変化」と名づけつつ、次のようなコメントを加えることで自身のミュンヘン講演解説を閉じている[15]。

　ミュンヘン講演によってシェリングの芸術哲学は終焉を迎える。シェリングの期待通りにはならなかったのだから、彼の芸術哲学は挫折したのだと言えば、われわれは過ちを犯すことになろう。意識が変化すれば芸術作品も真っ当なものになると見なす今日のアドルノとは異なって、シェリングは真っ当な芸術作品の出現を世論の変化に期待したのだった。「美術は幸福のみにふさわしい」という後年のシェリングの発言は、もはや美術ではなくなった芸術が不幸、「希望喪失」からの救済を代弁するというアドルノの期待に回収される。

現況」参照。
14) D, Jähnig, a.a.O., S. 62–67.
15) L. Sziborsky, a. a. O., XXXVIII.

あとがき

　「まえがき」に提示したように，本書は著者年来の概念史的・ポリフォニー的研究法に従って著された。この研究法は，一般化して言えば，「主題とする概念に関連するオリジナルな諸テクストを研究しつつ，それらを比較照合し，当の概念の成立，変遷，発展を跡づけるもの」，「具体的には当時の一次文献を比較照合し，テクスト間の連関，つながりを推測しながら文言解釈を試みるというもの」（拙著『ニュートンとカント』序論）である。本書においても，著者がこうした方法に従った理由は，主題とする各概念の含意や意義，各テクストの主張するところを理解し，解釈するには，このような方法に従う以外，ほかに然るべき方法が見当たらなかったからである。とはいえ，これは，過去の文献の読解法としては何ら特異なものではなく，至極当然の研究法にすぎない。

　概念史的研究法に従って著された拙著の一つ『ニュートンとカント』（晃洋書房，1997年）を書評下さった出口康夫氏の弁を借りて言えば，「古文書，稀こう本を博捜して歴史的事実を再構成していく作業は，歴史学では当たり前のことである。しかしこの歴史学の常識は，残念ながら，従来の一八世紀西洋哲学史研究の常識とはならなかった。その理由の一つとして，一八世紀ヨーロッパの古文書・稀こう本を渉猟することが，日本に研究拠点を持つ研究者にとっては，これまでかなり大義なことであったという事情があろう。……しかしもう言い訳は許されない。氏がそれを現に実行されているからである。本書には，一次文献の収集・閲覧を巡っての苦心談がいくつも出てくるが，それは我々の研究生活のあり方も厳しく問うものといえよう」（植村恒一郎・朝広謙次郎編（現代カント研究8）『自我の探求』晃洋書房，2001年，pp. 191–192）。

　10数年前に書評下さった出口氏の弁は著者年来の概念史的研究法の狙いとするところを的確に言い当てている。けだし，それには，わが国における従来の哲学研究法に対する強いプロテストが籠められていたからである。残念なこ

とに今日においてもなお,「哲学研究」ならぬ,旧態依然たる「哲学者研究」が営々と行われ続けている。しかしながら,これだと,主題とする哲学者のモノローグに研究者が唱和するだけに終始しがちであり,本書の最終章でも強調したように,結局のところ「「偉大な哲学者」の人物と思想とを一方的にいわば「神棚に奉る仕儀」でしかないように筆者には思われる」(本書 p. 277)。これだと,研究者の主題とする人物がつねに主役として扱われ,他の人物はすべて脇役に回されることになろう。これによってしばしば「主客転倒」,「本末転倒」が平然とまかり通ることになる。本書の第二部第 2 章 4 では,「芸術家は自然精神を範とすべし」というミュンヘン講演における根本テーゼ提起の功績を,ひとりシェリングのみに帰さず,シラー,シュレーゲル(兄),モーリッツ,ゲーテたちの主張も取り上げ,シェリングのそれが彼ひとりのものではけっしてなく,1800 年前後という時代の一思潮に棹差すもの,いわば当時の「ポリフォニー(多声)」のうちの「モノフォニー(一声)」にすぎなかったことを強調したが,それは,しばしば見受けられる「贔屓の引き倒し」,下手をすれば,「主客転倒」,「本末転倒」になりかねない,通常の「哲学者研究」の轍を踏むことを避けようとする企てにほかならなかった。

ここに著者が 20 数年前に綴ったエセー「ポリフォニーとしてのテクスト——バフチーンの詩学とテクスト読解」から一節を引用するとしよう。「私は,わが国において一つの強い伝統となっているテクスト内在的な哲学研究,モノローグ的な哲学研究に疑問を抱き,最近は複数の思想家の複数のテクストにおける諸発言を,それらが属するいわば「思想空間」に然るべく配置することによってポリフォニックに響かせる,モノローグ的でない思想研究を理想として自らの研究を進めてきた」(『科学・芸術・神話』晃洋書房,1994 年,p. 115,初出 1993 年 1 月)。ちなみに,所記テクスト解釈に音楽用語である「ポリフォニー」という語を持ち込んだのは,前世紀ロシア(旧ソ連)の文芸評論家バフチーンであった。「作者が作品の外にあって作品全体を統一づける固定的で超越的視点であることをやめ,作品における数々の登場人物の様々な視点に分散し,融合してしまっている」「ドストエフスキーの小説」(同書 p. 114)を「ポリフォニー小説」と名づけたバフチーンは,「思考する人間の意識とその意識の対話的存在領域の深層,特性はモノローグ的アプローチでは捉えられない」

（同書p. 72）ことを強調している。

　音楽好き，音楽通の人たちにとっては当たり前のことゆえ，なくもがなの解説ながら，ポリフォニー音楽とは，中世の教会音楽以来の伝統的な多旋律音楽にほかならず，それは複数の旋律を対位法の駆使によって同時進行させる独特な音楽である。ちなみに，元来の声楽ポリフォニーを器楽ポリフォニーの粋にまで高めたのが，かのバッハであった。彼は晩年，すでに登場していた新たな動向，新傾向に背を向けてまで旧式な対位法音楽の洗練に腐心している。いわゆる《平均律クラヴィーア曲集》の第2巻や《フーガの技法》である（拙著『音楽と政治』北樹出版，2010年，pp. 62-64参照）。当時すでに別様の新たな音楽が流行しており，この新様式の音楽は，今日耳にする機会の多い合奏器楽曲シンフォニー，あるいはヴァイオリンのような独奏器楽曲やピアノ曲，それにリートであれカンツォーネであれ何であれ，歌曲にも繋がるものであり，これは主旋律に伴奏が組み合わされるのを根本特徴とする。こうした今日馴染みの西洋クラシック音楽の先駆けをなしたもの，その一つが古代のギリシア悲劇を再興すべくルネサンス期に登場したオペラ音楽であり，そのために生み出された音楽様式こそ，伝統的な対位法，ポリフォニー形式を過去のものと化す新たなモノディ形式音楽すなわち「通奏低音付独唱歌」monodia accompagnata にほかならなかった。オペラ草創期，ギリシア悲劇再興を企てたフィレンツェの「カメラータ」の要請に見事に応えた画期的なオペラ，それこそ，かのモンデヴェルディ・オペラ《オルフェオ》（初演，マントヴァ，1607年）である（同書pp. 138-142参照）。ちなみに，ドイツ初のドイツ語オペラ《ダフネー》が登場するのはその20年後のドレースデンにおいてであり，それは，本書の序章（p. 10）でも触れたとおり，モンテヴェルディの衣鉢を継ぐシュッツの手になるものであった。

　こうした音楽様式の相違，音楽史の流れに即して言えば，大半の「哲学者研究」は新式の「モノディ形式」に則った「独唱」，「単旋律」いわば「ホモフォニー組曲」を奏でているのに対して，これまで30年ばかり悪戦苦闘しつつ奏で続けてきた著者の「ポリフォニー組曲」は，新様式に旧様式をぶつけ，対抗させることによって，研究の刷新を図ろうとしたものだと言えるであろう。ただし，一般読者をも読者として想定して執筆された本書では，そこに多彩な人

物模様を盛り込むことによって読み物としての楽しみを一般読者に提供するという方面にも意が用いられている。各部の冒頭に配したドレースデン話やミュンヘン話は観光案内ともなりうる都市案内になってはいないであろうか。あるいは折々に差し入れたヴィンケルマン，レッシング，モーリッツ，ゲーテ，ヴァッケンローダー，シュレーゲル（弟）たちの伝記もしくは伝記的コメントは，一種「列伝」の趣を本書に添えることになってはいないであろうか。片苦しい理論的な分析，議論の中に小伝を挿入したのは，思想研究を伝記研究に解消しようとするような心得違いからではむろんなく，単純に興味本位からである。一つの思想がどのような人物，人となり，生涯から生み出されたのかということは，読者のみならず，著者自身にとっても興味の尽きないテーマだからである。しかしながら，この点に関連して，おそらく気づかれる方は少なかろうと思われるのは，本書にシェリングの生涯や人柄に関連する記述がほとんど盛り込まれておらず，かつ稀に触れた際にも，そこには存外冷淡なコメントが添えられている点であろう。これは，主題とする哲学者を主人公，英雄として「神棚に奉る」ことを極力避け，あくまで時代の多くの優れた諸思想家の中の一人として相対化して扱うことを心がけたためである。

　ここになお強調しておきたいのは，著者の関心の向かう先が，主題とする人物や考えを越えてその先にある対象そのものに及んでいることである。たとえば，本書であれば造形芸術そのもの，本書の姉妹篇『悲劇の哲学』であればギリシア悲劇そのものである。姉妹篇の場合，そこに「ギリシア悲劇の世界」を序章として加えたのも，著者の関心事が奈辺にあるかを明示し，強調するためであったが，それは，シェリングの悲劇論を論じる本論に入って，彼の論のいくつかに異を唱えるために打った布石でもあった。上梓後間もなく登場した二つの書評（久保光志筆『図書新聞』3195号，2015年2月，小川真人筆『シェリング年報』第23号，同年7月）では，こうした点にまったく眼が向けられていないため，口幅ったい言い分ながら，あえてここに著者の関心事や目論見について特筆した。なお，シュレーゲル（弟）のテーゼ出現以後，シュレーゲル（兄）やシェリングはむろん，ニーチェにも顕著なエウリーピデース悲劇否定に対して，それをソフォクレース悲劇と対等もしくはそれ以上に高く評価するアリストテレース説（『詩学』）を紹介し，対置しておいた点（第6章「悲劇詩人論」）

にも注目してもらえると書き手としては嬉しいかぎりである。それゆえ，この点，本書第一部第6章1「フリードリヒ・シュレーゲルの文学論」(pp. 136-138) でも復唱，強調しておいた。

　姉妹篇についてはこれくらいにし，本書の場合はと言えば，そこに古代ギリシア彫刻の様式の変遷，およびルネサンスからバロックに至る近代絵画の変遷を少々綴っておいたが，悲劇論の場合と類似の批判的言辞は，たとえば，ヘルダーが着衣彫像や彫像彩色に異を唱えている点を捉えて，古代ギリシア彫刻の様式，およびその変遷を綴った立場から，彼の異説に対して逆に異を唱えた箇所（第一部第3章末）がそれに相当するし，シェリングがことのほかレーニの《聖母被昇天》に対して高い評価を与えている点に関連して，一連の聖母被昇天画を系譜づけた立場から疑問を投げかけた箇所（第二部第5章末および第6章冒頭）がそれに当たるし，古代における彫刻の優位，近代における絵画の優位という古代‐近代論的な造形芸術論に対する異論提示（第二部第5章冒頭）などもそれに当たる。人物やその言辞に囚われることなく，できるかぎり，事象そのものに即した記述，解釈を提供したいというのが，著者による著書執筆の狙いとするところであり，本書序章にて，19世紀前半までのドレースデン画廊のイタリア絵画展示法の変遷に注目し，今日のそれと比較したのも，こうした狙いの顕れの一つにほかならない。

　また，記述し解釈を施す事象が古ければ古いほど，研究者には丹念な歴史研究が要求される。骨の折れる研究ではあれ，こうした歴史研究は，過去の素材，テクストを扱いながら，しばしば見受けられる非歴史的で恣意的な解釈，主張に陥らないために欠くことのできない基礎作業であろう。それにはむろん多大な労力が要求される。ただ，これに関連して触れざるをえないのは，その労が当人で完結せずに他に及ぶということである。これまでの著者の研究のために協力下さった方々は多数に上る。今回も多くの方々の協力を得た。ここにほんの一部の方々のみながら，名を挙げ，謝意を表明しておきたい。旧ドレースデン画廊のデジタル画化の成果を提供下さったドレースデンの美術史家マルティン・シュスター氏，ドイツでの文献収集に何度も助力下さったイェーナ大学のクラウス・フィーベック氏，また常々わが国での文献収集に携わって下さっている同志社大学（非常勤講師）の藤井あゆみさんたちである。ほかに東京大学

美学教室研究員の八幡さくらさんには校正を手伝ってもらったばかりか，貴重なアドヴァイスまで頂戴した。御礼申し上げる。

　本書を一読頂ければお分かりのとおり，本書上梓に向けての編集の労は並大抵のものではなかった。その労をお執り下さったのは，法政大学出版局の郷間雅俊氏である。氏には，近代数学・解析学成立史に属する微積分法発明の先取権論争を扱った拙論「ニュートンとライプニッツ――「天才の世紀」が育んだ歴史の皮肉」を『ライプニッツ読本』（酒井潔ほか編，法政大学出版局，2012年）に寄稿する際に一方ならぬお世話になった。その際のお仕事ぶりに感じ入り，今回の拙著刊行をお願いした次第である。有難いことに，氏は，編集長として，拙著刊行に向けて諸事万端お取り計り下さったばかりか，自ら本書の作成に携わっても下さった。本書が上梓されるに至ったのはひとえに氏の熱意と尽力あったればこそのことである。

　　　2015年7月盛夏　大阪にて

　　　　　　　　　　　　　　　　　　　　　　　　　　　　　著　　者

ギリシア美術年表

（紀元前）

900 幾何学様式	750	《青銅製の馬》
700 アルカイック	700	コリントスで黒像式陶器開発
	600年代中葉	デルフォイのアポローン神殿
	650頃	コレー・タイプ彫像成立（《オーセールの婦人像》）
	600年代後半	クーロス・タイプ彫像成立
	540	アッティカで赤像式陶器開発
	490	アイギーナ島アファイアー神殿　西破風彫刻
480 クラシック前期　厳格様式	480	アイギーナ島アファイアー神殿　東破風彫刻
	478	《デルフォイの駅者》（〜474）
	462	オリュンピアーのゼウス神殿　東西破風彫刻・メトープ
450 クラシック盛期　流麗様式	450	ポリュクレイトス《槍をもつ人》『カノーン』
	447	パルテノーン神殿着工（〜432）　メトープ彫刻（〜442）　フリーズ彫刻（442〜438） フェイディアースが監督、黄金象牙製《アテーナ・パルテノース》　破風彫刻
	438以降	フェイディアース黄金象牙製《ゼウス》
400 クラシック後期	400年代初頭	ポリュグノートスの大絵画《トロイアーの陥落》
	390	エピダウロスのアスクレービオス神殿着工（〜380）　東破風彫刻（380）
	340	プラクシテレース《クニードスのアフロディーテー》 テゲアーのアテーナ・アレアー神殿（スコパース）
	320	リュシッポス《垢をかき落とす人》 アペッレースがアレクサンドロス大王の宮廷画家として活躍（〜323）
323 ヘレニスティック	310〜300頃	《ニオベー》の模刻（オリジナルはプラクシテレース, スコパース等？）
	300	エピダウロス劇場建造
	165	ペルガモンの大祭壇フリーズ（〜150）
	100〜頃	《ラオコーオン》《サモトラケーのニーケー》

画家年表

ゴシック	チマブーエ　Cimabue　c.1240/50 Firenze–1272 Roma ジョット　Giotto　c.1266 Colle di Vespigniano–1337 Firenze ドゥッチョ　Duccio di Buoninsegna　1278–c.1319 Siena マルティーニ　Simone Martini　1284 Siena–1344 Avignon
ルネサンス	ファン・エイク　Jan van Eyck　c.1395 Mahsaik–1441 Brugge レオナルド　Leonardo da Vinci　1452 Vinci bei Empoli–1519 Château Cloux bei Amboise デューラー　Albrecht Dürer　1471–1528 Nürnberg ミケランジェロ　Michelangelo Buonarotti　1475 Caprese in Toscana–1564 Roma ジョルジョーネ　Giorgio da Castelfranco (Giorgione)　c.1477 Castelfranco–1510 Venetia ラファエロ　Raffaello Sanzio　1483 Urbino–1520 Roma ヴェロネーゼ　Bonifazio de' Pitati (Veronese)　1487–1553 Verona コレッジョ　Antonio Allegri (Corregio)　1489 (1494?)–1534 Regio/Emilia ティツィアーノ　Tiziano Vecellio　c.1490 Pieve di Cadore–1576 Venetia ホルバイン　Hans Holbein d. j.　1497 Augsburg–1453 London
マニエリスム	ポントルモ　Jacopo Pontormo　1494 Pontormo bei Empoli–1557 Firenze ロッソ　Giovani Battista Rossi (Rosso Fiorentino)　1495 Firenze–1540 Paris パルミジャニーノ　Franzesco Mazzola (Parmigianino)　1503 Parma–1540 Casal Maggiore ブロンツィーノ　Angelo Bronzino　1503–72 Firenze ティントレット　Jacopo Robusti (Tintoretto)　1518–94 Venetia
バロック	L. カラッチ　Lodovico Carraci　1555–1619 Bologna A. カラッチ　Annibale Carraci　1560 Bologna–1609 Roma プロカッチーニ　Guilio Camillo Procacini　1754 Bologna–1625 Milano レーニ　Guido Reni　1575 Calbvenzano bei Bologna–1462 Bologna ルーベンス　Peter Paul Rubens　1577 Siegen–1640 Antwerpen アルバーニ　Francesco Albani　1578–1660 Bologna ベルニーニ　Giovani Lorenzo Bernini　1598 Napoli–1680 Roma
新古典主義	ダヴィッド　Jacques-Louis David　1748 Paris–1825 Brüssel プッサン　Nicolas Poussin　1593 Viller in Normandi–1665 Roma メングス　Anton Raffael Mengs　1728 Aussig in Böhmen–1779 Roma マイヤー　Johann Heinrich Meyer　1759–1832 Zürich
ロマン主義	アングル　Jean-Auguste-Dominique Ingres　1780 Montauban–1867 Paris フリードリヒ　Casper David Friedrich　1774 Greifswald–1840 Dresden ルンゲ　Philipp Otto Runge　1777 Wolgast–1810 Hamburg コルネーリウス　Peter von Cornerius　1783 Düsseldorf–1867 Berlin オーヴァーベック　Johann Friedrich Overbeck　1789 Lübeck–1869 Roma

人名索引

ア 行

アイスキュロス（Aischylos, B.C. 525–456）56, 63, 69, 136–37, 205–07, 240, 243, 278
アウグスト（August, Kurfürst von Sanchsen, 1553–86）3
アウグスト2世（August II., der Starke, Kurfürst von Sachsen（Friedrich August I.) und König von Polen, 1694–1733）3, 5, 38, 245
アウグスト3世（August III., Kurfürst von Sachsen（Friedrich August II.) und König von Polen, 1733–63）4–5, 31, 38, 260, 269
アドルノ（Theodor Wiesengrund Adorno, 1903–69）287
アナクレオーン（Anakreon, B.C. c.570–?）58
アペッレース（Apelles, B.C. 4C.）71, 74
アリストテレース（Aristoteles, B.C. 384–322）96, 117, 122–23, 138, 213, 224, 231
アリストファネース（Aristophanes, B.C. 445–385）58, 91, 136, 196, 224
アルカメネース（Alkamenes, B.C. 5C.）64–65, 206
アルガロッティ（Francesco Algarotti, 1712–64）5
アレクサンドロス大王（Alexandros III.（Alexander der Große）B.C.356–323）60, 65, 71, 84, 159
アンナ・アマーリア（Anna Amalia von Braunschweig-Wolfenbüttel, 1739–1807）126
ヴァーグナー（Johann Martin Wagner, 1777–1858）262
ヴァーグナー（Richard Wagner, 1813–83）11, 101, 238, 266
ヴァザーリ（Giorgio Vasari, 1511–74）72, 150, 268
ヴァッケンローダー（Wilhelm Heinrich Wackenroder, 1773–98）144–52, 154, 157, 164, 210, 257, 268, 270, 273
ヴィーラント（Christoph Martin Wieland, 1733–1813）109
ヴィンケルマン（Johann Joachim Winckelmann, 1717–68）i, iii–iv, 1, 5–6, 11, 13, 15–16, 21–22, 24, 34–41, 44–65, 68–74, 76–78, 80–89, 91–95, 97–99, 101–07, 111–13, 119–21, 125–29, 133–35, 140, 142, 144–45, 149, 172–73, 178, 183–86, 199, 201–06, 208, 211, 220, 232, 234–39, 242, 245–47, 260, 262, 268–70, 278, 286
ウェルギリウス（Vergilius, B.C. 70–19）52, 80–81, 84, 89–90, 97, 99, 105
ヴェロネーゼ（Veronese/Paolo Carliari, 1528–88）6, 9, 12, 19, 31–32
ヴォルフ（Christian Wolff, 1679–1754）78
ヴォルフ（Friedrich August Wolf, 1759–1824）126, 135, 185
エウフラノール（Euphranor, 最盛期 B.C. 364–361）69
エウリーピデース（Euripides, B.C. c.480–406）56, 58, 137–38, 292
エーザー（Adam Friedrich Oeser, 1717–99）40, 44–45, 109, 211, 245
エラスムス（Erasmus, 1466–1536）273
オーヴァーベック（Johann Friedrich Overbeck, 1789–1809）68
オーピッツ（Martin Opitz, 1597–1639）10
オスターデ（Adriaen van Ostade, 1610–85）15

カ 行

カールステンス（Asmus Jacob Carstens, 1754–98）164
カナレット（Canaletto/Antonio Canal, 1697–1768）5
カナレット（Canaletto/Bernardo Bellotto,

1720-80) 2, 4-5, 10, 13, 19
カラヴァッジョ (Caravaggio, 1571-1610) 47, 171, 250-51
カラッチ (Annibale Carracci, 1560-1609) 6-7, 13-15, 16, 19, 31, 40, 103, 230, 245-46, 248-52, 258, 267-69
カラッチ (Lodovico Carracci, 1555-1619) 250
カラッチ一族 76, 156, 184, 230, 250, 267-68
カロリーネ (Caroline, 1763-1809) 16, 21, 30, 170, 257
カント (Immanuel Kant) 63-64, 87, 139, 179, 187, 192, 210, 270, 275, 283
キャーヴェリ (Gaetano Chiaveri, 1689-1770) 5
キューゲルゲン (Franz Gerhard von Kügelgen, 1772-1820) 27, 29
クラーナッハ (父) (Lukas Cranach d. Ä., 1472-1533) 272
クラフト (Adam Kraft, 1455/60-1509) 146
クリスチャン1世 (Christian I., Kurfürst von Sachsen, 1586-91) 12
クネッフェル (Johann Christoph Knöffel, 1686-1752) 12
ゲーテ (Johann Wolfgang Goethe, 1749-1832) iii-iv, 6, 13, 15-16, 22, 24, 26, 40, 41, 44-45, 47, 56, 74, 78, 94-95, 102-05, 107-30, 133, 140-45, 154-57, 159, 164, 170-73, 178, 185, 190, 197-99, 204, 208, 210, 212, 215, 217-18, 223-26, 229-31, 233-35, 237-41, 246, 251, 278
ゴットシェート (Johann Christoph Gottsched, 1700-66) 117, 143, 224
ゴヤ (Francisco de Goya, 1746-1828) 171, 185
コルネーリウス (Peter von Cornerius, 1783-1867) 271
コレッジョ (Correggio/Antonio Allegri, c. 1489-1534) 5-8, 12-14, 16-17, 19, 21, 24-25, 28, 30-32, 54, 145, 158, 176, 247, 250-51, 257, 261, 268

サ 行

サルト (Andrea del Sarto/Andrea D'Agnolo, 1486-1530) 7, 31
シェイクスピア (William Shakespeare, 1564-1616) 109, 138, 140-41, 182
シェリング (Friedrich Wilhelm Joseph von Schelling, 1775-1854) i, iii-v, 1, 3, 13, 16, 22, 24-26, 32, 41, 46, 50-51, 53, 56, 58, 69-71, 73, 76, 97, 99-100, 102-03, 118-19, 131, 133, 135-36, 138, 145, 159, 164, 166-93, 195, 197-99, 201-08, 211, 213-21, 223, 225-26, 231, 233-43, 246-47, 250, 257, 260-63, 266-71, 273, 275-83, 285-86
シュッツ (Heinrich Schütz, 1585-1672) 10, 291
ジュリオ・ロマーノ (Giulio Romano/Giulio Pippi, 1492/99-1546) 7, 31
シュレーゲル (August Wilhelm Schlegel, 1767-1845) iv, 13, 16, 22, 25, 53, 60, 102, 133, 135, 137, 159, 185, 193, 195, 197, 210, 214-16, 223, 231-34, 257
シュレーゲル (Friedrich Schlegel, 1772-1829) iv, 13, 15-16, 40, 48, 53, 102, 119, 127-28, 133-43, 147, 152-164, 172, 185, 210, 216, 219, 223, 233, 257, 268
ショーペンハウアー (Arthur Schopenhauer, 1788-1860) 192, 280, 283, 287
ジョット (Giotto, c.1266-1337) 171, 267, 270
ジョルジョーネ (Giorgione/Giorgio da Castelfranco, 1477/78-1510) 6, 13, 171, 259
シラー (Friedrich Schiller, 1759-1805) 26, 48, 107, 111-15, 117, 129, 140, 193, 194, 238, 240-41, 278
スカリゲル (Joseph Justus Scaliger, 1540-1609) 59
スコパース (Skopas, B.C. 4C. 半ば) 64-65, 68-69, 71
スタール夫人 (Madame de Staël, 1766-1817) 185
セルバンテス (Miguel de Cervantes Saavedra, 1547-1616) 181
ゼンパー (Gottfried Semper, 1803-79) 11-13, 34, 158, 169
ソフォクレース (Sophokles, B.C. 496-406) 80, 90, 136-38, 205, 240, 243, 278-79, 292

タ 行

ダ・ヴィンチ (Leonardo da Vinci, 1452-1519) 30, 154-56, 160
チェズルデン (William Cheselden, 1688-1752)

チマブーエ（Cimabue, c.1240/50–72） 72, 267
ティーク（Ludwig Tieck, 1773–1853） 144, 148, 151–54, 164, 210, 273
ティーレ（Johann Alexander Tiele, 1685–1752） 5, 10
ティツィアーノ（Tiziano Vecellio, 1488–1576） 7–8, 12–13, 19, 32, 156, 176, 247, 249–51, 256, 258
ディドロ（Denis Diderot, 1713–84） 17, 95–96
ティントレット（Tintoretto/Jacopo Robusti, 1518–94） 7, 32
テオドーロス（Theodoros, B.C. 1C.） 83
デューラー（Albrecht Dürer, 1471–1528） 27, 29, 131, 144, 146, 149–52, 154, 159, 161–64, 181, 253, 255–56, 258, 265–66, 270–73
ドゥッチョ（Duccio di Buoninsegna, 1278–c.1319） 253
ドナッテッロ（Donatello, c.1386–1466） 247, 272–73
ドメニキーノ（Domenichino/Domenio Zampieri, 1581–1641） 251
トルヴァルセン（Bertel Thorvaldsen, 1770–1844） 265–66

ナ行

ナポレオン（Napoléon Bonaparte, 1769–1821） 118, 120, 155, 168
ニーチェ（Friedrich Nietzsche, 1844–1900） 50, 100, 137, 172, 238, 279–80, 286, 292
ノヴァーリス（Novalis/Friedrich von Hardenberg, 1772–1801） 16, 153

ハ行

バーク（Edmund Burke, 1729–97） 64
ハーゲドルン（Christian Ludwig von Hagedorn, 1713–80） 5
バーダー（Franz Xaver von Baader, 1765–1841） 282
ハイネ（Christian Gottlob Heyne, 1729–1812） 216–17
ハイネケン（Carl Heinrich von Heineken, 1707–91） 5, 31, 40
ハインゼ（Johann Jacob Wilhelm Heinse, 1746–1803） 257
パウサニアース（Pausanias, A.D. 2C.） 64, 95

バウムガルテン（Alexander Gottlieb Baumgarten, 1714–62） 87, 178
バッハ（Johann Sebastian Bach, 1685–1750） 7, 291
パノフスキー（Erwin Panofsky, 1892–1968） 59
ハルス（Frans Hals, 1581/85–1666） 15
バルトロメオ（Fra Bartolomeo, 1472–1517） 154
パルミジャニーノ（Parmigianino/Francesco Mazzola, 1503–40） 7, 32, 230
ビアンコーニ（Giovanni Lodovico Bianconi, 1717–81） 5
ピルクハイマー（Willibard Pirckheimer, 1470–1530） 146
ヒルト（Aloys Hirt, 1759–1837） iii, 33–34, 103–08, 109, 111–12, 117, 120–21, 125–26, 139, 172, 204, 223, 230, 237–39, 278
ファン・エイク（Jan van Eyck, c.1395–1441） 159–62
フィヒテ（Johann Gottlieb Fichte, 1762–1814） 16, 142, 180, 209, 283–84
フェイディアース（Phidias, B.C. c.460–430） 60, 64–65, 68–69, 71–73, 100, 204–06, 262–63
プッサン（Nicolas Poussin, 1593–1665） 22–23, 59, 97, 156, 184, 246, 267–69
プラークシテレース（Praxiteles, B.C. c.370–320） 65, 68–69, 71, 73–74, 99–100, 205–06
プラトーン（Platon, B.C. 427–347） 45–46, 70, 91, 133, 170, 250, 270, 281
フリードリヒ（Caspar David Friedrich, 1774–1840） 131
プリーニウス（Gaius Plinius Secundus, 23/24–79） 58, 72–73, 84, 95, 246
ブリュール（Heinrich von Brühl, 1700–63） 5, 31, 40
プレトーリウス（Michael Praetorius, 1571–1621） 10
ヘーゲル（Georg Wilhelm Friedrich Hegel, 1770–1831） 13, 17, 21, 27, 30, 33, 130, 159, 178, 260
ヘーシオドス（Hesiod, B.C. 8C.） 188, 281
ベーメ（Jakob Böhme, 1575–1624） 3, 280–82, 285
ペペルマン（Daniel Pöppelmann, 1682–1737） 4
ペリクレース（Perikles, B.C. c.495–429） 64,

263
ペルジーノ（Perugino/Pietro Vannucci, 1445-1523）154
ヘルダー（Johann Gottfried Herder, 1744-1803）26, 49, 82, 87-102, 106, 109-11, 121, 126, 143, 145, 171-72, 185, 204, 211
ヘルダリン（Friedrich Hölderlin, 1770-1843）48, 50-51, 100, 219
ベルニーニ（Giovannni（Gian）Lorenzo Bernini, 1598-1680）4, 22, 39, 42, 45, 52, 55, 83
ペルモーザー（Balthasar Permoser, 1651-1732）4
ベンヤミン（Walter Benjamin, 1892-1940）143, 172
ホイスム（Jan van Huysum, 1682-1749）230
ボッロミーニ（Francesco Borromini, 1599-1667）4
ホフマン（Ernst Theodor Amadeus Hoffmann, 1776-1822）147
ホメーロス（Homeros, 生没年不詳）73, 79-80, 90-91, 109, 129, 135-36, 138, 217
ホラーティウス（Quintus Horatius Flaccus, B.C. 65-8）211
ポリュクレイトス（Polykleitos, B.C. 5C.）61, 64-65, 68-69, 71-72, 137
ホルバイン（Hans Holbein d. J., 1497/98-1543）27, 29-30, 32, 156, 159, 162
ボワスレー（Sulpiz Boisserée, 1783-1854）155, 159

マ 行

マイヤー（Johann Heinrich Meyer, 1759-1832）24, 103, 104-05, 111-13, 126-27, 144, 173, 185, 212, 215, 251
マルティーニ（Simone Martini, 1284-1344）253-54
ミケランジェロ（Michelangelo Buonarroti, 1475-1564）54, 63, 176, 230, 246-47, 252, 257, 267-68,
ミューロン（Myron, B.C. 5C. 半ば）64-65, 68-69, 75
メディチ（Cosimo de' Medici, 1389-1464）263
メディチ家 26, 263, 267
メムリンク（Hans Memlinc, c.1436-94）159

メランヒトン（Philipp Melanchthon, 1497-1560）149
メングス（Anton Raffael Mengs, 1728-79）17, 25, 40-44, 53, 103-04, 113, 132, 134, 145, 156, 183-84, 246-47, 268-69, 287
メンデルスゾーン（Moses Mendelssohn, 1729-86）64, 210, 228
モーリッツ（Karl Philip Moritz, 1756-93）iv, 104, 111, 117, 143, 149, 157, 193, 195-97, 208-13, 215-18, 223-29, 231-33
モンテヴェルディ（Claudio Monteverdi, 1567-1643）10, 291

ヤ 行

ユーニウス（Junius Rusticus, ?-217）82-84

ラ 行

ラファエロ（Raffaello Sanzio, 1483-1520）6, 9, 12-14, 16-17, 21, 24-25, 27, 30-32, 40-41, 43, 46-47, 53-55, 70-71, 73, 76, 99-100, 103, 144-45, 147, 149-50, 152, 155, 157-58, 160, 164, 176, 181, 245-47, 249-50, 252, 257, 260, 267-71, 286
リューシッポス（Lysippos, B.C. ?-440/390）65, 71-72, 84, 99-100,
ルーベンス（Peter Paul Rubens, 1577-1640）22, 32, 156, 258
ルター（Martin Luther, 1483-1546）77, 146, 272-73
ルリア（Isaak Luria, 1534-72）281
ルンゲ（Philipp Otto Runge, 1777-1810）130-32, 164
レーニ（Guido Reni, 1575-1642）7, 13, 16, 19-20, 24, 31, 58, 71, 73, 76, 176, 212, 245, 248-52, 257, 259-60, 266
レッシング（Gotthold Ephraim Lessing, 1729-81）15, 27, 58, 76, 77-86, 87-91, 95-97, 99-101, 104-07, 111-13, 121, 123, 172, 191, 204, 224, 246, 292
レンブラント（Rembrandt (Harmenszoon) van Rijn, 1606-69）32, 255, 259
ロイス（Rachel Ruysch, 1664-1750）230
ロホナー（Stefan Lochner, 1400/10-51）163
ロンギーノス（Longinos, c.213-273）63, 83-84

●著者

松山壽一(まつやま・じゅいち)

1948年大阪市生まれ。1981年立命館大学大学院文学研究科博士課程修了。1985-86年テュービンゲン大学留学。1995年バイエルン学術アカデミー（ミュンヘン）留学。1996-2005年ドイツ博物館科学史研究所（ミュンヘン）客員研究員。2002-03年カイザースラウテルン大学客員教授。現在，大阪学院大学教授。著書に『悲劇の哲学』（萌書房，2014），『音楽と政治』（北樹出版，2010），『知と無知』（萌書房，2006），『人間と悪』（同，2004），『ニュートンとカント』（晃洋書房，1997），『科学・芸術・神話』（晃洋書房，1994），『ドイツ自然哲学と近代科学』（北樹出版，1992），『生きることと哲学すること』（同，1990），共編著に『シェリング読本』（法政大学出版局，1994），ほか著訳書多数。

造形芸術と自然
ヴィンケルマンの世紀とシェリングのミュンヘン講演

2015年8月31日　初版第1刷発行

著　者　松山壽一
発行所　一般財団法人　法政大学出版局
〒102-0071　東京都千代田区富士見2-17-1
電話 03（5214）5540　振替 00160-6-95814
組版：HUP　印刷：平文社　製本：積信堂

© 2015 Juichi Matsuyama
Printed in Japan

ISBN978-4-588-15073-9

シェリング読本
西川富雄 監修　高山守・長島隆・藤田正勝・松山壽一 編 …………… 3000 円

デカルト読本
湯川佳一郎・小林道夫 編 ……………………………………………… 3300 円

ヒューム読本
中才敏郎 編 ……………………………………………………………… 3300 円

カント読本
浜田義文 編 ……………………………………………………………… 3300 円

ヘーゲル読本
加藤尚武 編 ……………………………………………………………… 3300 円

続・ヘーゲル読本
加藤尚武・座小田豊 編訳 ……………………………………………… 2800 円

ショーペンハウアー読本
齋藤智志・高橋陽一郎・板橋勇仁 編 ………………………………… 3500 円

ベルクソン読本
久米博・中田光雄・安孫子信 編 ……………………………………… 3300 円

ウィトゲンシュタイン読本
飯田隆 編 ………………………………………………………………… 3300 円

ライプニッツ読本
酒井潔・佐々木能章・長綱啓典 編 …………………………………… 3400 円

ハイデガー読本
秋富克哉・安部浩・古荘真敬・森一郎 編 …………………………… 3400 円

サルトル読本
澤田直 編 ………………………………………………………………… 3600 円

＊

表示価格は税別です